1 MONTH OF
FREE
READING

at

www.ForgottenBooks.com

By purchasing this book you are eligible for one month membership to ForgottenBooks.com, giving you unlimited access to our entire collection of over 1,000,000 titles via our web site and mobile apps.

To claim your free month visit:

www.forgottenbooks.com/free394158

ISBN 978-0-483-24513-6
PIBN 10394158

TYPES RÉVOLUTIONNAIRES

ÉTUDE

SUR

FOUCHÉ

ET SUR

LE COMMUNISME

DANS LA PRATIQUE

En 1793

Par M. le Cte DE MARTEL

ANCIEN PRÉFET

ncien Chef du cabinet du Ministre de l'Intérieur

AVERTISSEMENT

Le titre de cet ouvrage a quelque chose de si étrange que, de prime abord, il peut paraître un paradoxe.

Il n'en est rien. Quand on aura lu ce volume, on aura la preuve matérielle que ce titre n'est que la stricte vérité.

Le communisme, que beaucoup de personnes croient une théorie de récente invention, n'a pas seulement existé à l'état de théorie en 1793. On a tenté de le mettre en pratique à cette époque, ainsi qu'on le verra par des pièces émanant des hommes mêmes qui étaient à la tête de ce mouvement.

Le nom du futur duc d'Otrante, pour beaucoup de personnes, ne rappelle que l'une des polices les plus despotiques qui aient jamais existé.

Accolé au mot de communisme, ce nom a quelque
chose de si choquant qu'il faut donner la preuve
incontestable de l'existence d'une semblable ano-
malie pour qu'on puisse la croire possible. On
trouvera dans ce volume des lettres autographes
de Fouché qui prouveront qu'à cette époque
il était l'un des apôtres les plus actifs des théories
communistes, et qu'il a tenté de les mettre en
pratique dans la Nièvre et dans l'Allier d'abord,
et puis plus tard à Lyon.

Voici comment il terminait une lettre des plus
violentes adressée, le 3 octobre 1793, au comité
de surveillance de Moulins : « En un mot, que
» rien ne vous arrête dans vos mesures; mar-
» chez d'un pas ferme et hardi à LA RÉGÉNÉRA-
» TION UNIVERSELLE. »

Les rapports intimes de Fouché avec Chaumette, avec Javogues et avec Gracchus Babeuf,
qui, pour beaucoup de gens, est le créateur de la
théorie du communisme moderne, lient son nom
d'une manière indissoluble à tout ce qui concerne
le parti social. La part que Fouché a prise à toutes
les menées des démagogues se disant communistes,
de 1793 à 1796, est telle qu'il est bien peu de

leurs actes dans lesquels on ne trouve trace de son action ostensible ou occulte.

A Nevers, à Moulins et à Lyon, tant que le parti hébertiste parut devoir l'emporter, il prêcha et pratiqua en les affichant les principes communistes.

. Quand cette faction eut succombé sous les coups de Robespierre, Fouché, tout en jetant la pierre aux vaincus, n'en resta pas moins en relation avec tous les débris de ce parti. Tallien l'accusa, à très-juste titre, en 1795, d'être l'égérie de Babeuf et le véritable rédacteur de son journal.

Jusqu'au moment où le Directoire, en 1797, lui donna une position qui satisfît, pour quelque temps du moins, son ambition et son humeur remuante, cupide et brouillonne, Fouché resta l'inspirateur des Babeuf, des Javogues et de tous les autres démagogues qui, pour s'emparer du pouvoir, prêchaient les théories communistes à l'aide desquelles ils espéraient soulever les masses ouvrières et assurer leur domination personnelle.

· Quelque monstrueuse que soit la participation du futur duc d'Otrante, de l'homme qui devait laisser une fortune dont la valeur serait aujour-

d'hui d'une trentaine de millions, à la direction
du parti communiste, on voit qu'il y a pris une
part très-réelle. C'est donc avec raison que ces
deux noms sont accolés dans le titre de ce volume.

Maintenant que le titre de cet ouvrage est justifié, expliquons-en le but. C'est de prouver ce
que sont dans la réalité les trois quarts des révolutionnaires, et de plus, que le communisme, dans
la pratique, produit un effet diamétralement
opposé au but que se proposent presque tous ses
partisans. Au lieu d'améliorer les conditions
d'existence des classes ouvrières, il rend leur sort
cent fois plus misérable.

On verra dans cet ouvrage, écrite de la main
même des hommes qui préconisèrent alors ces
théories sociales, la preuve qu'elles aboutissent à
une MISÈRE UNIVERSELLE. Quand Fouché écrivait
qu'il n'y avait plus ni riches, ni pauvres dans la
Nièvre, il aurait pu ajouter, car c'est ce qui
résulte de tous ses rapports : « *Il n'y a plus que
des* PAUVRES *réduits aux privations les plus
cruelles, la famine et l'absence de toute sécurité.* »

La misère publique, à cette triste époque, est

vraiment effroyable. C'est surtout ce qu'il faut rappeler à tous ceux qui désirent sincèrement l'amélioration du sort des classes malheureuses, ainsi qu'à tous les ouvriers qui, séduits par de belles théories, espèrent trouver une augmentation de bien-être, un nouvel âge d'or, là où fatalement ils ne peuvent trouver que les privations effrayantes qu'ont subies leurs frères en 1793.

Comme la preuve de tout ce que j'avance est écrite en toutes lettres, dans les dépêches adressées au comité de salut public par les hommes mêmes qui sont à cette époque les fauteurs, les apôtres des théories sociales que l'on préconise à si grand bruit aujourd'hui, je ne pense pas qu'on puisse mettre en doute l'exactitude des faits matériels qui en ont accompagné à cette époque l'application, qui en accompagneront toujours l'application, la MISÈRE UNIVERSELLE et les souffrances les plus douloureuses pour tout le monde.

L'étude sur Fouché permettra également de montrer ce que sont les véritables révolutionnaires, ceux qui, dans les tourmentes publiques, ne pensent qu'à satisfaire leur cupidité et leur ambition. Fouché, il faut lui rendre cette justice, est un des types les plus accomplis de ces hommes dont l'existence a été et sera toujours une calamité publique.

Je n'ai donné, pour plusieurs causes, que très-peu de développement à tout ce qui précède les missions dont Fouché fut chargé.

Des hommes mobiles comme Fouché changent du tout au tout suivant les milieux dans lesquels ils se trouvent et les influences qu'ils subissent. Par suite, si on voulait les juger sur quelques-uns de leurs actes, en faisant abstraction du reste de leur vie, on s'exposerait aux erreurs les plus graves.

Pendant son existence comme oratorien, sur laquelle je n'ai pu obtenir que des renseignements bien incomplets, je n'ai rien trouvé qui fût de nature à donner la moindre suspicion de ce que devait être plus tard le futur duc d'Otrante.

J'ai vainement cherché à connaître avec quelques garanties d'exactitude la part qu'il a prise à la première partie de la Révolution, de 1789 au mois de septembre 1792, époque où il fut nommé membre de la Convention. Tout ce que j'ai pu découvrir de certain dans *les renseignements contradictoires* que j'ai obtenu à grand'peine, c'est qu'après avoir jeté le froc aux orties, il avait été à Nantes un des orateurs les plus violents des clubs, et qu'il avait épousé Mlle Bonne-Jeanne Coiquaud, dont la famille a pris une certaine part à la Révolution. Un des membres de cette famille, son beau-père ou son beau-frère, je crois, a été greffier du tribunal criminel créé le 13 mars 1793 par les autorités nantaises.

Le tribunal criminel de Nantes ne doit pas, du reste, être rendu responsable des excès commis dans cette malheureuse ville, car, *sur 800 accusés* qui comparurent devant lui, *503 furent acquittés*, 46 furent condamnés à la déportation, 7 aux fers, 8 à la prison et *14 seulement à mort*.

Fouché, membre de la Convention, jusqu'à l'époque où il fut envoyé en mission, joua un rôle *ostensible* très-effacé, quoique avec son humeur remuante et son génie d'intrigue il dût prendre une part très-active à beaucoup des actes de cette époque. Comme tout se résumait en des menées souterraines, je n'en ai trouvé aucune trace certaine. Les seuls faits qu'on puisse constater, c'est qu'il appartint successivement, par ses relations et ses rapports intimes, à la Gironde, puis au parti de Robespierre, puis au parti hébertiste. C'est à l'époque seulement où il partit pour Nantes que l'on peut suivre ses actes avec certitude, car, une fois en mission, on trouve de lui des documents écrits qui permettent de l'apprécier tel qu'il est réellement.

J'ai vainement cherché la part qu'il a pu prendre au jugement et à la mort du roi. Sauf ses votes, tout se réduit à des menées souterraines dont il n'existe probablement aucune trace. Seulement, comme à cette époque il était déjà lié avec Robespierre, on peut être certain que, malgré la promesse qu'il avait, dit-on, faite de ne pas voter pour la mort, il prit une part très-active à ce triste épisode de la Révolution.

On peut, du reste, en juger par la violence avec laquelle il formula son vote sur l'appel au peuple : « Je ne m'attendais pas à énoncer à cette tribune d'autre opinion contre le tyran que son arrêt de mort.

.....Les crimes du tyran ont frappé tous les yeux et rempli tous les cœurs d'indignation. Si sa tête ne tombe promptement sous le glaive de la loi, les brigands, les assassins, pourront marcher la tête levée ; le plus affreux désordre menace la société..... »

Il ne faut jamais oublier ce vote; il devait exercer une influence fatale sur toute l'existence de Fouché. La crainte d'être pendu, s'il y avait une restauration, ainsi que l'on en verra plusieurs fois la preuve écrite de sa propre main, eut une action décisive sur sa conduite dans les actes les plus importants de sa vie politique.

La ressemblance qui existe entre Fouché et Dubois est frappante ; c'est le même cynisme, le même égoïsme impitoyable. Comme Dubois, comme tous les intrigants de leur espèce, Fouché sacrifia tout à son intérêt personnel, car pour les intérêts de l'État, il en fit toujours litière. Il ne pense qu'à lui, puis à lui, toujours à lui ; c'est l'égoïsme le plus absolu qui se puisse imaginer. Voulant tout en tout genre, se comptant lui seul pour tout, et tout ce qui n'est pas lui pour rien.

Quand on parle des Fouché, des Dubois et des gens de leur espèce, il y a entre eux une telle similitude qu'on est obligé de se répéter, car ce qui est vrai pour l'un est aussi vrai pour l'autre.

Les qualités mêmes qu'ils possèdent deviennent des vices, car elles ne leur servent qu'à faire le mal. C'est le levier qui leur donne la force et la puissance nécessaires pour satisfaire leurs mauvaises passions. Une remarquable intelligence, des qualités éminentes qui auraient permis de rendre au pays les plus grands services, sont employées uniquement à satisfaire des passions inavouables, des intérêts personnels, des caprices sans nom.

On éprouve une tristesse profonde en voyant jusqu'où l'égoïsme peut conduire de certains hommes.

Presque tous leurs actes n'ont qu'un mobile, leurs passions; qu'un but, leur intérêt personnel. Le *moi* est un dieu auquel tout au monde doit être sacrifié, patrie, honneur, justice; en un mot, tout ce qui est bon, généreux et vraiment grand.

Qu'on ne croie pas que des hommes, aussi intelligents pour la plupart, se fassent illusion sur ce qu'il y a d'immoral, d'impardonnable dans leur conduite. Le soin avec lequel ils essaient de la cacher sous les prétextes les plus généreux, la persistance avec laquelle ils se proclament « d'hon-

nêtes gens, » prouvent qu'ils ont le sentiment de
tout ce qu'elle a d'odieux.

Fouché sait parfaitement qu'il est un malhon-
nête homme; aussi, comme tous ceux qui lui ressemblent, il n'écrit pas deux lignes sans parler de
son honnêteté, de son humanité, de sa probité, de
son patriotisme, de sa véracité, etc.

Cette prétention d'être « d'honnêtes gens »
qu'affichent les Dubois, les Fouché et tous les
hommes de leur espèce, qu'ils répètent à tout propos, est bien remarquable. Rien ne prouve mieux
qu'ils sentent parfaitement ce qu'ont de honteux
ces intrigues dans lesquelles ils sacrifient tout à
leurs passions, à leur intérêt personnel, à leurs
caprices même.

La persistance, l'onction, avec lesquelles ils
protestent de leur véracité, de leur amour de la
vérité, de leurs scrupules, seraient bien divertis-
santes si elles ne devenaient odieuses par suite de
tout le mal qu'ils font.

Rien n'est curieux comme les transformations
successives par lesquelles a passé ce caméléon qu'on
appelle Fouché pour, d'un pauvre oratorien, devenir un sans-culotte, un terroriste, puis l'incar-

nation · d'une des polices les plus despotiques qui aient existé, et arriver enfin à être monseigneur le duc d'Otrante, ministre de Sa Majesté Louis XVIII, par la grâce de Dieu roi de France et de Navarre.

Du reste, il ne faut pas s'étonner de ces transformations successives.

Fouché et tous ceux qui lui ressemblent sont révolutionnaires, mais ne sont pas républicains. *Leur nature ne le leur permet pas,* car elle est le contrepied de ce qui constitue le véritable républicain, l'homme digne du titre de citoyen, c'est-à-dire de l'homme qui a le courage de sacrifier son intérêt personnel à l'intérêt public.

Il y a en France beaucoup d'hommes qui se disent républicains; un grand nombre se croient même très-sérieusement républicains. Bien peu méritent ce nom; ils ne sont malheureusement presque tous que des révolutionnaires.

Or, la République est de tous les gouvernements celui qui pour exister exige le plus de citoyens Les révolutionnaires peuvent d'autant plus facilement rendre l'existence de ce gouvernement impossible qu'il est celui qui leur donne le plus de moyens d'action contre lui-même. C'est ce qui fait que la République n'a jamais pu, non seulement exister, mais même réellement s'établir en France, car tous les gouvernements qui en ont pris le nom n'ont jamais été que des gouvernements plus ou moins *révolutionnaires;* les hommes qui étaient à leur tête l'ont si bien senti qu'en 1793, ils lui ont même donné son véritable nom :

« *Le Gouvernement révolutionnaire.* »

Tout en restant LUI, Fouché a toujours cherché à être du côté du plus fort. Son histoire est par suite, à de certains points de vue, celle des partis qui ont déchiré la France. Le séparer de ces partis est impossible, car il ne fait, je le répète, que réfléter, comme le caméléon, les milieux dans lesquels il est placé. S'il n'avait pas vécu au milieu de la Terreur, Fouché n'eût jamais même songé à devenir terroriste. Son indifférence pour le bien ou pour le mal, sa prédisposition à tirer parti de tout dans son intérêt personnel, l'auraient porté plutôt à une certaine indulgence, dans l'espérance de pouvoir exploiter l'influence qu'il pouvait acquérir sur ceux qu'il

avait ménagés. C'est ce qu'on le verra faire quand
on arrivera à la période du Directoire. Là, il sera
véritablement dans son élément naturel, L'IN-
TRIGUE. Mais si la Terreur n'est pas son milieu
de prédilection, elle ne lui répugne pas le moindrement; aussi ne se fait-il pas faute de l'exploiter.

Les fictions que la plupart des historiens, pour
des causes bien diverses, ont substituées à ce qu'a
été dans la réalité la Révolution de 1793, s'é-
loignent tellement de la vérité que quand on
s'écarte de leurs dires, on est obligé de prouver
l'exactitude de ce que l'on avance. Je ne marcherai
donc qu'en appuyant sur des preuves incontes-
tables tout ce que je dirai de cette terrible
époque.

Quand on étudie la Révolution de 1793 dans
sa triste réalité, bien des illusions disparaissent.

Ce qui frappe avant tout, c'est la MISÈRE GÉ-
NÉRALE; elle est réellement EFFROYABLE.

Les populations manquent des objets de première nécessité, de pain, de viande, de bois, de
beurre, de savon, etc. On ne peut obtenir quelques
onces d'un pain noir ou d'un pain d'avoine qu'en
allant faire la queue pendant de longues heures.

Il en est de même de la viande, du bois et du beurre, du savon, etc.

Il n'y a plus de travail. On peut juger par suite de l'état des populations ouvrières des villes; *leur misère, je le répète, est effrayante et la mortalité énorme.* Qu'on joigne à cela la terreur qui atteignait tout le monde, depuis les plus puissants du jour jusqu'aux plus infimes. Les têtes des Robespierre, des Danton, des Hébert, des Custine tombaient pêle-mêle avec celles de nobles, de prêtres, de généraux, de bourgeois, de simples ouvriers surtout, car c'est dans les classes les moins élevées de la société que l'on compte le plus grand nombre de victimes. Pour un noble ou un riche, il y a neuf laboureurs, manœuvres, ouvriers de tous les métiers; en un mot, neuf personnes qui vivent du travail de leurs mains. Quant aux hommes qui prennent une part active à la révolution, le nombre de ceux qui ont succombé victimes de leurs propres excès est encore bien plus considérable. On les voit presque tous disparaître. A peine si quelques-uns échappent à la misère, à la prison, à l'exil ou à la mort. La presque totalité put répéter le fameux mot de Danton : « Cette garce de révolution est ratée; comme Saturne, elle dévore ses enfants. »

Ce sont les agioteurs de toutes les espèces qui ont le plus profité de la révolution. Là il y eut des gens faisant fortune; bon nombre d'autres y laissèrent leurs têtes ou achevèrent de s'y ruiner.

Dans les campagnes, les souffrances n'étaient pas moins cruelles que dans les villes. Sur beaucoup de points, la guerre civile ; partout ailleurs, les exactions des populations des villes et le brigandage arrivé à un point qu'on ne saurait se figurer, si on ne voyait les chiffres des condamnations à mort pour crimes de droit commun, assassinats, vols à main armée, pillages, etc.; on compte chaque année par centaines, sous le Directoire et même pendant les premières années du Consulat, les exécutions ou les bandits tués les armes à la main.

La Révolution de 1793, on ne saurait trop le répéter, a dévoré ses propres enfants et torturé ceux qu'elle n'a pas tués, car il n'est personne qui ne sentît la mort suspendue sur sa tête. Les

visites domiciliaires de jour et de nuit, qui atteignaient toutes les maisons d'une ville entière, les
dénonciations, qui menaçaient continuellement
tout le monde sans exception ; l'échafaud en permanence, sur lequel, tous les jours, roulaient de
nouvelles têtes ; les fusillades, les noyades, étaient
là pour rappeler à chacun, homme ou femme, s'il
était tenté de l'oublier, que sa vie tenait à un fil.

L'action directe des révolutions sur les classes
qui contribuent le plus à les faire, la bourgeoisie
et les classes ouvrières, est bien curieuse à étudier.
Comme le premier effet des révolutions est de
suspendre le crédit, d'arrêter le travail et le commerce, elles atteignent la bourgeoisie et les classes
ouvrières dans ce qu'elles préfèrent à tout, leurs
bénéfices et leurs salaires. Malgré cela, tel est
l'aveuglement de nombre de gens qu'ils ne travaillent que trop souvent à ce qui doit amener le
contrepied de ce qu'ils désirent le plus ardemment : l'amélioration des conditions dans lesquelles
ils vivent.

Dans les temps de révolution, les riches sont
dans la gêne, ceux qui ont de l'aisance dans la
isère, les classes pauvres souffrent les priva-

tions les plus effroyables. Beaucoup y perdent leur fortune, un bien plus grand nombre la vie sur les échafauds, dans les massacres, dans les combats, et par suite *des maladies sans nombre* qu'engendre la MISÈRE épouvantable que presque tous subissent. Bien peu y gagnent : un sur cent, sur mille peut-être; encore, au prix de quelles épreuves.

Si dans une nation on se rendait bien compte de ce que sont les révolutions, il n'y aurait à les tenter que ceux qui, par instinct ou par calcul, sont décidés à jouer leur vie à cette redoutable loterie. Fouché, quoiqu'il ne fût rien moins que brave, ce qui ne l'empêche pas d'être souvent téméraire, appartient essentiellement à cette race inquiète, remuante, insatiable; aussi mérite-t-il au suprême degré le nom de RÉVOLUTIONNAIRE.

Malheur aux nations dans lesquelles se trouvent de ces êtres malfaisants qui, comme lui, possèdent le génie de l'intrigue. S'ils ont une grande intelligence et que les événements les secondent, ils deviennent de véritables fléaux. On ne saurait trop maudire leur fatale influence.

Presque toutes les pièces contenues en très-grand nombre dans cet ouvrage sont inédites ou peu connues.

J'en ai trouvé la majeure partie aux archives nationales, dans les cartons du comité de salut public ; aux archives des départements de la Nièvre et de l'Ille-et-Vilaine ; au British Muséum, dans ses collections si riches en documents concernant la Révolution française ; la collection des imprimés contient à elle seule plus de 3,000 volumes ; puis à la Bibliothèque nationale de Paris et à la Bibliothèque de Lyon. J'ai emprunté également à l'histoire si remarquable de Lyon par M. Montfalcon, le savant directeur de ce dernier établissement, deux passages sur les épisodes de la Terreur dans cette malheureuse cité.

Si quelques personnes désirent consulter les pièces que j'ai citées, soit en entier, soit par extraits seulement, je les prie d'avoir la bonté de s'adresser à moi. Je me ferai un plaisir de leur donner pour chaque pièce toutes les indications nécessaires pour qu'elles puissent la retrouver facilement.

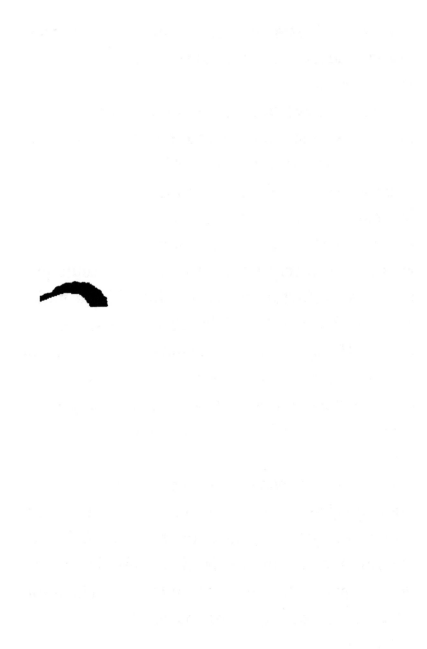

ÉTUDE

SUR FOUCHÉ

Les révolutions sont une véritable pierre de touche pour les hommes politiques ; elles mettent à nu leur caractère, c'est-à-dire l'homme proprement dit ; par suite, elles permettent de saisir leurs qualités ou leurs défauts, leurs vices ou leurs vertus, d'autant plus aisément qu'elles les exagèrent presque toujours. Les hommes les mieux trempés échappent seuls, grâce à leur force de volonté, à l'entraînement des passions surexcitées du moment. C'est surtout pour les hommes chez lesquels le sens moral et le caractère, proprement dit, font défaut, et sont remplacés presque toujours par l'égoïsme et l'esprit d'intrigue, que les révolutions sont une terrible épreuve. Elles leur donnent la possibilité de n'écouter que leurs mauvais instincts, que leurs mauvaises passions. C'est ce qui permet aux moins clairvoyants de toucher au doigt et à l'œil tous leurs vices.

Personne n'a prouvé cette vérité d'une manière plus évidente que Fouché.

Sa vie peut se diviser en périodes bien distinctes que nous examinerons successivement. Dans toutes les positions, on trouve en lui les mêmes vices, la même nature, quelque différents que soient les rôles qu'il joue à deux ou trois années de distance.

Au prêtre défroqué, au sans-culotte présidant à des massacres, à des orgies révolutionnaires, on verra succéder le ministre d'un gouvernement faisant impitoyablement prévaloir le principe d'autorité; puis viendra le grand dignitaire de l'Empire, son excellence monseigneur le duc d'Otrante; puis enfin, pour couronner dignement une telle vie, apparaîtra le régicide qui, par la trahison la plus effrontée, la plus cynique, travaille à ramener sur le trône de France les héritiers du roi de droit divin, dont il a contribué par son vote à faire tomber la tête.

On verra Fouché toujours un pied dans tous les camps trahir un peu plus, un peu moins, suivant les circonstances, tous les gouvernements. Comme si chez lui cela fût devenu une véritable nécessité, dès qu'il est entré dans un parti, il se prépare déjà à le miner et à le renverser. Ce besoin de s'agiter et d'intriguer est réellement quelque chose d'effrayant, il finit par devenir une véritable monomanie. Tous les hommes qui en sont atteints sont fatalement condamnés à détruire. Ces natures inquiètes sont insatiables; il leur faut s'agiter à tout prix, même aux dépens de leurs véritables intérêts.

Fouché est, on le voit, un digne successeur de Dubois; comme lui, il possède à un degré éminent le génie de l'intrigue; comme lui, il mérite à bien des titres une étude spéciale.

La vie de Fouché et celle des hommes qui lui ressemblent peuvent presque toujours se diviser en trois périodes bien distinctes.

Ces personnages sont alternativement révolutionnaires, hommes de pouvoir et conspirateurs.

Les mobiles auxquels ils obéissent sont presque toujours leur intérêt personnel et leurs passions.

Au début de leur carrière, n'étant rien et voulant être tout, les hommes de la nature de Fouché travaillent à renverser le gouvernement établi quel qu'il soit, pour s'élever sur ses ruines, quelquefois sur celles d'une société entière. Au nom de la liberté, ils arrivent, en 1793 par exemple, à la tyrannie la plus monstrueuse; au nom de la philanthropie, ils versent des torrents de sang; au nom de la justice, ils commettent les rapines et les cruautés les plus odieuses; pour arriver au pouvoir et à la fortune, tous les moyens leur sont bons.

Une fois qu'ils se sont emparés du pouvoir, tous les moyens leur sont encore bons pour s'y maintenir. Après s'être posés en représentants de toutes les libertés, ils ne reculent pas devant le despotisme le plus impitoyable, devant la tyrannie la plus violente, devant les prisons d'Etat, devant les échafauds, devant la mitraillade même s'il le faut. Ils continuent leurs rapines et leurs concussions, car ils tiennent aussi à l'argent, les uns pour le conserver, comme Fouché qui, à sa mort, laisse quatorze millions; les autres pour satisfaire leur luxe et leurs caprices. Dans cette période, ils font litière de la liberté; quiconque en parle est un ennemi. Ils intriguent toujours; sans cela, ils cesseraient d'être eux. Ils conspirent même peut-être encore un peu pour n'en pas perdre l'habitude, et puis, il faut toujours être en règle avec toutes les éventualités; aussi ont-ils constamment un pied dans tous les partis. Cela peut servir à l'occasion; qui peut prévoir l'avenir?

Le pouvoir a-t-il été enlevé à Fouché ou à des personnages de son espèce? Malheur au gouvernement coupable d'un tel crime, il doit périr. Alors, ces grands citoyens redeviennent de nouveau les amants les plus bruyants de la liberté; ils travaillent par tous les moyens imaginables à rendre impossible à ce gouvernement, quel qu'il soit, d'exister sans eux. Peu leur importe qu' s'agisse d'une république, d'une royauté ou d'u empire. Ils l'attaquent avec la perfidie la plu coupable, dussent-ils encore détruire avec lui un société entière. Ils ne reculent ni devant les contradictions qui compromettent le caractère et la dignité de l'homme, ni même devant les trahisons les plus odieuses. Tout ce qui peut assurer la perte de leurs adversaires est bon. Leurs ennemis d'hier, dont ils parlaient avec le plus profond mépris, qui de leur côté les traitaient le plus durement, deviennent, pourvu qu'ils attaquent le gouvernement, leurs amis les plus chers, jusqu'au moment, bien entendu, où, ces vertueux citoyens pourront ressaisir le pouvoir. Alors, si quelques-uns de leurs nouveaux amis sont assez mal appris pour ne pas être satisfaits, du moment que ces grands hommes d'État le sont, il y a encore des prisons et même, en cas de besoin, la mitrailláde pour leur apprendre qu'ils ne sont et ne seront jamais que des imbéciles.

Dans cette période, on conspire sous toutes les formes, par tous les moyens, soit publiquement, légalement, quand cela est possible, soit secrètement. La limite des conspirations n'existe que dans le caractère de chacun de ces personnages. Les plus prudents ne vont pas au-delà de ce qu'ils peuvent se permettre impunément. Ils excitent toutes les passions, ils poussent en avant les niais et les fous; quant à eux, ils se tiennent prudemment à l'abri. Les plus remuants, comme Fouché, vont plus loin. Ils conspirent avec tous les partis, afin d'être certainement du nombre de ceux qui profiteront des révolutions. Ils vont plus loin encore ; comme le duc d'Otrante en 1815, ils trahissent leur pays en faveur de l'étranger, s'il le faut, pour s'assurer le pouvoir.

Fouché et presque tous ceux qui lui ressemblent, au début de leur carrière, n'ont rien et ne sont rien. Par suite de leur esprit inquiet et remuant, de leur nature envieuse, voulant tout en toutes choses, ces hommes, comme nous l'avons déjà dit, sont fatalement révolutionnaires.

A cet endroit, Fouché fut servi à merveille par les événements. Il débuta dans la vie politique au milieu d'une des tourmentes les plus terribles qui aient agité une société. Pour bien comprendre son existence si accidentée, il faut étudier la Révolution française. Il en est un des produits les plus étranges et les plus impurs ; il est l'incarnation d'un des éléments les plus dangereux que l'on trouve en temps de troubles, le véritable révolutionnaire, c'est-à-dire l'homme qui pousse aux révolutions, non pour faire prévaloir un principe, une idée ou un parti, mais pour as-

souvir son intérêt, ses passions ou ses caprices
mêmes.

Fouché est né aux environs de Nantes. Suivant
les uns, son père était boulanger ou cabaretier;
suivant d'autres, capitaine de la marine mar-
chande. Quelle que soit celle de ces versions qu'on
adopte, Fouché, et cela seul importe au point de
vue historique, appartenait à une des classes de la
société qui n'avait presque aucune chance d'avenir
sous l'ancien régime. Le clergé seul pouvait offrir
aux ambitieux de cette catégorie quelque espoir
de succès. Ce fut la carrière qu'embrassa Fouché.

Jusqu'au moment où éclata la Révolution, il
vécut de cette existence contenue par une discipline de tous les moments, qui pèse sur le prêtre
placé dans un établissement d'enseignement.
Fouché, chez lequel on ne trouve pas même trace
de croyance ou de sens moral, fut, par suite,
pendant de longues années, condamné à une hypocrisie de tous les instants, qui devait d'autant
plus lui coûter qu'il était plus cynique, plus in-
tempérant par caractère. C'est ce qui explique
cette habitude de mentir, qui, chez lui, est continue. Quand la Révolution éclata et lui permit de

jeter le froc aux orties, il le fit avec un cynisme qui lui assura l'influence qu'il exerça dans les clubs, à Nantes. Sa violence de paroles, sa perfidie, sa haine implacable contre la société qui s'écroulait, lui valurent la confiance des patriotes de l'époque. Grâce à la terreur inspirée par le 10 août, ils parvinrent à faire nommer membre de la Convention l'ancien censeur des études des oratoriens à Nantes. Voilà dans quelles conditions débuta dans la vie politique cet homme sans foi ni loi, qui ne devait y apporter que des vices et de mauvaises passions.

Ambitieux, cupide, envieux, menteur, insatiable, possédé par le démon de l'intrigue, partout où il put pénétrer, Fouché dut porter sa fatale influence.

On ne le verra que trop, aussitôt que les missions qu'il parvint à obtenir de la Convention le mirent à même de pratiquer les doctrines qu'il avait prêchées dans les clubs.

Il fut alternativement le digne représentant des Jacobins, puis des Cordeliers, car, suivant l'appui qu'il en espère tirer, il se fit le représentant de ces deux sociétés populaires. Aussi capricieux que la fortune, il passe de l'une à l'autre, aussitôt qu'il croit y trouver la force et le succès. Aussi le rencontre-t-on d'abord avec Condorcet, puis avec Robespierre, puis avec Hébert et Collot-d'Herbois, puis avec Tallien, puis avec Babœuf; puis de rechef, avec Tallien, etc., etc.

Tout pour lui se résume en un seul fait, être toujours avec le plus fort quel qu'il soit.

A ce point de vue, il faut le reconnaître, il a le droit de dire qu'il n'a jamais changé.

Il justifie au pied de la lettre ce qu'on a dit de Barère : « Ce diable de petit homme a toujours » le talent de se mettre en croupe derrière le » mieux monté. »

Fouché est l'un des plus scélérats, des plus infâmes de tous les monstres à face humaine de cette époque redoutable. Les Carrier, les Ronsin, les Collot-d'Herbois ont besoin de chercher dans les orgies, dans l'ivresse physique et morale, la violence nécessaire pour commettre leurs crimes. Fouché, au contraire, pour verser le sang, n'a pas besoin de s'exalter; son égoïsme infernal et son absence absolue de sens moral lui suffisent. Il sacrifie froidement à son intérêt personnel les malheureux qu'il fait mitrailler ; c'est dans leur sang qu'il doit trouver l'or et le pouvoir dont il est insatiable.

L'intérêt personnel pour Fouché comme pour Dubois est un dieu auquel tout doit être sacrifié.

Il y a en 1793 un parti composé des éléments les plus violents, les plus dépravés, les plus impurs qu'ait produit la Révolution française. Ce parti a pour drapeau ou plutôt a pour enseigne *le Père-Duchesne,* le journal le plus immonde, le plus cynique, le plus violent qui ait jamais existé : « Il est b........t en colère ce matin le père Duchesne. » Son rédacteur en chef est Hébert, l'ex-marchand de contre-marques des Variétés. Cet homme, chassé deux fois pour vol des places qu'il a occupées, est un mélange hideux de violence et de corruption. Il prêche le patriotisme, toutes les vertus civiques et vit au milieu de fournisseurs. Il affecte dans son journal une rigidité républicaine absolue et se livre à des débauches dégoûtantes. Il pousse avec une audace extrême à l'insurrection et au fond n'est qu'un lâche qui montra sur l'échafaud une faiblesse honteuse. Il prêche avec un cynisme sans pareil l'athéisme; il se fait le grand-prêtre de ces orgies qu'on appelle le culte de la Raison. Grâce à lui, on voit au nom de la liberté des enfants s'enivrer dans des églises, des femmes se prostituer sur les marches des autels, etc.

Autour d'Hébert se groupent Vincent, espèce de bête fauve; Ronsin, bien digne d'être le général de cette armée révolutionnaire qui assassine, qui pille, mais qui ne se bat pas; Chaumette, un type de procureur prétentieux; Collot-d'Herbois, un histrion féroce, puis l'homme aux noyades de la Loire, le farouche Carrier; enfin Fouché, le prêtre apostat, bien digne de figurer dans cet assemblage de voleurs, d'ivrognes et de brigands. Tous ont une commune origine, les clubs. Ils joignent une cruauté extrême à l'immoralité poussée à ses dernières limites, accouplant presque tous le vol à l'orgie et aux vices de toute nature.

Leur reconnaissance pour les clubs, dans lesquels ils trouvent appui et force, se manifeste par des mesures qui méritent d'être rappelées.

D'abord, on donne 40 sous par jour à ceux qui assistent aux réunions, et puis on fait mieux que cela, on déclare *suspect* quiconque ne s'y rend pas ou ne s'y montre pas au diapason qui convient aux meneurs. Voici le texte même de la décision prise par la commune de Paris sur la proposition de Chaumette.

Dans la séance du 10 octobre 1793 du conseil de la commune, Chaumette traça les caractères auxquels on pouvait reconnaître les gens suspects :

1° Ceux qui, dans les assemblées du peuple, arrêtent son énergie par des discours astucieux, des cris turbulents et des murmures ;

2° Ceux qui, plus prudents, parlent mystérieusement des malheurs de la république, s'apitoient sur le sort du peuple, et sont toujours prêts à répandre de mauvaises nouvelles avec une douleur affectée ;

3° Ceux qui ont changé de langage et de conduite suivant les événements ; qui, muets sur les crimes des royalistes, des fédéralistes, déclament avec emphase contre les fautes légères des patriotes et affectent, pour paraître républicains, une austérité, une sévérité étudiées, qui se démentent dès qu'il s'agit d'un modéré ou d'un aristocrate ;

4° Ceux qui plaignent les fermiers et marchands avides, contre lesquels la loi est obligée de prendre des mesures;

5° Ceux qui, ayant toujours les mots de liberté, république et patrie sur les lèvres, fréquentent les ci-devant nobles, les prêtres contre-révolutionnaires, les aristocrates, les feuillants, les modérés, et *s'intéressent à leur sort;*

6° Ceux qui n'ont pris *aucune part active* dans tout ce qui intéresse la Révolution, et qui, pour s'en disculper, font valoir le paiement des contributions, leurs dons patriotes, leur service dans la garde nationale, par remplacement ou autrement;

7° Ceux *qui ont reçu* AVEC INDIFFÉRENCE la constitution républicaine et ont fait part de fausses craintes sur son établissement et sa durée;

8° *Ceux qui, n'ayant rien fait contre la liberté, n'ont aussi rien fait pour elle;*

9° CEUX QUI NE FRÉQUENTENT PAS LEURS SECTIONS et qui donnent pour excuse qu'ils ne savent pas parler et que leurs affaires les en empêchent;

10° *Ceux qui parlent avec mépris des au-*

torités constituées, des signes de la loi, des sociétés populaires et des défenseurs de la liberté ;

11° Ceux qui ont signé des pétitions contre-révolutionnaires ou fréquenté des sociétés ou clubs anti-civiques ;

12° Les partisans de Lafayette et les assassins qui se sont transportés au Champ-de-Mars.

Déjà si redoutable par elle-même, la loi des suspects, grâce à ce commentaire, permettait de frapper tous ceux qui avaient le malheur de déplaire à un des membres des VINGT MILLE COMITÉS révolutionnaires qui faisaient peser sur la France entière la tyrannie la plus effrayante.

Il est bon de rappeler à ceux qui l'ont oublié, et d'apprendre à ceux qui ne le savent pas, ce qu'est, dans la pratique, le règne de la liberté et de la fraternité.

Le fonctionnement du gouvernement révolutionnaire de 1793, quand on l'étudie dans ses détails, prouve jusqu'à l'évidence que ceux qui le dirigeaient ne pouvaient se faire aucune illusion sur ce qu'il avait de monstrueux. En confiant sciemment des pouvoirs illimités à ce qu'il y avait de plus vicieux, de plus corrompu, de plus cruel, de plus immonde en France, Robespierre et les autres chefs du parti révolutionnaire savaient bien que de semblables éléments ne pouvaient produire rien de bon, de juste, d'honnête. Aussi à la tribune, comme le font les sophistes de tous les temps, entassent-ils paradoxes sur paradoxes, pour tâcher de déguiser sous de grands mots les crimes dont ils sont les instigateurs et les complices.

Jamais les mots d'humanité, de justice, de fraternité n'ont été plus prodigués que pendant cette période sanglante. Les rhéteurs de tous les temps ont toujours eu la singulière prétention qu'à force de nier ou d'affirmer des faits, ils peuvent les changer, même les empêcher d'exister.

Cette impudence dans le mensonge est bien remarquable. Elle suffit malheureusement souvent pour tromper dans le moment même ceux auxquels on s'adresse. Ils ne peuvent à l'instant donner la preuve du contraire de ce qu'un sophiste nie ou affirme; par suite, le but qu'il se proposait est atteint.

Ce procédé est si commode que certaines gens

ne savent résister à la tentation de l'employer, même sans nécessité.

Quand on pense que les hommes qui, entraînés par les exigences de leur position, deviennent en 1793 de si grands coupables, étaient, en 1789, un certain nombre du moins, des philosophes qui rêvaient pour leur patrie un âge d'or, on est vraiment terrifié. Quatre années de révolution avaient suffi, par leur action délétère, pour les corrompre au point de leur faire employer les moyens les plus odieux. Ils voulaient à tout prix conserver leur domination.

Pour exécuter les décisions féroces qui donnaient le droit aux Carrier, aux Lebon, aux Fouquier-Tinville de dire qu'ils n'avaient fait qu'accomplir la mission qu'ils avaient reçue de la Convention, il fallait des agents plus cruels que scrupuleux.

Les choix des administrations établies par les représentants du peuple en mission réalisent les intentions de cette redoutable assemblée. Presque tous les hommes que l'on investit des pouvoirs les plus exorbitants sont dignes de la mission qu'on leur confie; on les choisit dans ce qu'il y a de plus vicieux, de plus cruel, de plus immonde

dans chaque localité ; ce sont des prêtres défroqués, des notaires condamnés pour détournements,
des savetiers, des ivrognes, etc. Voilà, avec quelques fanatiques, ce qu'on appelle à cette époque
les patriotes.

On pourra juger de ce qu'étaient les agents de
ce gouvernement bien digne de son nom, la Terreur, par le comité révolutionnaire que Fouché
imposa à la ville de Moulins, en juillet 1793. On
en verra plus loin la composition.

Quand on étudie la vie de Fouché, il est impossible de ne pas parler de la Convention ; la réunion
des éléments hétérogènes qui composent cette
redoutable assemblée, les passions contradictoires
qu'elle soulève, expliquent la diversité des jugements émis à son égard.

Je ne crois pas que la Convention mérite toute
l'importance que lui accordent presque tous les
historiens. Elle n'a pas dominé et dirigé les
événements. Presque toujours elle a été dominée
par les clubs, par les factions qui la déchirent et
la déciment, par le tourbillon révolutionnaire
qu'elle subit et qui l'entraîne.

Elle n'a été presque toujours que l'instrument

des passions violentes d'une infime minorité, ou plutôt de minorités à qui les passions du moment et souvent le hasard donnent un pouvoir éphémère.

Le courage des armées a sauvé la France, malgré toutes les fautes que la Convention et les clubs ont commises. La Convention semble, au contraire, avoir pris à tâche de tout détruire, la liberté qu'elle étouffe dans le sang, et même la nation qu'elle expose aux dangers les plus redoutables, pour de vaines théories, pour les prétentions les plus extravagantes. Le succès, qui aux yeux de tant de gens justifie tout, et l'intérêt des partis expliquent seuls l'admiration dont on essaie d'entourer cette assemblée.

Ce que Louis Blanc, dans son histoire si remarquable de la Révolution, dit de la Convention, n'est pas exact ; il a beaucoup trop généralisé.

Ce qui est vrai pour les quelques hommes qui se sentaient trop compromis pour ne pas se regarder comme perdus si la Révolution ne l'emportait pas, devient complétement inexact quand il s'agit de l'immense majorité des membres de la Convention. La violence que les meneurs dont nous venons de parler furent obligés de faire exercer

par les clubs et les sans-culottes sur la masse de
leurs collègues, pour les forcer de voter la mort
du roi et la proscription des Girondins, en est la
preuve matérielle. Pour faire de tous les membres
de la Convention des héros ou des martyrs prêts à
sacrifier leur vie pour la patrie et la liberté, il
faut plus que du bon vouloir, il faut la passion
qu'inspire l'esprit de parti. Chez un grand nombre
de ces hommes, il n'y eut que des *accès d'exalta-*
tion momentanée, conséquence du milieu dans
lequel ils se trouvaient, et il devait en être ainsi ;
l'immense majorité de cette assemblée était composée de légistes, d'avocats, de procureurs, de
prêtres défroqués, tous gens chez lesquels on
trouve rarement les vertus qui font les héros ou
les martyrs.

Sans parler de la plaine, des crapauds du marais, combien parmi les autres, même parmi les
plus éminents par leur intelligence, les Camba-
cérès, les Siéyès, les Merlin, etc., n'avaient rien
de ce qui constitue les héros ou les martyrs. Dans
cette assemblée, comme dans toutes les assemblées
possibles, les hommes doués d'une grande énergie,
d'une force de volonté suffisante pour sacrifier

de propos délibéré, de sang-froid leur vie à une idée, formaient une infime minorité. La conduite de tous les conventionnels qui ont vécu assez longtemps pour qu'on pût apprécier avec certitude leur véritable caractère ne permet aucun doute à cet égard.

La lâcheté de quelques-uns de ces hommes, comme Barère, Robespierre, etc., dominés par des terreurs sans nom ; le fanatisme ou la violence de quelques autres, comme Saint-Just, Billaud-Varennes, Couthon, Legendre, etc., joints à la cruauté de misérables comme Marat, Carrier, Fouché, Collot-d'Herbois, Fréron, etc., voilà les véritables causes de la terreur. Tous ces hommes, chacun suivant l'impulsion de sa nature, cherchèrent leur salut dans la solidarité à laquelle ils condamnèrent la masse de la Convention.

Rien n'est redoutable en temps de révolution comme les hommes faibles. Ce sont presque toujours les plus impitoyables. La peur les fait recourir aux moyens les plus effrayants; jamais il n'y en eut peut-être d'exemple plus frappant qu'en 1793.

Une fois entrés dans cette voie fatale par les

massacres de septembre et par la mort du roi, ils furent entraînés à tous les crimes qu'ils commirent. Il fallut briser, par une violence toujours croissante, les résistances qu'ils rencontraient de tous les côtés, et cela sous peine d'être broyés eux-mêmes. Quand ils sentirent que les violences auxquelles ils se livraient les conduisaient à un abîme, il était trop tard; il leur fut impossible de s'arrêter. La violence engendre la violence, jusqu'au moment où, devenue intolérable même pour ceux qui l'ont provoquée, elle amène une réaction fatale à presque tous ceux qui en ont été les auteurs.

On ne saurait trop le répéter, après quelques fanatiques et quelques monstres à face humaine dont le suprême bonheur est de verser le sang, les hommes les plus dangereux en temps de révolution sont presque toujours des gens faibles et violents, à qui le sens moral manque entièrement. Ils sentent leur faiblesse; pour la cacher, ils sont capables d'atrocités. Comme aucun scrupule ne les arrête, ils versent le sang non pour le verser, mais par intérêt personnel. Si quelques-uns des hommes d'Etat de notre époque avaient été soumis à cette redoutable épreuve, ils auraient fait ce qu'ont fait les hommes avec lesquels ils ont le plus de ressemblance. Ce que je dis, ils le sentent ; en cherchant bien, on en trouverait peut-être la preuve écrite de leur propre main.

Pour bien comprendre certains des actes de Fouché, il faut encore tenir compte d'un élément qui joue dans la Convention et dans toute la révolution de 1793 un rôle très-important, moins par le nombre que par la valeur intellectuelle des hommes qui le composent : cet élément était formé par les prêtres défroqués.

A quelque religion qu'ait appartenu un apostat, il a un caractère indélébile qui presque toujours se manifeste par de mauvaises passions et par la haine la plus implacable contre ce qu'il a renié.

Le rôle que les Siéyès, les Fouché, les Joseph Lebon, les Chabot, etc., ont joué pendant la révolution, se manifeste dans un grand nombre de circonstances par des actes très-importants.

La haine qu'ils ont contre tout ce qui appartient au corps qu'ils ont abandonné est atroce ; ils en sont les ennemis les plus acharnés, les plus impitoyables. Tous ceux qui avaient appartenu au clergé avaient de plus conservé dans leur tenue, dans leurs allures quelque chose qui rappelait leur première existence. Il en résultait le plus étrange des contrastes avec le dévergondage que certains d'entre eux affectaient. Quelques-uns, du reste, il faut le dire, avaient conservé un certain mysticisme, une extrême réserve, une grande simplicité de mœurs ; il était resté du prêtre en eux, chez Siéyès, chez Daunou notamment; on en trouverait même quelques traces dans Fouché.

Il suffisait de voir certains des mouvements de ces hommes pour deviner le prêtre défroqué.

Fouché se défendait souvent d'être un prêtre défroqué, parce qu'il n'avait pas été ordonné. Au point de vue théologique, il peut avoir raison, mais au point de vue politique, personne au monde ne sait mieux que lui qu'il mérite complètement cette épithète. Ce n'est pas l'ordination, mais les mœurs, les habitudes qu'il avait puisées dans le milieu où il avait vécu jusqu'à l'époque où il cessa d'être oratorien qui, au point de vue politique, ont de l'importance, et lui font une position exceptionnelle. A Nevers, il l'a bien prouvé, car dans la crainte qu'on ne se rappelât qu'il avait été prêtre, il fit des proclamations qui lui ont valu à juste titre l'épithète toujours si flétrissante d'apostat.

Fouché ne se contenta pas d'attaquer les prêtres, il voulut les remplacer. Il célébra à Nevers une grande fête en l'honneur de la nature, dans laquelle il s'éleva à la dignité de grand-prêtre, et procéda, sur l'autel de la patrie, à des mariages républicains, en étendant la main sur les couples improvisés de jeunes gens et de jeunes filles. Le futur duc d'Otrante, alors le citoyen Fouché, procéda à un grand nombre de mariages. Quant aux croyances de Fouché, l'arrêté suivant qu'il fit promulguer dans tous les départements où il fut envoyé en mission permet de les apprécier :

« Désormais, le lieu destiné à recevoir les » cendres des morts sera isolé de toute habitation » et planté d'arbres, au milieu desquels s'élèvera » une statue du sommeil. On lira sur la porte du » champ du repos : La mort est un sommeil » éternel. »

Plus tard, à Ferrières, le même homme ne pas-

sait pas près d'une croix sans se signer. Tant, il
faut le répéter, il y a des caractères indélébiles,
celui du prêtre entr'autres. Comme Fouché était
resté aussi vicieux, aussi profondément corrompu,
quoi qu'il fût devenu moins cruel, il est évident
que ce n'était qu'une pure hypocrisie, qui révé-
lait bien l'ancien oratorien.

Si l'on veut juger ce que valent réellement bon
nombre des hommes de la révolution auxquels
l'esprit de parti a créé une grande réputation, il
faut étudier avec soin leur vie entière. On arrive
vite à la preuve matérielle que pour eux on a
substitué le panégyrique à l'histoire. Je me
trompe, quand il s'agit de prêtres défroqués, dont
on fait des héros ou des martyrs, c'est l'apothéose
que l'esprit de parti a substituée à l'histoire.

Il n'y avait rien au monde de moins héroïque
que cette race « *de crapauds du marais,* »
comme les appelaient les montagnards dans leur
cynique et brutal langage. Pendant toute la période du danger, la plupart s'étaient contentés
de *vivre*, comme le disait si bien Siéyès qui était
bien digne de figurer dans cette pléiade peu bril-
lante, par le courage du moins, car elle comptait

dans ses rangs des gens de beaucoup d'esprit. Chez ces hommes, de même que chez beaucoup d'avocats et de légistes, il y avait un singulier mélange d'absence de caractère au moment du danger et de courage d'esprit qui les faisait s'engager avec une audace apparente dans des affaires très-graves, périlleuses même. Il en résultait les défaillances les plus inavouables. C'est dans cette race qu'on trouve les moutons enragés. Si on les jugeait sur certains de leurs actes, on croirait de l'énergie là où malheureusement on ne trouve que des défaillances. C'est ce qui amène chez eux des alternatives de paroles brillantes et de faiblesse sans nom dans leurs actes.

Ce mélange de courage d'esprit et de véritable lâcheté, il faut bien se servir de ce mot, explique bien des panégyriques.

Si vous ne réunissez que certains faits, certaines paroles, certains discours, certains écrits, et que vous passiez sous silence leurs autres actes, vous avez presque des héros ou des martyrs, là où en réalité se trouve tout autre chose.

Si j'insiste sur la différence entre le courage

d'esprit et le véritable courage, celui qui vient du caractère, c'est que le nombre des membres de la Convention auxquels ces observations sont applicables est très-considérable ; les avocats, les légistes, les adeptes de cette école philosophique et déclamatoire dont on trouve trace dans l'éloquence révolutionnaire, sont presque tous dans les mêmes conditions. Aussi les mots qui jouent toujours un rôle si important devaient en jouer un bien plus grand dans un milieu vivant de rêves et d'utopies. Grâce aux grands mots, le courage d'esprit aidant, ils devaient aller bien souvent jusqu'à l'exaltation, jusqu'à l'ivresse, jusqu'à un véritable délire qui seul peut expliquer certains votes de la Convention, tant ils sont extravagants ou étranges.

Il y en a bon nombre qui sans cela seraient même ridicules par leur peu d'importance ou par le singulier contraste de décisions féroces rendues au nom de principes doucereusement philanthropiques ; une exaltation arrivée au délire, à l'ivresse, peut seule expliquer les décisions étranges que la Convention a si souvent votées. C'est par centaines malheureusement qu'on pourrait citer ces votes auxquels on est vraiment embarrassé de donner un nom.

Il ne faut pas s'y méprendre, il en est de l'ivresse morale comme de l'ivresse physique. C'est surtout pour les natures faibles qu'elle est à redouter ; elle va alors au paroxisme. Aussitôt l'accès de fureur passé, ces hommes redeviennent eux-mêmes, c'est-à-dire presque toujours d'autant plus faibles qu'ils ont été plus violents. De là ces inégalités, ces défaillances si étranges de prime abord qu'elles paraissent inexplicables quand on n'en connaît pas la véritable cause.

De semblables caractères expliquent beaucoup des votes de la Convention. La crainte d'être massacrés avait décidé bien des gens à voter la mort du roi ; à partir de ce moment, la crainte d'être pendus en cas de contre-révolution les rendit féroces.

Les actes de Fouché sont si odieux par eux-mêmes qu'il semble impossible d'augmenter le dégoût qu'ils inspirent. Il trouve pourtant moyen d'y parvenir par ce langage à la fois emphatique, hypocrite et doucereusement impitoyable avec lequel il en rend compte à la Convention. Ce

mélange de tirades sentimentales et de déclama-
tions de tribun, qui forme le style de ces hommes
de sang, est bien curieux. On trouve en eux à la
fois du bourreau et du lettré de mauvais aloi.

Il y a quelque chose de bien remarquable, c'est
la peine qu'éprouvent tous ceux qui ont pris part
à l'enseignement, à dépouiller le vieil homme.
Fouché conserva pendant son existence entière
quelque chose du pédant, voire même du cuistre ;
en y regardant d'un peu près, on en retrouve des
traces là où on ne le soupçonnerait plus du tout.

Les missions que Fouché remplit méritent une
attention spéciale à plusieurs titres ; elles mettent
à nu quelques-uns des côtés les plus effrayants de
son caractère, son cynisme, sa froide cruauté, sa
cupidité insatiable et sa profonde hypocrisie.
Elles permettent, ce qui est peut-être encore plus
important au point de vue historique, de toucher
au doigt et à l'œil les souffrances sans nom
auxquelles l'immense majorité de la France était
condamnée par une poignée de misérables. Car
de leur propre aveu, les soi-disant patriotes, les
démagogues, pour leur donner leur véritable nom,
ne sont qu'une infime minorité. Aussi ne peu-

vent-ils dominer le pays que par la violence. C'est là une des causes les plus réelles du genre de gouvernement qu'ils adoptèrent, la terreur. Pour ces deux causes, nous donnerons un développement considérable à ces missions qui, du reste, exercèrent une influence fatale sur l'existence entière de Fouché.

La première mission confiée à Fouché eut lieu en mars 1793; il fut envoyé avec Villers, dans les départements de l'ouest, pour en arrêter le soulèvement.

Les pouvoirs des membres de la Convention envoyés en mission à cette époque, sont bien loin d'être illimités, comme ils devaient l'être quelques mois plus tard. Pour le moindre arrêté, on le verra par les pièces qui suivent, ils sont obligés d'en référer à la Convention.

Les dangers inséparables de la guerre civile si terrible, qui commençait en Vendée, n'étaient pas ce qu'il lui fallait. Fouché est un de ces grands citoyens dont le courage va jusqu'à la témérité quand il n'y a pas de danger, mais qui disparaissent dès qu'ils sont en face d'un péril réel.

Ils peuvent faire mitrailler des malheureux

sans défense, mais quand il s'agit d'attaquer, les
armes à la main, des adversaires aussi redoutables que les Vendéens, Fouché et ses semblables
trouvent toujours des prétextes pour se tenir à
distance.

Aussi resta-t-il très-peu de temps à Nantes.
Il regagna Paris aussitôt que cela fut possible, et
fut alors chargé d'une mission moins dangereuse
dans le département de l'Aube, où il se trouvait
pendant le mois de mai. Ce fut de Troyes qu'il
envoya son adhésion à la proscription de ses bons
amis de la fin de 1792, les Girondins.

Voici les pièces que nous avons pu réunir sur
la mission de Fouché à Nantes ; elles donnent
une idée exacte de l'anarchie dans laquelle la
révolution avait plongé tout l'ouest de la France.

« Citoyens collègues,

« Après avoir parcouru, avec succès, une
grande partie du département de la Mayenne, je
me rendais, comme je vous l'ai marqué, dans celui
de la Loire-Inférieure lorsque des hommes égarés
et furieux m'ont forcé de rétrograder. Je vais

essayer toutes les routes; si mes tentatives sont inutiles, je retournerai dans le département de la Mayenne, j'y achèverai ma mission qui, je l'espère, sera très-heureuse. Il n'y aura pas une seule commune qui ne fournisse son contingent, et il y en aura beaucoup où nous trouverons de l'excédant. Vous ne pouvez donner trop d'éloges à tous les corps administratifs, à toutes les gardes nationales. C'est à leur courageuse fermeté, c'est à leurs mesures révolutionnaires que nous devons le calme, l'ordre et le patriotisme bouillant qui règne dans le département.

» Lorsque la loi sur le recrutement a été proclamée, les gardes nationales étaient en réquisition permanente pour surveiller les malveillants; tous les chefs de l'aristocratie, tous les complices des émigrés, tous les prêtres avaient été chassés de leurs repaires et renfermés dans des maisons de force; il y a un district, celui de *Craon*, et une petite commune, celle de Renazé, où les hommes suspects, c'est ainsi qu'ils appellent les *modérés*, étaient gardés à vue, et sur le moindre propos emprisonnés.

» Si partout on eût montré la même vigueur,

le recrutement ne souffrirait aucune difficulté;
mais, il faut le dire, la mollesse des administrateurs a tout perdu ; chacun a voulu sauver son
ami et le parent de son ami, et par un faux système de modération et de tolérance, on a trahi sa
patrie, on l'a conduite sur le bord de l'abîme.

» J'insiste au nom des habitants du département
de la Mayenne, sur les propositions que je vous ai
déjà faites : 1º de presser l'envoi des agents militaires et des fusils; 2º *d'établir promptement
un tribunal révolutionnaire ambulant dans
chaque département;* authorisez vos commissaires à nommer les juges parmi ceux des districts, et dans quelques jours le tribunal sera
organisé.

» Les prisons regorgent d'hommes pris les
armes à la main; les bons citoyens craignent de
les voir encore échapper au glaive de la justice;
il y a tel prêtre criminel qui est détenu pour la
quatrième fois. Le peuple était hier dans une
grande fermentation à cet égard; lorsque je passai
à Vitré, il s'assembla en foule autour de ma voi-
ture et me pressa de me rendre aux prisons pour
y faire les fonctions de juge. Plusieurs de ces

généreux citoyens pleuraient leurs frères, leurs amis égorgés, et se contentaient de se plaindre de l'impunité de leurs assassins.

> » Fouché, *député*.

> » *P. S.* — Mon collègue est encore malade, j'espère que sous peu de jours il pourra me suivre. "

> » Rennes, le 21 mars 1793. »

(Autographe.)

Voici maintenant une autre lettre très-importante au point de vue de l'histoire générale de cette époque. Elle est adressée à la Convention par Billaud-Varennes, Fouché et Sévestre, représentants en mission, et par Guermeur, l'un des organisateurs des massacres de septembre, tous gens bien dignes d'être associés les uns aux autres.

> « *Les députés-commissaires dans les départements de la République à la Convention nationale.*

> » Citoyens collègues,

> » Plus la crise présente est terrible, plus nous sommes obligés de vous instruire des dangers

imminents qui menacent une portion de la république. C'est pour avoir trop longtemps dormi
dans une sécurité trompeuse qu'on les a accrus,
pour ainsi dire réalisés. Comment concevoir qu'au
moment où les feux de la guerre civile se trouvent
allumés par les suites d'une conspiration connue
depuis trois mois, *il n'y ait encore nulle mesure prise par aucune des autorités constituées,* ni pour prévenir l'explosion, ni pour en
arrêter les effets? Ce ne sont point ici de simples
émeutes locales et faciles à dissiper, mais *presque
la totalité des campagnes* marchant en ordre
de bataille, conduites par des chefs habiles, ayant
quelques armes à feu et des munitions, et se présentant pour attaquer les villes et les massacrer.
C'est l'ignorance et le fanatisme devenus les instruments aveugles de l'aristocratie, qui travaillent pour anéantir les cités, qui, plus éclairées,
sont le foyer du patriotisme, et qui, détruites,
ne laissent plus sur la terre que le despotisme et
l'esclavage. Aussi la liberté ne fut jamais plus
compromise. Il faut de la vigueur; il faut des
forces, et il les faut avec une célérité qui répare
le temps perdu. Ce serait vous abuser, citoyens

nos collègues; ce serait assurer la ruine de la
république que de croire aujourd'hui que des lois
répressives, quelque sévères qu'elles pussent
être, fussent une mesure suffisante. Il est dans
cette contrée plus de cinq départements qui sont
maintenant couverts d'hommes, à la vérité mal
aguerris, mais auxquels on doit opposer promptement de bonnes troupes, pour les faire rentrer
dans le devoir avant que leur coalition devienne
plus formidable. Le drapeau blanc souille de
nouveau le territoire de la France; la cocarde
blanche y est arborée; partout les grandes routes
sont interceptées et les villes investies; il ne se
passe pas un seul jour sans que le sang coule
dans différents combats, ou par des surprises, ou
par des massacres. Vos commissaires sont arrêtés,
et dans ce moment nous nous trouvons réunis à
Rennes au nombre de cinq, qui tous ont couru
les plus grands dangers.

Songez, citoyens nos collègues, que ces mouvements sont combinés avec ceux de nos ennemis,
et que sans l'équinoxe, les Anglais eussent probablement fait une descente; mais dans quinze
jours cette descente deviendra facile. Il n'est donc

pas un moment à perdre. Envoyez-nous des forces.
Ce n'est point une grande quantité qui est nécessaire ; cinq à six mille hommes réunis à nos braves
gardes nationales des départements incendiés de-
viendront suffisants. Si le ministère de la guerre
n'avait pas de troupes à sa disposition, que la
Convention nationale s'adresse aux habitants de
Paris, qui s'applaudiront sans doute de pouvoir
voler au secours de leurs frères. Quant aux forces
tirées de la Charente-Inférieure et ceux circon-
voisins, elles seront forcément arrêtées, puisque
pendant 15 jours Nantes s'est trouvé bloqué sans
avoir pu repousser les révoltés, dont le cordon
s'étend depuis cette ville jusqu'à quelques lieues
au-dessus de Rennes. Telle est notre véritable
position. Mais ne craignez pas de la faire connaître
au peuple. Sa constance et sa valeur accroissent
ici à mesure que le danger devient plus grand, et
l'année dernière ce fut l'envahissement des départements du Nord qui faisant lever la France
entière, nous a valu la conquête de la Belgique.

» Au reste, citoyens nos collègues, comptez
sur notre dévouement ; mais c'est à vous à le
seconder. Songez que non seulement en France

nous sommes en pleine révolution, mais que cette contrée se trouve aujourd'hui en contre-révolution ouverte.

» Si la Convention ne voulait pas reconnaître cette vérité, nous n'hésiterions pas de lui en annoncer une autre ; c'est que l'illusion plus longtemps prolongée creusera à la fin le tombeau de la république. Rien ne nous manque pour sortir de cette crise violente que la volonté et l'exécution. C'est toujours ce qui a donné tant d'avantages à nos ennemis. Et à ce sujet, vos commissaires vous préviennent que s'étant fait rendre compte de tous les détails de la conspiration de la Rouerie par le principal agent chargé de la découvrir, ils ont appris avec une extrême surprise que le Conseil exécutif en était instruit depuis plus de trois mois sans avoir pris la moindre disposition, soit pour contenir les factieux, soit pour réprimer les soulèvements. *C'est à votre sagesse à approfondir cet étrange mystère*. Mais pour réparer les funestes effets d'une négligence si coupable, gardez-vous de la partager. Faites sur-le-champ défiler ici les 5 à 6 mille hommes que nous vous demandons et qui, combattant et dispersant les séditieux, nous permettront seuls de faire exécuter les excellents décrets que vous avez rendus.

Relativement aux circonstances, ce n'est pas uniquement le salut de ces départements, mais celui de la République entière, qui vous prescrit de voir enfin quelle est la véritable situation où vous êtes placés. Reconnaissez que ceux-là et ceux-là seuls sont en effet les ennemis de la patrie qui, constamment opposés aux progrès de la révolution, l'ont encore une fois amenée sur les bords de l'abîme, comme à l'époque du 10 août. Reconnaissez que *le modérantisme est plus perfide que l'exaltation* et que *le conspirateur* n'est que celui qui ne peut consentir à faire la guerre aux contre-révolutionnaires. Nous devons vous dire que la plupart des chefs qui commandent ces hordes de brigands sont des émigrés et des prêtres réfractaires, relâchés par une condescendance coupable, et que de ce nombre sont les vingt-deux émigrés qui furent pris à Metz, dont deux seulement ont subi la peine de leurs crimes. Nous devons vous apprendre qu'à l'instant le général Labourdonnaye arrive à Rennes, ayant dans sa division neuf autres officiers généraux avec quatorze adjudants et pas un bataillon complet à commander, disposition dont il est aussi étonné que nous, d'après ses demandes et les renseignements qu'il assure avoir donnés au Ministre de la guerre.

» Voilà, citoyens nos collègues, des combinaisons vraiment liberticides. Ce sont elles qui nous ont insensiblement conduits à cet état critique auquel on ne peut plus s'arracher qu'à force de surveillance, de zèle et de fermeté ; que votre énergie soit donc égale aux périls qui nous environnent de tous côtés, car *sans la résolution formelle de sauver la liberté à quelque prix que ce soit, vous vous exposez à* VOUS LAISSER ENGLOUTIR AVEC ELLE.

Nous sommes fraternellement.

GUERMEUR,
Commissaire du Finistère et du Morbihan.

SÉVESTRE,
Député des Côtes-du-Nord et d'Ille-et-Vilaine.

BILLAUD-VARENNES.

FOUCHÉ,
Député-commissaire pour les départements de la Mayenne et de la Loire-Inférieure.

Rennes, 23 mars 1793, l'an II de la République.

» Je vous envoie copie de la proclamation que j'ai fait publier et de l'arrêté qui y est joint.

» Nantes, 28 mars 1793, l'an IIᵉ de la République française.

FOUCHÉ, *député*.

» *P. S.* — Nos côtes se trouvant menacées de toutes parts, j'ai requis tous les commandants de frégate, d'aviso et de corvette qui sont en station à Maindrin, de rester dans cette station jusqu'à ce que nos côtes soient délivrées des brigands qui les ravagent.

» FOUCHÉ, *député*. »

Voici maintenant l'arrêté et la proclamation que Fouché annonçait à la Convention dans sa lettre du 28 mars.

AU NOM DE LA RÉPUBLIQUE.

« Républicains,

» La liberté est menacée de tous les dangers: le

sang de nos frères coule au milieu de nos cités; les plus vertueux républicains expirent sous le fer des brigands; la patrie vous appelle à la venger.

» Ce n'est plus le moment de calculer les chances. Des complots affreux éclatent de toute part; le glaive irrésistible de la nécessité plane sur nos têtes; vous ne pouvez mollir sans péril, sans être indignes de vous-mêmes. Il faut agir, il faut marcher à la victoire, *ou attendre* dans vos foyers toutes les angoisses, *tous les supplices de l'ignominie et de la mort.*

» Fiers Nantais, braves soldats de la liberté, tenez-vous en garde contre les insinuations de la perfidie; elle cherche à vous effrayer, pour comprimer votre courage; elle veut vous diviser, pour vous dominer, vous tromper encore, pour vous opprimer toujours, vous avilir, pour vous mépriser. Réunissez-vous contre ces derniers efforts; levez-vous tous en armes; que nos frères des campagnes se réunissent avec nous sous le drapeau de la guerre, et les mêmes feux, qui embraseront nos âmes, éclaireront nos frères égarés et consumeront les rebelles. Du sein de l'orage, d'où leur voix retentit et menace, sortira la foudre qui doit les écraser.

» Nous ne devons plus avoir qu'un même sentiment, qu'un même cri : *aux armes, républicains*..... Rien ne peut arrêter en ce moment les élans de nos cœurs, le développement de notre énergie. Notre amour pour nos familles ne peut plus être inquiet ; la République ne laisse plus d'excuse à notre sensibilité. Elle prendra soin de nos pères infirmes, de nos femmes et de nos enfants ; elle leur offre ses trésors, ses domaines. Et *si la misère doit encore habiter quelques jours sur la terre de la liberté,* nous avons du moins l'assurance qu'elle ne pourra jamais atteindre ceux qui l'auront conquise.

MESURES DE SURETÉ GÉNÉRALE.

» Le directoire du département de la Loire-Inférieure est requis de faire exécuter les mesures suivantes :

» Art. 1er. — A dater de la publication du présent arrêté, il est ordonné dans les vingt-quatre heures, *à tous les factionnaires,* de saisir comme suspect et de mettre en arrestation tout homme qui ne sera pas décoré de la cocarde nationale.

» Art. 2. — Toutes les villes, bourgs, villages, hameaux qui n'auront pas arboré le drapeau tricolore ou tout autre signal de la liberté seront déclarés *en état de rébellion* et traités suivant les lois de la guerre.

» Art. 3. — Toutes les personnes qui, dans ce moment de crise, *ne marcheront pas au premier ordre* qu'elles recevront, *seront déclarées suspectes* et dénoncées à l'opinion publique.

» Art. 4. — Jusqu'au rétablissement de l'ordre et de la tranquillité, tous les commandants rassembleront chaque jour leurs bataillons sur leurs places respectives pour les y exercer aux manœuvres de la guerre.

» Art. 5. — Sur la demande des commandants de bataillons, les gardes nationaux, à qui la fortune ne permet pas de faire à la patrie un sacrifice de tout leur temps, recevront une indemnité pour les instants qu'ils emploient à ce service.

» Art. 6. — Les fautes de discipline qui amènent toujours à leur suite de funestes échecs, les pil-

lages qui nécessairement dégradent le caractère
républicain, seront punis avec toute la sévérité
de la loi.

» Art. 7. — Les citoyens sont invités à se servir
de tous les moyens qui sont en leur pouvoir pour
parvenir à découvrir la situation, la marche des
conjurés, leurs complots, leurs desseins liberticides. Tous ceux qui donneront des renseignements utiles à cet égard auront bien mérité de la
patrie et recevront une récompense pécuniaire
proportionnée aux sacrifices qu'ils lui auront
faits.

» Art. 8. — Il est également enjoint à tous les
citoyens *de dénoncer* au commissaire-député de
la Convention nationale, ou aux adjoints qu'il
désignera, tous ceux qui sont entrés dans la conjuration contre la liberté, tous les fonctionnaires
publics qui auraient eu la lâcheté de ne pas remplir à cet égard tout ce que leur commanderait
les circonstances.

» Art. 9. — Les spectacles seront fermés
jusqu'à ce que le sang de nos frères ait cessé
de couler.

» Art. 10. — Le présent arrêté, joint à la proclamation ci-dessus, sera imprimé, publié et affiché dans toutes les communes du département.

» Nantes, 27 mars 1793, l'an II de la République.

» *Le député-commissaire de la Convention nationale aux départements de la Mayenne et de la Loire-Inférieure,*

» FOUCHÉ. »

Le 3 avril, Fouché et Villers adressèrent à la Convention la lettre suivante :

Nantes, 3 avril 1793.

« Citoyens nos collègues,

»'Nous pouvons enfin vous parler d'une manière positive de l'état actuel du département de la Loire-Inférieure et vous faire espérer que les brigands qui le désolent aujourd'hui en seront bientôt chassés. Les routes qui conduisent à

Nantes ne sont pas encore libres, et nous n'y sommes parvenus l'un et l'autre qu'avec difficulté et au milieu des dangers. Les brigands se sont emparés de presque tous les districts, et après avoir massacré tous les administrateurs qui s'y trouvaient, ils en ont brûlé tous les papiers. Leur projet était surtout de pénétrer jusque dans la ville de Nantes ; mais les mesures rigoureuses prises par les administrations et le zèle infatigable de la garde nationale les ont repoussés avec avantage, et tout nous promet que les derniers efforts des ennemis de la patrie n'auront encore aucun succès. Cet espoir est surtout fondé sur les forces imposantes que le Conseil exécutif nous destine, et sur les talents et la bravoure des généraux qui les commandent.

» Nous ne vous parlons pas des cruautés que ces brigands exercent dans les différents endroits qu'ils parcourent ou qu'ils habitent ; vous vous formerez facilement l'idée, en songeant à toutes les atrocités que peuvent inspirer le désespoir de l'orgueil humilié et *la fureur sacrée du fanatisme.* Nous aimerions bien mieux pouvoir vous retracer ici tous les traits de courage et d'hé-

roïsme qui distinguent les défenseurs de la liberté et dont nous entendons parler à chaque
instant. Nos collègues qui sont dans le département du Morbihan ne manqueront pas de vous
instruire de la mort héroïque du président du
district de la Roche-Bernard, le citoyen Sauveur.
Les brigands, après avoir épuisé sur ce jeune
homme toute leur barbarie pour lui faire prononcer le nom d'un roi, l'ont vu mourir en ré-
pétant celui de la nation et de la république.
Le curé constitutionnel de Savenay dans ce
département-ci est mort de la même manière,
ainsi que beaucoup d'autres dont les noms ne
nous sont pas parvenus. Douterait-on encore du
triomphe de la liberté, quand elle fait des héros
et des martyrs.

» A l'approche des troupes que le général
La Bourdonnaye a fait sortir de différents ports,
les brigands ont évacué Guérande, Le Croisic et la
Roche-Bernard. Nous nous flattons que ces mouvements, combinés avec ceux des autres généraux,
délivreront bientôt cette partie de la république
des brigands qui la désolent.

» Nous vous prions de *vouloir bien approuver*

la proclamation et l'arrêté que nous joignons ici, et *que les circonstances ont nécessités.* »

VILLERS, *député,*　　FOUCHÉ, *député,*

Commissaires de la Convention.

AU NOM DE LA RÉPUBLIQUE,

« Braves soldats de la liberté,

» Vous êtes maintenant sous les armes pour marcher contre les brigands qui ont formé l'horrible projet d'assassiner la patrie. Jamais mission ne fut plus glorieuse, plus propre à enflammer le patriotisme. Vous allez être devant ces ennemis les représentants de notre force et de notre courage ; vous ne démentirez point l'idée qu'on doit avoir des soldats de la liberté ! Vous donnerez dans toutes vos expéditions l'exemple des vertus républicaines ; vous serez les modèles et la gloire de vos concitoyens.

» Vous respecterez les propriétés. L'idée du pillage ne peut entrer que dans les âmes viles et méprisables. Le républicain n'a besoin que de pain et de fer, et plein de confiance en la générosité nationale, il sacrifie sans inquiétude, sans réserve au salut de la république.

» Vous observerez la plus exacte discipline, le succès des combats dépend de l'ensemble des combinaisons, de l'exécution simultanée des manœuvres de la guerre. Vos chefs seuls peuvent les diriger. Ils méritent une entière confiance; ils sont vos frères, vos amis; ils sont républicains. *Si leur patriotisme devenait suspect, ayez la force de les dénoncer, ils seront destitués.*

» Nous ne chercherons point à relever votre courage. Nous le connaissons. S'il est un lâche parmi vous qui chancelle devant l'ennemi, que chacun de vous fasse le serment de vouer son nom à la honte et à l'ignominie. Un républicain chanceler devant des brigands ! Nous ne pouvons nous arrêter à cette idée. Les brigands seuls sont lâches. Jurons de les anéantir avant de mettre bas les armes; jurons de les vaincre ou de nous ensevelir sous les ruines de la république.

» Le salut de la république commandant impérieusement la discipline la plus sévère, les meilleurs citoyens la réclamant pour eux-mêmes, nous avons pris l'arrêté suivant :

» Art. 1er. — Les citoyens qui auront été commandés seront *obligés* de marcher. Celui qui ne se trouvera pas à son poste à l'heure précise indiquée y sera amené par une force armée (1).

» Art. 2. — Un garde national sous les armes qui n'obéira pas à l'ordre qui lui sera donné, qui fuira devant l'ennemi, sous quelque prétexte que ce soit, sera déclaré traître à la patrie, et son nom sera affiché dans toutes les communes du département.

» Art. 3. — Un soldat de la liberté qui aurait la bassesse de se livrer au pillage sera dégradé et traité comme les brigands.

» Art. 4. — Les commandants de la garde nationale sont requis, sous leur propre responsa-

---

(1) Pour réunir les *volontaires* qui ont, dit-on, sauvé la France, voici les moyens employés : en mars 1793, l'arrestation ; en juin, la détention jusqu'à la paix comme suspect ; en septembre, la peine de mort, les soi-disant volontaires qui ne partaient pas étant déclarés rebelles et traités comme tels.

bilité, de faire mettre le présent arrêté à exécution.

> Fait en commission, à Nantes, le 2 avril 1793, l'an II de la République française.

> *Les Commissaires-députés de la Convention nationale,*

> VILLERS.   FOUCHÉ. »

Quelques jours plus tard, Fouché et Villers adressèrent encore à la Convention les dépêches suivantes :

« Citoyens nos collègues,

> Ils sont bien perfides, ces hommes qui vous donnent avec tant d'empressement des nouvelles si rassurantes sur la situation du département de la Loire-Inférieure. Il est très-vrai que la rive droite est purgée du plus grand nombre des brigands qui la désolaient; mais la rive gauche est plus que jamais dans un état déplorable. Les séditieux s'y fortifient; chaque jour ils sortent de leurs repaires, pour porter l'épouvante et le brigandage dans les campagnes qui les avoisinent. Il est instant que les secours que le pouvoir exécutif

nous promet arrivent promptement. Nous les attendons avec impatience ; nos forces suffisent à peine pour préserver la cité de Nantes des malheurs qui ont affligé les principales villes de ce département.

» L'un de nous vient de visiter la ville de Paimbœuf, que nos ennemis voulaient envahir à tout prix. Elle est dans un bon état de défense ; mais son salut repose seulement sur le courage intrépide de ses habitants, sur l'énergie et la valeur des braves marins, sur la fermeté et l'intelligence des administrations et, nous devons le dire, sur l'attachement inaltérable qu'on porte dans ce pays aux principes républicains. Jour et nuit le patriotisme veille sur les côtes. Les brigands les ont attaquées plusieurs fois et en grand nombre, ils ont toujours été vivement repoussés. Nous ne pouvons donner trop d'éloges à cette cité et nous pensons qu'il est de votre justice de déclarer qu'elle a bien mérité de la patrie.

> *Les Représentants de la nation près le département de la Loire-Inférieure,*

> VILLERS.   FOUCHÉ.

» *P. S.* — Nous vous envoyons copie de l'arrêté que nous avons pris, concernant l'administration des biens des condamnés, en exécution de la loi du 19 mars. »

(Autographe.)

Nantes, 7 avril 1793.

« Citoyens nos collègues,

» La situation du département de la Loire-Inférieure est toujours la même. Les brigands y sont encore maîtres d'une grande partie des districts et menacent à chaque instant d'attaquer les portes. Le général La Bourdonnaye est venu ici passer quelques jours pour concerter ses mouvements avec ceux du général Berruyer. Si leur plan était promptement exécuté, nous serions bientôt délivrés de ces malheureux pour qui rien n'est sacré ; *mais nous vous avouerons que les opérations des généraux nous paraissent trop lentes,* et que chaque moment de retard donne à l'ennemi le temps de se fortifier dans tous les genres. La force armée du chef-lieu du départe-

ment est presque réduite à la garde nationale de
Nantes. Toutes celles qu'on destinait à cette ville
ont été arrêtées en route pour les porter sur la
rive gauche de la Loire, où elles ont été jugées
nécessaires. Les braves citoyens de Nantes font
de temps en temps des sorties sur les brigands
qui les entourent; ils iraient même les attaquer
jusque dans leurs retranchements les plus forts,
s'ils ne craignaient pas de déranger les plans des
généraux.

» Ce n'est pas sans étonnement que nous avons
appris que l'homme, qui pendant six mois a
occupé la nation de ses victoires, la trahissait en
combattant pour elle. Mais la rapidité de sa conquête n'a rien qui surprenne, puisqu'elle était
combinée avec les ennemis de la patrie comme le
sont aujourd'hui ses défaites. La proclamation du
décret qui le déclare traître à la patrie s'est faite
aujourd'hui dans la ville de Nantes avec la plus
grande solennité. Toute la garde nationale était
sous les armes, ainsi que la troupe de ligne. Tous
les corps administratifs étaient présents. Nous
avons harangué les citoyens et tous ont crié avec
le plus vif enthousiasme : Vive la République!

Nantes fut pour ainsi dire le berceau de la liberté de la France. Nous croyons pouvoir vous assurer que ce sera dans cette ville encore qu'elle trouvera toujours les plus courageux défenseurs et les plus grands ennemis des rois et de toute espèce de despotisme.

> » *Les Commissaires de la Convention près le département de la 'Loire-Inférieure.*

> » VILLERS.　　FOUCHÉ. »

Voici maintenant un arrêté concernant les biens confisqués, soit sur des émigrés, soit sur des personnes soupçonnées d'avoir pris part à l'insurrection.

AU NOM DE LA RÉPUBLIQUE,

« Vu la pétition du procureur général syndic du département de la Loire-Inférieure, en date de ce jour, adressée aux représentants près ce département, ladite pétition tendant à obtenir une décision provisoire sur le mode d'administration et régie des biens des condamnés à la mort pour les cas prévus dans la loi du 19 mars dernier,

» Nous, représentants de la nation près le département de la Loire-Inférieure, soussignés, délibérant sur l'exposé du procureur général syndic, et considérant qu'il est urgent d'adopter une mesure quelconque, *à l'effet de conserver à la nation la valeur entière des biens des condamnés et d'empêcher leur dépérissement* ;

» Considérant que ces biens étant confisqués au profit de la nation, rentrent dans la classe des domaines nationaux ordinaires,

. » Avons arrêté et arrêtons ce qui suit :

» Art. 1er. — Les biens des condamnés en exécution et pour les cas prévus dans la loi du 19 mars dernier seront régis et administrés comme les autres domaines de la République. En conséquence, chargeons les administrations et la régie de prendre, pour la conservation du mobilier, la récolte des fruits, la perception des revenus et l'administration de ces biens, les moyens conservatoires qui sont prescrits par les lois.

» Art. 2. — Le greffier du tribunal extraordinaire sera tenu de délivrer au procureur général syndic, à sa première réquisition, copie en forme du jugement des condamnés, et toutes les pièces qui pourront être utiles, soit pour la connaissance des biens, soit pour l'administration des revenus. Ces pièces ou des ampliations collationnées seront remises par le procureur général syndic à qui de droit, à l'effet de faire ce qui incombe à chacun pour la sûreté des intérêts de la nation.

» Art. 3. — *La présente décision n'étant que provisoire, il en sera, par le premier courrier, adressé une expédition à la convention nationale pour être revêtue de son approbation.*

» Au surplus, elle sera imprimée, envoyée aux districts et municipalités du ressort et au directeur de la régie, publiée et affichée partout où besoin sera.

» *Fait en commission, à Nantes, le 12 avril 1793, l'an II de la République.*

» *Les Représentants du peuple envoyés par la Convention nationale près les départements de la Loire-Inférieure et de la Mayenne,*

» Fouché (1).   Villers.

» P. Grelier,

» *Secrétaire général du département et de la commission.*

Les mesures que l'on vient de lire obtinrent l'approbation de la Convention, car on trouve accolée à la dépêche de Fouché la mention suivante :

» Accuser réception, applaudir ainsi que la Convention à leurs mesures. »

Le 12 avril, Fouché et Villers firent une proclamation adressée aux insurgés. Elle donnera une idée des moyens que le gouvernement républicain employait à cette époque. On y recon-

---

(1) Fouché n'oublie jamais les intérêts de la République ni les siens. Avant peu, on le verra trouver moyen de s'emparer de sommes considérables dont il s'octroya une portion.

naît la nature cauteleuse et l'astuce de Fouché. Il cherche à séparer les campagnes des prêtres et des nobles; dans ce but, il emploie les expressions les plus sentimentales et les plus bénignes en parlant des habitants des campagnes; quant aux nobles et aux prêtres, qui sont à la tête des rassemblements, il promet six mille livres à ceux qui livreront mort ou vif un de ces chefs. En rapprochant ces mesures de celles auxquelles il aura recours aux mois de novembre et décembre de la même année, on pourra juger combien quelques mois de guerre civile modifient les mœurs et les actes des partis.

Proclamation des représentants du peuple envoyés par la Convention dans les départements de la Loire-Inférieure et de la Mayenne, aux habitants des campagnes attroupés de la Loire-Inférieure.

« Les ennemis de la patrie ont réussi à vous égarer sur vos intérêts les plus chers, sur les droits que vous avez reçus de la nature. Ils veulent vous empêcher d'en jouir, parce qu'ils seraient obligés d'en partager avec vous les douceurs. Comme il leur faut des esclaves pour être heureux, ils ne négligent rien pour vous rendre sourds à la voix de la liberté et vous faire refuser tous les bienfaits dont elle veut vous combler.

» Non, une révolution qui semble n'être faite que pour vous ne trouvera pas en vous-mêmes ses plus cruels ennemis. Vous ne serez pas plus longtemps victimes du fanatisme des prêtres et de la tyrannie des despotes. Vous verrez, enfin les hommes qui vous exposent aux plus grands dangers se servant de vos vertus pour flatter leurs vices et vous les abandonnerez avec tous leurs projets au désespoir qui les accable.

» Nous ne vous rappellerons pas tous les degrés de perfidie par lesquels ils vous ont conduits sur les bords de l'abîme où vous êtes prêts de tomber.

» Vous savez que la religion n'était pour eux qu'un vain mot et que leur conduite était bien contraire à la morale qu'elle commande. Ils ont commencé par vous parler d'elle, en vous donnant des inquiétudes sur les réformes salutaires qu'on a faites dans son culte. Ils vous ont parlé ensuite de rassemblements prétendus pieux, mais défendus par la loi, pour vous accoutumer à ceux que vous faites aujourd'hui; la crainte de se trahir les empêchait alors de faire valoir leurs intérêts personnels; ils n'en parlaient pas, mais en demandant actuellement l'ancien régime, ils réclament ces droits et ces priviléges sous lesquels vous gémissez et qui sont l'unique objet de leurs regrets et de leurs démarches. Ils consentiraient à transiger sur la religion si la patrie voulait leur rendre les biens dont ils jouissaient.

» N'en doutez pas, cette conspiration est liée avec celle de Dumouriez, ce perfide général qui trahissait la patrie en combattant pour elle. Ses agents, vos chefs qui vous trompent ne seront pas plus heureux que lui. Ils comptaient sur les succès de sa perfidie, mais sa fuite, la fidélité de l'armée, l'énergie de la Convention, la nation entière qui veut la liberté, ne leur laissent plus aucun espoir. Que deviendrez-vous, si vous les écoutez encore? Vous serez ruinés pour jamais et forcés d'abandonner vos femmes et vos enfants; vous n'éviterez que par la fuite la peine qui vous attend, ou vous la subirez d'avance dans les

combats. Ils ont voulu vous persuader que toutes
les autres parties de la République avaient suivi
votre exemple, tandis qu'elles sont soumises à la
loi et qu'elles s'unissent ensemble pour venir vous
forcer de vous y soumettre vous-mêmes. Ils ont
grand soin de vous laisser ignorer tous les dangers
qui vous menacent, parce que, n'ayant plus d'espérance, ils veulent que vous partagiez leurs
malheurs. Ils ne vous disent pas qu'une armée
imposante se dispose à vous attaquer, et que dans
peu vous tomberez sous ses coups, parce qu'ils
méditent déjà les moyens de s'y soustraire en
vous abandonnant. Ils sont eux-mêmes si lâches
qu'ils consentiraient à vous livrer si, pour prix de
cette perfidie, on voulait leur faire grâce.

» Mais quand nous plaignons votre erreur, ce
n'est pas pour les brigands qui vous ont séduits
que nous aurons de l'indulgence, c'est à vous
seuls qu'elle est due, citoyens des campagnes,
vous que l'habitude de l'esclavage rend encore
insensibles au bonheur de la liberté. Mettez bas
les armes, rentrez dans vos habitations et *dénoncez* aux administrateurs des départements
les traîtres qui vous ont conduits ou contraints.

» Au nom de la République française et de la Convention nationale, nous promettons paix et amnistie à tous ceux des attroupés qui, vingt-quatre heures après la publication de la présente, rentreront dans l'ordre et se soumettront à la loi.

» *Nous promettons la somme de six mille livres à tous ceux qui livreront les chefs de ces attroupements, morts ou vifs,* en prouvant que la mort n'est pas la suite d'un combat entre les attroupés et les troupes de la République.

» Nous enjoignons à tous les commandants militaires de veiller avec soin à l'exécution des articles ci-dessus, et de traiter en frères tous ceux qui s'y conformeront, réservant toutes les sévérités de la loi pour les brigands qui ne veulent en connaître aucune.

» FOUCHÉ. VILLERS. »

On verra par la lettre suivante que les tirades sentimentales de Fouché n'avaient pas produit de grands effets et que les communications de Nantes avec Paris étaient toujours très-difficiles.

Nantes, 15 avril 1793.

« Citoyens nos collègues,

» Nous ne savons pas si vous recevez toutes nos lettres, nous vous écrivons presque à chaque courrier et nous vous donnons avis de toutes nos opérations. Nous délibérons peu, nous agissons avec activité; chaque jour nos espérances s'accroissent.

» Notre inébranlable fermeté déconcerte tous nos ennemis. C'est en destituant leurs chefs que nous avons rompu le fil des projets de conjuration. La calomnie ne manquera pas de vous donner des inquiétudes sur ces déplacements; on ne manquera pas de vous faire craindre une désorganisation, mais vous ne vous laisserez point surprendre. Vous nous avez donné votre confiance, et chacune de nos actions la justifiera. Tous les bureaux des finances dans cette ville sont remplis d'hommes qui, pour la plupart, n'ont pas reçu de certificats de civisme; nous nous proposons de les destituer, lorsque nous aurons des citoyens capables de les remplacer.

» Nous vous envoyons copie de notre dernière proclamation et d'un arrêté que nous avons pris relativement à l'administration des biens des condamnés ; nous vous prions d'y donner votre approbation.

» Pour vous mettre à portée de juger de l'audace des brigands qui nous désolent et ravagent nos campagnes, nous vous faisons passer copie de leurs réponses à nos proclamations.

» *Les représentants du peuple, députés par la Convention nationale au département de la Loire-Inférieure,*

» VILLERS. FOUCHÉ. »

(Autographe.)

Non content d'agir contre les royalistes, Fouché, obéissant à l'impulsion imprimée à la Révolution à Paris, par le parti démagogique ultra-révolutionnaire, c'est-à-dire, par la montagne, la commune et les clubs les plus violents qui allaient faire le 31 mai contre les girondins, voulut suivre les mêmes errements à Nantes. Dès

cette époque, Fouché, après avoir été bien avec
Vergniaud, puis avec Robespierre, s'était rappro-
ché d'Hébert et de Collot-d'Herbois, et appartenait au parti ultra-révolutionnaire.

L'administration de la Loire-Inférieure était, au
contraire, presque exclusivement composée de girondins; aussi lui opposa-t-elle une résistance
énergique. La bourgeoisie et le commerce de
Nantes, qui avaient pris une part très-active à la
première partie de la Révolution, et qui avaient
résisté courageusement, les armes à la main, à l'insurrection royaliste, essayèrent vainement d'en-
rayer le mouvement démagogique qui les débor-
dait. Ils attaquèrent Fouché, avec la plus grande
vivacité, quand il tenta de donner à la Révolution le
caractère démocratique et social qu'il devait plus
tard lui imprimer dans la Nièvre, dans l'Allier,
et ensuite à Lyon, où, quand la Révolution eut
détruit la royauté, la noblesse et le clergé, il la
dirigea contre *les riches*, à quelques classes de
la société qu'ils appartînssent.

Lorsque Fouché voulut établir l'impôt progressif et pratiquer les théories sociales qu'il pro-
fessait, il éprouva la plus vive ré istance de la part

dé toute cette portion du parti républicain qui alors dominait à Nantes. Les mesures qu'il proposait furent énergiquement repoussées, et lui-même fut accusé de dilapidations, avec la plus grande violence. Sa position devint tellement précaire qu'après avoir fait une proclamation dans laquelle il faisait l'éloge de l'impôt progressif, de son intégrité et de toutes ses autres vertus civiques, il dut quitter Nantes et retourner à Paris.

Indépendamment des difficultés personnelles qu'il éprouvait par suite de ses tendances ultra-révolutionnaires, le développement que prenait l'insurrection de la Vendée et les dangers auxquels étaient exposés tous ceux qui prenaient part à cette lutte terrible, n'étaient pas ce qui convient aux hommes du caractère de Fouché; aussi regagna-t-il Paris aussitôt que cela lui fut possible, après avoir, toutefois, comme nous venons de le dire, proclamé sur tous les tons ses vertus, et, suivant l'habitude des gens de son espèce, crié à la calomnie. Ce fut, du reste, la seule réponse qu'il fit aux accusations de détournements qui, dès cette époque, furent formulées contre lui.

La lutte que Fouché avait soutenue contre la
bourgeoisie et le commerce fut continuée par les
délégués de la Convention. Carrier fit cruellement
expier à tous ceux qui appartenaient à cette partie de la population nantaise la part qu'ils avaient
prise aux commencements de la Révolution, et les
traita presque aussi durement que les royalistes.
Leur crime était d'être riches ou de passer pour
tels, car les mesures de Carrier n'atteignaient pas
seulement les riches négociants ; dans sa frénésie,
il ordonna *de mettre en arrestation tout le
commerce de détail* de Nantes, pour des infrac-
tions à la fameuse loi du maximum. Il s'agissait
de près de dix mille personnes qu'il voulait, disait-il, *faire guillotiner comme accapareurs.*

On voit, du reste, par une lettre de Carrier au
Comité de salut public, qu'il avait reçu formellement l'ordre d'agir contre le commerce qui était
suspecté d'être modéré. On retrouve cet ordre
dans une lettre du 20 pluviôse an II, adressée
par Collot-d'Herbois et Billaud-Varennes, au nom
du comité de salut public, à Prieur, de la Marne,
qui le remplaça à Nantes.

On pourra juger de l'action exercée par Carrier

contre la bourgeoisie et le commerce de Nantes, par le passage suivant d'une lettre de Julien, délégué du comité de salut public, à Robespierre : « Carrier a, dans un temps, *écrasé le négociantisme.* » Telle avait été la récompense du dévouement de la bourgeoisie et du commerce nantais à la Révolution de 1789, à laquelle un très-grand nombre d'entr'eux avaient pris, nous le répétons, la part la plus active.

Les lettres et les proclamations de Fouché, que l'on vient de lire, ont un double intérêt personnel et général. Elles permettent d'apprécier ce que valaient, dans la pratique, les théories des idéologues qui ont commencé la Révolution française, convaincus qu'en changeant quelques mots ils créeraient un nouveau monde dans lequel règnerait l'âge d'or. A cette époque, on le voit, ils ne sont pas encore complétement désillusionnés. Le châtiment infligé aux lâches, dans l'arrêté du 2 avril 1793, en est la preuve : « Un garde national sous les armes qui n'obéira pas à l'ordre qui lui sera donné, *qui fuira devant l'ennemi,* sous quelque prétexte que ce soit, sera déclaré *traître à la patrie,* et son nom sera affiché dans toutes les communes du département. »

Quand on compare ce châtiment, purement moral, employé contre ceux qui auront fui, aux moyens terribles employés quelques mois plus tard, on verra avec quelle rapidité, en temps de révolution, les hommes et les mœurs se modifient. Au mois de juillet, la peine la moins sévère qu'on eut à appliquer eût été la détention illimitée, comme suspect, et, au mois de novembre, la peine de mort, comme traître à la patrie.

Les lettres de Fouché donnent également la preuve que les pouvoirs donnés aux représentants en mission sont bien loin d'être ce qu'ils devaient être plus tard, c'est-à-dire illimités. A Lyon, en novembre 1793, Fouché et Collot-d'Herbois faisaient exécuter en masse les malheureux entassés dans les prisons, sans même en demander l'autorisation à la Convention. A Nantes, en avril, Fouché et Villers ne prenaient pas un arrêté, ne faisaient même pas une proclamation sans en demander aussitôt l'approbation. Dès les mois d'août et de septembre, on verra Fouché, à Moulins et à Nevers, de son pouvoir autocratique, sans même presque en rendre compte à la Convention, prendre les mesures les plus odieuses, car elles frappaient dans leurs croyances, dans leur liberté et dans leurs fortunes la presque totalité de la population. Le despotisme démagogique était déjà presque complet.

Au pathos humanitaire et social des lettres et des dernières proclamations de Fouché, aux attaques qu'il dirige contre les nouveaux ennemis de la liberté, les girondins, on voit que le 31 mai approche.

Les grands principes que professe le vertueux citoyen qui devait, quelques années plus tard, être monseigneur le duc d'Otrante, se manifestent dans sa correspondance. Il annonce déjà ce qu'il doit devenir plus tard. Dès sa première lettre, le 21 mars, il demande l'établissement de tribunaux révolutionnaires. Dans les suivantes, il dénonce comme des traîtres le pouvoir exécutif, alors composé de girondins, ainsi que le ministre de la guerre; puis il crée, dans ses proclamations, des catégories de suspects dont il confisque les biens pour la République et pour lui-même; enfin il essaie d'appliquer les théories sociales et l'impôt progressif, qu'on le verra mettre en pratique dans la Nièvre, dans l'Allier et à Lyon.

De si bons principes, des vertus civiques si éminentes, qu'il proclame si haut, devaient valoir à Fouché de justes récompenses de la part des frères et amis. Ils lui donnèrent des missions dans l'Aube, puis dans la Nièvre et à Lyon, pour le venger des calomnies qui avaient été dirigées contre sa violence et ses dilapidations à Nantes.

Au mois de mai, Fouché fut envoyé par la Convention à Troyes, pour y hâter le départ des gardes nationales qui étaient destinées à agir contre les Vendéens et les fédéralistes.

Fouché, dans l'Aube, était chargé de faire partir les volontaires que la Convention voulait diriger contre la Vendée et contre les fédéralistes. Les mesures qu'il prit eurent un caractère purement administratif. Il paraît avoir réussi dans cette mission, à la suite de laquelle il se rendit dans la Côte-d'Or, dans la Nièvre et dans l'Allier, pour y organiser le gouvernement révolutionnaire.

Fouché suivait pas à pas le mouvement révolutionnaire qui s'opérait à Paris. Presque modéré encore à son arrivée dans la Nièvre, il trompa les populations par une hypocrisie bien digne de lui; mais cela fut de peu de durée, et il devint bientôt assez violent pour mériter d'être envoyé à Lyon, avec Collot-d'Herbois.

Les pièces que l'on va lire plus loin ont trait à la mission que Fouché remplit dans la Nièvre et dans l'Allier. Elles prouvent ce que valaient les beaux principes de ses premières proclamations, dans lesquelles il reconnaît lui-même qu'un grand nombre des dénonciations qui lui étaient adressées n'étaient inspirées que par la cupidité ou par la vengeance.

Dans les pièces que nous donnons on verra, écrite de la main même de Chaumette, la preuve matérielle que le parti républicain violent se composait d'*une infime minorité* qui ne pouvait dominer que *par la terreur*.

On verra également, dans ces pièces, la composition d'un de ces gouvernements locaux à l'aide desquels la Convention exerça, sur la France, le despotisme le plus effrayant.

Les éléments qui composent cette administration expliquent tous les excès qu'elle devait commettre.

Enfin, on y verra Fouché, le prêtre défroqué, le renégat, se faisant l'apôtre, le pontife de la déesse de la Raison.   :

Le culte de cette déesse de nouvelle création, bien digne de l'ignoble imagination des Hébert et compagnie, ne fit pas oublier au futur duc d'O-trante *ses petits intérêts personnels.* Il enleva aux suspects, qui pourraient, disait-il, s'en servir contre la République, les richesses qu'ils possé-daient. Il en envoya une partie à la Convention et, comme un bon patriote comme lui ne pouvait pas en abuser, il s'octroya une notable portion de ce qu'il parvint à extorquer par la terreur aux malheureux habitants de la Nièvre et de l'Allier.

Une lettre de Legendre au comité de salut public permet d'apprécier jusqu'où s'étendit ce pillage. Ce n'étaient pas seulement *les riches, proprié-taires ou fermiers,* qu'il atteignait, mais de mal-heureux journaliers ne vivant qu'à grand'peine du travail de leurs mains. Dans certains districts, on enleva aux femmes leurs croix et leurs anneaux de mariage, aux vignerons les gobelets d'argent avec lesquels on célébrait les vendanges et les fêtes de famille, etc. Les rapines que Fouché commit

pendant cette mission furent l'origine de cette
fortune de 12 à 14 millions qu'il devait un jour
réaliser.

Voici d'abord la lettre du procureur-syndic de
la commune de Paris, Chaumette, l'un des chefs
du parti hébertiste. On voit qu'à cette époque
Fouché possède toutes les sympathies de ce parti,
dont il est un des coryphées. Quand Chaumette et
Hébert succombèrent sous les coups de Robespierre, Fouché non seulement les abandonna,
mais, suivant son habitude de jeter la pierre aux
vaincus, il les attaqua avec la plus grande violence.

« Citoyen, » écrivait Chaumette au rédacteur
du *Moniteur,* « la plupart des journaux n'ayant
» pas rendu exactement le récit du voyage que
» je viens de faire, je vous prie d'y suppléer. La
» vérité me presse et je dois la proclamer. On
» m'a donné tous les honneurs du bien qui s'est
» opéré dans mon pays natal, tandis que j'en ai
» nommé les auteurs, et j'avoue que le peu de
» bien que j'ai pu faire dans ma vie n'égalera ja-
» mais celui qu'ont fait, dans le département de la
» Nièvre, le représentant du peuple Fouché (de

» Nantes) et les sans-culottes de la société populaire
» de Nevers. J'ai indiqué quelque bien à Fouché,
» et le bien a été fait; mais le pays de la Nièvre
» était déjà régénéré par ses soins paternels. *En-*
» *touré de fédéralistes, de royalistes, de fa-*
» *natiques,* le représentant du peuple Fouché
» n'avait pour conseils que *trois ou quatre pa-*
» *triotes persécutés,* et, avec ce *faible secours,*
» il a opéré les miracles dont j'ai parlé : vieillesse
» honorée, infirmité secourue, malheur respecté,
» fanatisme détruit, fédéralisme anéanti, fabri-
» cation du fer en activité, gens suspects arrêtés,
» crimes exemplairement punis, accapareurs
» poursuivis et incarcérés, tel est le sommaire
» des travaux du représentant du peuple Fouché;
» voilà ce que les journaux ont oublié de dire, et
» que je dois publier hautement. Quant au bien
» que j'ai pu faire par moi-même, mes conci-
» toyens le diront : ce n'est pas là mon affaire. »

On voit, par cette lettre, que les patriotes ou
plutôt les démagogues violents étaient une infime
minorité. Malgré cela, Fouché, par la terreur,
n'en exerça pas moins le despotisme le plus douloureux sur toute la population. Il obtint ce résul-

tat en organisant une administration révolutionnaire composée des sans-culottes qui se trouvaient
à Nevers. On pourra juger par les hommes auxquels Fouché livra l'administration de l'Allier ce
que devaient être les grands citoyens auxquels
il avait abandonné la Nièvre.

Je me contente de copier Prudhomme, tome VI,
page 79.

« Fouché (de Nantes) vint dans cette ville
» (Moulins) sur la fin de ce mois, et y organisa
» le comité révolutionnaire. Voici la honteuse
» nomenclature des individus entre les mains
» desquels il déposa l'autorité révolutionnaire :
» Delau, antérieurement aumôné par arrêt du
» parlement : mauvais fils, mauvais frère ; il
» chassa inhumainement sa mère de chez lui
» après le décès de son père, et, pour s'emparer
» des biens de sa sœur, atteinte d'une maladie
» grave, il la conduisit à Paris, sous prétexte de
» la faire guérir, et il la fit enfermer à Bicêtre,
» où elle est morte. — Grimaud, ex-prêtre et
» professeur de théologie à Clermont-Ferrand :
» ses scandales le firent chasser de cette ville;
» grand-vicaire constitutionnel à Moulins, il

» continua à déshonorer le sacerdoce par ses dé-
» bauches et mérita son expulsion. Ce prêtre a
» été membre de la commission temporaire de
» Lyon. Traduit, par suite, au tribunal, il fut
» condamné à la déportation ; le peuple le traîna
» sur une charrette et le couvrit de boue. —
» Desmazures, mauvais comédien. — Thierriet,
» ex-prêtre sans mœurs. Il avait cherché à sé-
» duire la femme de son frère. Membre du comité
» révolutionnaire, il mettait la liberté des prison-
» nières à prix ; il exigeait qu'elles se prêtassent
» à sa brutale passion.. — Marcillat, autre
» prêtre : sa conduite révolutionnaire le rendit
» digne d'aller siéger à la commission temporaire.
» — Mazet, ex-prêtre, constamment hypocrite
» et le vil esclave des grands. — Rouyer, chassé
» du barreau, à cause de son inconduite. —Saul-
» nier, chirurgien : son incapacité l'avait réduit
» à la plus extrême misère ; il afficha à la société
» populaire la soif du sang, par ses motions
» forcenées. — Burelle, réduit également à l'in-
» digence, à cause de ses excès en tout genre.—
» Verd, ancien employé dans les gabelles : ses
» fureurs sanguinaires lui procurèrent l'emploi

» de procureur général de la commission populaire,
» ses nombreux brigandages le firent exclure de
» cette place. — Mioche, notaire prévaricateur,
» chassé de la société populaire pour un vol de
» farines fait aux casernes ; il s'était procuré, par
» ce moyen, de très-beau pain, tandis que le
» reste des citoyens n'en mangeait que d'avoine.
» Ainsi des voleurs avides de butin composaient,
» comme ailleurs, le comité révolutionnaire de
» Moulins. »

« Dès leur installation, tout change de face :
» les prisons se remplissent, les propriétés sont
» pillées, et l'humanité en pleurs se voit partout
» repoussée. »

On croit généralement que la Révolution de 1793 a été uniquement politique et n'a pas eu un caractère social. Il n'en est rien. Commencée par la bourgeoisie contre la noblesse, le clergé et la royauté, la Révolution devint démagogique en 1792. A la fin de 1793, elle n'est plus seulement politique et dirigée contre le clergé et la noblesse, elle devient *sociale* : elle attaque *les riches* sans distinction de castes et d'origine. Les pièces que l'on va lire donneront la preuve qu'à cette époque *le droit*

au travail fut mis en pratique. Ces pièces sont
des lettres et des arrêtés de Fouché adressés au
comité de salut public, ainsi que des procès-verbaux des administrations départementales de la
Nièvre et de l'Allier qui, présidées et dirigées par
Fouché, ordonnèrent les mesures nécessaires pour
mettre en pratique le droit au travail. Les arrêtés
sont, du reste, presque tous pris *par Fouché
personnellement*, en vertu des pouvoirs illimités
qui lui ont été donnés par la Convention. Ces
procès-verbaux sont rédigés et signés par Fouché
lui-même; par suite, leur authenticité ne saurait
être contestée.

Presque toutes les mesures que contiennent ces
décisions sont dirigées contre *les riches*. On peut
y voir le suprême mépris que *ce grand apôtre* de
la liberté, de la fraternité, de l'égalité, de la République et de la morale naturelle, qui devait être
quelques années plus tard Mgr le duc d'Otrante,
professe pour les richesses *des autres*. Je lui
octroie le titre *d'apôtre*, parce qu'il le prend lui-
même.

Ces pièces seront accompagnées de quelques
annotations qui permettront d'en saisir toute la

. portée. Rien ne fait mieux comprendre à quel terrible despotisme était soumise la France entière, que les faits et gestes de ce proconsul, sans pitié et sans merci, qu'on appelle Fouché.

Partout on le trouve aussi hypocrite que cupide. De grands mots, des sentiments généreux servent à cacher des passions honteuses. C'est du reste ce qu'on retrouve à toutes les époques, chez les intrigants de l'espèce de Fouché et de Dubois. Les moyens seuls varient suivant les besoins du moment, mais ils se proposent le même but. Les résultats qu'ils obtiennent au détriment du pays sont toujours les mêmes, la satisfaction de leurs passions, de leurs intérêts ou de leurs caprices.

On a vu, par la lettre de Chaumette, que l'immense majorité de la population de la Nièvre était composée de fédéralistes, de royalistes et de fanatiques. Il n'existait, dit-il, à Nevers que quelques patriotes persécutés.

Ces soi-disant patriotes persécutés étaient quelques démagogues ultra-révolutionnaires qui avaient suscité, par leurs violences, des désordres assez graves. Les autorités locales avaient été obligées de les faire arrêter et de les traduire devant les tribunaux, qui les avaient condamnés à diverses peines.

Les autorités, élues par la population, dans la Nièvre comme dans la Loire-Inférieure, étaient composées presque exclusivement de républicains modérés, girondins en grande partie. Aussi la Convention avait-elle envoyé, comme représentants en mission dans ce département, des montagnards très-prononcés. C'étaient Collot-d'Herbois, ex-oratorien et ex-comédien; Laplanche, prêtre défroqué, qui fut, en pleine Convention, accusé de dilapidations par Sevestre (d'Ille-et-Vilaine), autre montagnard; c'étaient Forestier, Legendre, ancien boucher, Fouché, Lefiot et Noël Pointe.

Collot-d'Herbois et Laplanche arrivèrent à Nevers le 18 mars 1793, et restèrent dans la Nièvre jusqu'au commencement de mai.

Le jour même de leur arrivée, Laplanche, qui était de Nevers, fit faire de nombreuses visites domiciliaires, dirigées principalement contre les hommes de la bourgeoisie, qui avaient pris une part active au commencement de la Révolution, mais qui, en la voyant prendre le caractère démagogique et devenir le prétexte des excès les plus graves, avaient voulu l'arrêter dans la voie sanglante où elle s'engageait.

La première personne arrêtée fut le citoyen Gauthier, agent national près le tribunal du district de Nevers; puis vinrent, hommes ou femmes, ceux que Laplanche regardait comme *ses ennemis personnels*.

Au commencement d'avril, Collot-d'Herbois et Laplanche firent installer la guillotine, en permanence, sur l'une des places de Nevers.

Le 18 avril, accompagnés par les corps constitués, la garde nationale en armes et la gendarmerie à cheval, les deux représentants du peuple se rendirent sur la place de la Fédération, où la guillotine était installée. Là, en grande cérémonie, le bourreau exécuta, en effigie, les généraux Dumouriez, Égalité fils aîné, Valence et deux autres officiers. Les mannequins qui les représentaient furent ensuite jetés dans un bûcher, et brûlés avec des titres de noblesse et autres insignes de la féodalité.

Le 23 avril, Collot-d'Herbois et Laplanche, sous prétexte que la Convention allait voter un impôt de guerre, firent envoyer aux habitants,

riches ou signalés comme tels, du département
l'avis suivant.

« Les députés-commissaires requièrent l'administration de faire, sur-le-champ, donner *aux
citoyens opulents* des avertissements pour une
contribution volontaire sur la subvention de
guerre dont le principe a été déclaré par la Convention.

» Les administrateurs,

» Considérant que le produit de cette contribution est destiné à venir au secours des pères,
mères, femmes et enfants des défenseurs de la
patrie ; que *les riches* ont *le plus d'intérêt à la
conservation de leurs propriétés*,

» Arrêtent :

» Que dans le jour, il sera adressé, aux *citoyens opulents* du département, des *avertissements* pour apporter immédiatement *leurs
offrandes*. »

Dans cette pièce, il faut remarquer que Collot-
d'Herbois et Laplanche ont bien soin de rappeler
aux riches que c'est eux qui ont *le plus d'intérêt* à la conservation de leurs propriétés, et
qu'ils ne les conserveront, bien entendu, que

s'ils font des dons suffisants pour se faire pardonner d'être *opulents*. Ce mot d'opulents est choisi de manière à les indiquer à la haine de tous ceux qui ne le sont pas. On leur envoie, au mois d'avril, de simples avertissements appuyés par la menace d'être considérés comme de mauvais citoyens s'ils ne se soumettent pas aux exigences des patriotes. Or, être réputé mauvais citoyen, c'est être bien près d'être déclaré suspect et, comme tel, jeté en prison. Il suffit pour cela de déplaire au premier venu des membres de ces nombreux comités révolutionnaires qui, dès cette époque, commencent à faire arrêter, sans même donner de motifs pour la détention de ceux, hommes ou femmes, qu'ils jettent en prison. Les abus qui en résultèrent furent si graves que le comité de salut public dût exiger que l'on motivât les arrestations. On verra plus loin, par le relevé de motifs d'incarcération, que la moindre plaisanterie, le seul fait de n'avoir *pas pris une part active à la Révolution*, suffisaient pour faire arrêter et détenir des femmes et des vieillards de 74 et même de 79 ans.

L'imposition que Collot-d'Herbois et Laplanche

mirent *sur les riches* ou les soi-disant tels, *de leur propre autorité*, car la Convention n'avait pas voté de contribution de guerre, produisit près de 80,000 fr. à Nevers seulement. Il ne fut rendu aucun compte de l'emploi de cette somme, qui ne fut pas versée dans une caisse publique.

Le 11 juillet, après le triomphe de la montagne et de la commune sur les girondins, Forestier, représentant en mission dans l'Allier, fut envoyé à Nevers pour y poursuivre les fédéralistes. Il y révoqua le citoyen Ballard, procureur-syndic, et deux autres membres du directoire, qui furent, plus tard, arrêtés comme suspects.

Après avoir épuré, comme on disait alors, le directoire du département de la Nièvre, Forestier révoqua, en grand nombre, d'autres fonc-tionnaires publics.

Le 29 juillet, il fut remplacé par Fouché.

« (*Nevers*), *séance du* 29 *juillet*. (*Directoire*.)

» Le citoyen Fouché a déposé sur le bureau
» le décret du 24 juin dernier qui le nomme,
» ainsi que les citoyens Méaulle, Phelippeaux et
» Esnue Lavallée, pour inviter et requérir les

» citoyens des départements du centre et de
» l'ouest à prendre les armes contre les rebelles
» de la Vendée.

» Ce même représentant a remis une délibéra-
» tion du 25 juin, prise par les citoyens Fouché,
» Esnue Lavallée, Phelippeaux et Méaulle, qui
» le nomme pour se transporter dans les départe-
» ments de l'Aube, de la Côte-d'Or, de l'Allier,
» de la Nièvre et du Loiret. »

Dans la séance du soir, on arrête que *des
visites domiciliaires* seront faites pour des
accaparements, par *des gardes nationaux payés
40 sous par jour*, qui doivent être pris parmi
les véritables et bons sans-culottes.

C'est le commencement de l'organisation de
l'armée révolutionnaire à l'aide de laquelle Fouché
devait dominer, par la terreur, les pacifiques
habitants de la Nièvre.

Le jour même de son arrivée à Nevers, Fouché
écrivit au comité de salut public la lettre suivante :

« Citoyens collègues,

» Je ne sais si vous avez reçu toutes mes
» lettres. Je vous écris souvent et je vous fais

.

» passer très-exactement copie de mes procla-
» mations et des divers arrêtés que les cir-
» constances m'obligent de prendre.

» Je dois vous consulter aujourd'hui sur un
» point de ma mission : l'art. 4 du décret qui
» m'a nommé, pour les départements du centre
» et de l'ouest, à l'effet d'inviter les citoyens à
» prendre les armes contre les révoltés, m'enjoint
» *de me concerter avec mes collègues près*
» *l'armée de la Vendée pour protéger la*
» *défense de la ville de Nantes, etc., etc.*

» Si l'état de la République fût resté tel qu'il
» était à mon départ de Paris, j'aurais rempli
» avec plaisir cette partie de mes devoirs. Je m'é-
» tais proposé même *de suivre à Tours* les
» bataillons que je lèverais. Mais deux autres
» foyers de contre-révolution ayant éclaté, les
» villes de Caen et de Lyon ne voulant plus re-
» connaître l'autorité de la Convention nationale,
» j'ai dû diriger tous mes efforts contre ces deux
» villes rebelles. Vous avez dû voir par ma cor-
» respondance que, dans l'espace de dix jours, un
» bataillon a été formé à Troyes et s'est mis en
» marche pour Evreux. Le département de la

» Nièvre fait partir 800 hommes pour cette même
» ville. Dijon et Moulins réservent toutes leurs
» forces contre Lyon ; je vous ai dit que le dépar-
» tement de la Côte-d'Or peut fournir dans quinze
» jours 1,500 hommes d'infanterie bien armés,
» bien équipés, 450 de cavalerie et 342 canon-
» niers. Les révoltés de Lyon et ceux de Marseille
» peuvent se présenter sur les deux routes de
» Paris, ils seront également bien repoussés.

» Si, comme je l'espère, Lyon se soumet à la
» volonté nationale, s'il accepte la Constitution,
» l'armée qui se forme sous les murs de Mâcon va
» devenir inutile ; il sera nécessaire de la disposer
» à marcher contre les brigands de la Vendée.
» Alors ma présence pourrait être de quelque
» utilité auprès de ces mêmes hommes que j'ai
» enrôlés moi-même; vous le savez, il y a un
» bataillon entier de pères de famille, de fonction-
» naires publics, qu'il serait important de déter-
» miner pour l'armée de la Vendée ; ce sont de
» vrais républicains, de braves soldats de la
» liberté, tous de bonne volonté.

» Ce bataillon, j'ose le dire, vaut mieux seul
» que plusieurs de ceux que j'ai vus à Tours.

» Je vous prie, mes chers collègues, de me dire
» si je dois rentrer au sein de la Convention
» nationale *ou me rendre, suivant le décret, à*
» *Tours,* ou obéir aux circonstances. *J'attendrai*
» *votre réponse à Nevers,* où je travaille en ce
» moment, de concert avec l'administration, à faire
» équiper quelques compagnies de cavalerie. Vous
» voudrez bien me tracer la conduite que je dois
» tenir.

» FOUCHÉ. »

(Autographe.)

On voit par cette lettre que Fouché est, par sa
mission, attaché à l'armée de la Vendée, chargée
de protéger la défense de Nantes.

Une mission aussi périlleuse que la guerre de
la Vendée n'était pas, comme nous l'avons déjà
dit, ce qui convient aux hommes du caractère de
Fouché. Ils ne sont bons qu'à faire mitrailler des
prisonniers sans défense. Tant qu'il y a un danger
réel à braver, ils se tiennent à distance. Fouché,
on le verra, ne retourna pas dans la Vendée et
n'alla à Lyon que quand la ville fut prise, c'est-
à-dire quand il n'y eut plus de danger à courir.

Deux jours après avoir adressé cette lettre au comité de salut public, le 31 juillet, Fouché fit une proclamation que nous donnerons en entier, malgré sa longueur. C'est un chef-d'œuvre de pathos démagogique. L'ex‑cuistre de collége débute par des tirades sentimentales dans lesquelles il fait appel à la concorde, à l'union de tous les bons citoyens, et puis finit par demander l'extermination de toute la population de la Vendée, c'est-à-dire de près de 400,000 âmes.

« AU NOM DE LA RÉPUBLIQUE,

» *Fouché, représentant du peuple, député*
  » *par la Convention nationale près les*
  » *départements du centre et de l'ouest.*

    » Aux habitants du département de la
    » Nièvre.

» Républicains, vos ennemis stipulaient sur
» vos divisions ; nous venons de renverser leur
» espoir affreux en réunissant tous les amis de la
» République dans le temple de la liberté. Le
» spectacle touchant de cette journée, les épan-
» chements fraternels, les tendres embrassements,

» les douces larmes, les cris d'allégresse, les
» chants patriotiques qui ont retenti dans toutes
» les rues de cette cité, ont porté dans l'âme des
» oppresseurs du peuple *l'agitation de la terreur*
» et, j'aime à le croire, le supplice du remords.

» Ah! s'il est vrai que le remords soit descendu
» dans le cœur de quelques-uns, il est une garantie
» suffisante du respect qu'ils auront à l'avenir
» pour la volonté nationale. Qu'ils viennent
» exprimer leur repentir et leurs vœux au milieu
» de nous. *La justice populaire* n'est point *une*
» *vengeance*, elle est inséparable de *la clémence*
» et de *la générosité;* elle veut des punitions
» pour le crime, mais elle pardonne à l'erreur.
» Qu'ils viennent donc avec assurance, une abso-
» lution universelle couvrira tous leurs égare-
» ments. *Le plus heureux événement pour tout*
» *le monde,* la naissance de la Constitution, *qui*
» *rapproche l'homme de la nature et de la*
» *vérité*, sera pour eux marqué *d'une espèce*
» *de jubilé politique,* où toutes leurs fautes
» seront remises, où ils commenceront à vivre
» sous de nouvelles lois comme sous une nouvelle
» ère.

» Hommes faibles et égarés, je vous adresse,
» *du fond de mon cœur,* cette pressante invi-
» tation. Je vous parle *au nom de votre intérêt*
» *personnel ;* le peuple n'a pas besoin de votre
» appui pour assurer son triomphe. Il est plus
» fort que toutes les puissances de la terre; les
» rois finissent, le peuple commence; la victoire
» couronnera son ouvrage, car *il est impéris-*
» *sable ; il est immortel comme la Divinité.*

» C'est en vain que les conspirateurs ont
» cherché à l'environner de ténèbres et de trames
» horribles depuis cinq ans de révolution; c'est
» en vain qu'ils forment encore le dessein de le
» tromper pour le trahir, de l'avilir pour l'op-
» primer : tous leurs efforts ne serviront qu'à
» faire connaître davantage leur faiblesse royale
» et sa puissance démocratique.

» Le fédéralisme, ce monstre né de l'alliance
» de la royauté et de l'aristocratie, avait juré
» dans un accès d'audace, de méchanceté et de
» délire, de changer tous les drapeaux de nos
» victoires en crêpes de la mort et de consumer
» la liberté par le feu de la guerre civile; ses
» atroces projets ont ignominieusement échoué

» contre l'intrépidité populaire : le fédéralisme
» a été étouffé dans son berceau et déjà les illu-
» sions du crime se sont évanouies.

» Le peuple n'a besoin que de se lever et tout
» succombe devant lui. Qu'il se montre dans
» toute sa force devant les armées des despotes,
» et bientôt leur amas nombreux d'esclaves re-
» culeront à son aspect, *ou leurs cendres en-*
» *tassées serviront de socle à la statue triom-*
» *phante de la liberté.*

» Les brigands des départements de l'ouest
» ont eu quelques succès sanglants, mais ils les
» doivent au mépris insensé qu'on faisait de leur
» impuissance. Que l'expérience nous apprenne
» à être sages, et n'abandonnons jamais nos
» destinées au hasard des événements. Faisons
» sortir le bonheur des hommes et la liberté pu-
» blique de notre prévoyance et de notre raison,
» et que le sentiment de nos propres forces *ne*
» *diminue rien de notre sensibilité pour, le*
» *malheur ou la perte d'un seul individu*
» *dont le sang coule pour la patrie.*

» Si nous devons quelque indulgence à l'homme
» égaré, le même sentiment doit nous conduire à

» jurer une haine éternelle à tous les fanatiques
» de la Vendée, qui ne vivent que de pillages et
» de meurtres, *à ces animaux féroces dont*
» *l'existence consterne la justice et l'huma-*
» *nité; il faut en purger la terre qu'ils*
» *déshonorent,* comme on dégage des métaux
» précieux les parties viles qui en font mécon-
» naître la valeur.

» Mettons à profit ce moment de crise; que
» l'explosion excitée par les ennemis irréconci-
» liables du peuple produise une réaction géné-
» rale *qui creuse leurs tombeaux;* portons les
» armes en masse dans tous les lieux où la liberté
» est outragée. Les premiers d'entre nous seront
» ceux qui auront eu la gloire d'établir son
» culte et ses autels sur le sol de la République.
» Leurs familles honorées, *leurs noms estimés,*
» *gravés dans la mémoire des hommes,* voilà
» la récompense qui les attend; *voilà le prix*
» *réservé à la vertu!*

» Nevers, le 31 juillet 1793, l'an II de la Ré-
» publique.

» Signé : FOUCHÉ. »

Le 3 août, Fouché adressa une nouvelle lettre au comité de salut public, dans laquelle il lui rendait compte de l'état dans lequel se trouvent les départements du centre, qu'il vient de parcourir.

« *Nevers*, 3 *août* 1793, *an II de la République.*

» FOUCHÉ, REPRÉSENTANT DU PEUPLE, etc.

» Citoyens mes collègues,

» Tous les départements du centre que je parcours sont animés du même esprit. C'est en vain qu'on cherche à les tourmenter par tous les fléaux *de la misère*, de l'ignorance, de l'erreur et des préjugés, ils ne se laisseront point corrompre.

» Sous divers prétextes, on leur a enlevé presque toutes leurs armes; mais il leur en reste une qu'on ne leur arrachera pas facilement, c'est l'énergie de leur patriotisme. J'ai déjà recueilli dans ces départements plus de traits de dévouement héroïque que l'histoire des Républiques anciennes n'a pu en offrir. Ils sont bien insensés ceux qui ont levé l'étendard

» de la révolte avant d'avoir mieux connu l'es-
» prit public.

» Le département de la Nièvre, où je suis de-
» puis plusieurs jours, offre le spectacle le plus
» satisfaisant. Les hymnes de la liberté reten-
» tissent dans les campagnes et dans les villes.
» Sous l'ancien régime, un seul milicien faisait
» verser bien des larmes; aujourd'hui, un ba-
» taillon entier est sorti de cette cité au milieu
» *des chants d'allégresse;* chacun semblait se
» dire : *Qu'importe la mort si elle donne la*
» *vie à la République; mourir en détruisant*
» *son ennemi, c'est jouir.*

» Nous travaillons en ce moment à organiser
» un nouveau bataillon, ainsi que des compagnies
» d'artilleurs et de cavalerie.

» Les émissaires de nos transfuges étaient venus
» à bout de semer des germes de division entre
» la société populaire et ces sociétés naissantes;
» un seul instant a suffi pour faire retomber *les*
» *désastres de l'orage* sur ceux qui l'avaient
» provoqué. J'ai fait rassembler tous les soldats
» de gendarmerie et de cavalerie en présence des
» autorités constituées et de la société populaire.

» Une invitation fraternelle a réuni tous les es-
» prits; nous nous sommes tous rendus à la séance
» de la société populaire, en chantant l'hymne
» des Marseillais. C'est dans *le temple de l'é-*
» *galité et de l'amitié*, c'est dans cette intimité
» *qui ouvre les âmes* et en laisse échapper tous
» les mouvements, tous les secrets, que chacun a
» trouvé de nouvelles raisons d'estimer celui
» contre lequel on voulait tourner ses armes.

» Le citoyen *Clément*, etc. (affaire privée).

» FOUCHÉ. »

(Autographe.)

Le 5 août, sur la réquisition de Fouché, que
nous verrons saisir toutes les occasions d'agir
contre la religion qu'il avait reniée, le conseil du
département ordonna de faire fondre immédiatement les cloches de toutes les paroisses, à l'exception d'une seule qui fut laissée dans chaque
église.

Le 9 août, Fouché écrivit encore au comité
de salut public. Il lui dénonça le directoire du
département de la Côte-d'Or comme fédéraliste.

« *Nevers*, 9 août 1793, *an II de la République.*

» FOUCHÉ, REPRÉSENTANT DU PEUPLE, etc.

» Citoyens mes collègues,

» J'ai reçu le décret qui enjoignait au citoyen
» Forestier de se transporter à Clamecy pour y
» mettre le calme ; vous pouvez être sans inquié-
» tude, je me charge en son absence de prendre
» tous les moyens qui sont en mon pouvoir pour
» faire triompher dans ce district l'ordre et la
» liberté. J'ose vous assurer d'avance que je
» n'aurai pas besoin d'employer *d'autres armes*
» *que celles de la raison.*

» Je vous ai annoncé *les projets du direc-*
» *toire de Dijon.* J'ai chargé, en partant de
» cette ville, la municipalité, qui a toute l'énergie
» du patriotisme, *de le surveiller* très-exacte-
. » ment ; elle m'envoie, dans ce moment, l'arrêté
» que le directoire a pris après mon départ. Je
» vous en fais passer copie.

» Il est d'autant plus important que vous *fas-*
» *siez confirmer mon réquisitoire* relatif aux
» commis, que les bureaux du département sont

» remplis de gens suspects (d'après les dépositions
» du conseil général de la commune). Une négli-
» gence à cet égard pourrait avoir des effets fu-
» nestes. Vous savez que nous avons à Dijon un
» magasin précieux d'armes et d'équipements de
» toutes espèces, soit pour l'infanterie, soit pour
» la cavalerie, et que sous trois semaines nous
» pourrons en tirer un régiment de cavalerie,
» dont j'ai ordonné la formation.

» En prenant cette mesure de sagesse, vous re-
» levez le courage des patriotes de Dijon *et vous*
» *affaiblissez ce perfide directoire* qui, aban-
» donné à lui-même, pourrait tourner contre la
» République les magasins qu'il a à la disposition
» du fédéralisme.

» FOUCHÉ. »

(Autographe.)

Les pièces qui suivent permettront d'apprécier
ce qu'étaient les représentants du peuple en mission dans les départements, DE VÉRITABLES AUTO-
CRATES devant lesquels tout tremblait.

La femme de Fouché accoucha d'une fille, le
10 août 1793. Aussitôt toute la population de Nevers

fut mise en réquisition pour célébrer ce grand événement. Dans ce département, dont l'immense majorité, d'après les dires de Chaumette lui-même, est peu enthousiasmée de la République, dont la plupart des hommes qui prennent part à la Révolution sont des girondins, tout le monde est tenu de prendre part à la fête civique qui doit inaugurer la naissance de cette nouvelle princesse. je me trompe, de la fille du représentant de la montagne, c'est-à-dire du représentant de la démagogie, de ce nouveau potentat devant lequel toute la cité s'incline humblement. Ne pas s'empresser de se rendre à une semblable invitation, c'était s'exposer à être regardé comme un modéré, un royaliste ou un fédéraliste, et, comme tel, être déclaré suspect, puis être jeté en prison.

Voici le procès-verbal de la séance du directoire du département :

« Séance publique du directoire du département de la Nièvre, du 11 août 1793, l'an II de la République, à laquelle ont assisté les citoyens Tollet, etc., etc.

» L'épouse du citoyen Fouché, représentant du

peuple, étant accouchée, *la ville de Nevers a
voulu témoigner toute sa joie et sa reconnaissance;* à cette occasion, le conseil du département et tous les corps civils et militaires étant
réunis se sont rendus auprès du citoyen Fouché,
pour lui faire leurs compliments; ils ont trouvé
la garde nationale sous les armes, avec la musique à sa tête. De suite, ils se sont rendus place
de la Fédération, avec le nouveau-né; là, sur
l'autel de la patrie, en présence du citoyen Da-
mour, parrain, et de la citoyenne Champrobert,
marraine, et d'un peuple nombreux, le citoyen
Fouché a déclaré que son épouse en légitime mariage était accouchée hier d'un enfant femelle,
auquel il a donné le prénom de Nièvre.

» La cérémonie a été terminée par le baiser
fraternel et une salve d'artillerie.

» Signé : Tollet, *président.* »

Dans l'acte de naissance dressé par René-
André Bigot, officier de l'état civil, on voit que la
fille du représentant du peuple fut « conduite au
son des fanfares sur l'hotel (sic) de la patrie,

place de la Fédération » (*sur laquelle était aussi exposée, en permanence, la guillotine*), » auquel lieu étant arrivé, il (Fouché) lui donna le prénom de *Nièvre Fouché* (sic).

On le voit, il ne manque que les cloches, sonnant à toute volée, venant se joindre aux salves d'artillerie pour saluer la naissance de cette nouvelle princesse démocratique. On dirait vraiment qu'il y a tant d'instincts aristocratiques infusés dans le sang français, que même dans les moments où ils sembleraient le plus complétement proscrits, ils apparaissent à tout propos. C'est bien le cas de répéter ce mot de la Flocon, en 1848, qui, se prélassant dans les voitures de la cour, disait : « les princesses, c'est nous. »

Fouché savait le parti qu'on peut tirer des clubs pour bouleverser une société; aussi, le 19 août, accorda-t-il à tous les clubs des subventions de 1,000 fr., de 600 fr., etc. On verra plus loin à quel usage il employa la société démocratique de Nevers, notamment le 12 octobre.

Le 25 août 1793, Fouché adressa à la population de la Nièvre une nouvelle proclamation dans laquelle on voit percer la crainte que lui fait éprouver la crise terrible que traverse la République : « Si nous tombons entre les mains des despotes, *tous les supplices qui rendent la mort horrible nous sont préparés.* »

Cette proclamation est encore pleine de ces grands mots dont on est si prodigue dans le monde démagogique. On y voit la preuve *de la misère* et *des souffrances* qu'éprouvent les populations. Fouché dénonce les *riches* comme voulant affamer le peuple ou l'empoisonner par des substances corrompues. Il est impossible d'employer, pour exciter les pauvres contre les riches, des moyens plus propres à porter des hommes aigris par la souffrance aux derniers excès. Il dénonce encore formellement *les riches* comme les auteurs des misères auxquelles quatre ans de révolution ont réduit les classes pauvres.

Tout en promettant d'être juste, il menace les riches de la juste indignation du peuple, de les déclarer suspects et même de faire tomber leurs têtes sous le glaive de la loi, s'ils n'expient pas *les crimes de l'opulence.* Car être riche en 1793 et en 1794 est devenu un crime capital, que nombre de malheureux ont expié sur l'échafaud.

Il le fallait bien pour que les patriotes pussent se partager leurs fortunes.

Rien n'est curieux comme les sophismes entassés dans cette proclamation, pour justifier les mesures les plus draconiennes. Rien n'est curieux comme ces protestations de justice, d'équité qui servent à couvrir les mesures les plus iniques. Il y a vraiment du rhéteur et du bourreau dans cette prose emphatique et déclamatoire :

« AU NOM DU PEUPLE FRANÇAIS,

» *Fouché, représentant du peuple, etc.,*

» Aux citoyens du département de la Nièvre.

» Républicains, nous ne tenons plus à la vie
» que par la liberté, la liberté est notre souffle.
» Si nous tombons entre les mains des despotes,
» *tous les supplices qui rendent la mort hor-*
» *rible nous sont préparés.* Levons-nous donc
» de toute notre grandeur; embrasons tous les
» cœurs du feu du patriotisme; vengeons la
» sainte cause de l'égalité; sauvons la Répu-
» blique. *Notre bras est* INVINCIBLE; *la vérité,*

» *la justice et la puissance* sont pour nous et
» contre *tous les monstres conjurés* pour la
» renverser. Montrons à ceux qui prétendent
» devenir nos maîtres que notre fermeté est su-
» périeure à leur acharnement, que notre cou-
» rage domptera les efforts de leur orgueil. Qu'ils
» sachent que rien ne peut lasser notre patience.
» Tout le poids du temps, *de l'adversité, de la*
» *misère,* loin de nous abattre, ne sert qu'à al-
» lumer l'énergie de notre passion. Le plus timide
» d'entre nous devient audacieux, devient ter-
» rible pour défendre ses droits, sa liberté.

» Plus de trève, plus de paix avec ceux qui ont
» conçu *l'exécrable projet d'empoisonner le*
» *peuple par des substances corrompues,*
» ou *de l'affamer en créant la disette* au
» moment où la nature vient de couvrir avec
» abondance la terre de ses dons, pour le bonheur
» général et pour le besoin de tous. — *Riches*
» *égoïstes, si vous êtes sourds aux cris de*
» *l'humanité, si vous êtes insensibles aux*
» *angoisses de l'indigent, écoutez au moins*
» *les conseils de votre intérêt et réfléchissez;*
» *que sont devenus depuis la Révolution tous*

» *ceux qui, comme vous, n'étaient tour-*
» *mentés que du désir insatiable et sordide*
» *du pouvoir et de la fortune?* Voyez-les pro-
» mener leur affreuse existence, éloignés de tout
» ce qui leur est cher, poursuivis par le mépris,
» les remords et le désespoir. — Inutilement ils
» s'agitent en tous les sens, leur chute est néces-
» sitée par la nature du terrain qu'ils parcourent ;
» *les vagues de la Révolution les emportent*
» *contre l'écueil, il faudra qu'ils s'y brisent.*

» Soyez plus sages et plus prudents ; que leur
» douloureuse expérience *vous serve de leçon ;*
» renoncez à des jouissances exclusives, elles
» échappent de la main avide qui veut les retenir ;
» sortez du cercle étroit de l'égoïsme, où vous ne
» pouvez recueillir désormais que de l'inquiétude
» et de l'effroi. Elancez-vous franchement dans
» la cause populaire, cette cause est celle *de la*
» *justice et de l'humanité ;* tous les peuples de
» la terre par un heureux accord l'embrassent
» *en secret* et se préparent à la défendre.
» Hâtez-vous de consommer par votre générosité
» *une révolution que la nature des hommes*
» *et des choses doit nécessairement amener.*

» Entrez dans *l'insurrection générale* de tous
» ceux qui souffrent contre tous ceux qui op-
» priment; que votre superflu expie *les crimes*
» *de l'opulence;* qu'il fasse disparaître l'inéga-
» lité révoltante entre vos jouissances multipliées
» et les privations excessives du pauvre. Que ce
» département donne le premier l'exemple d'une
» famille nombreuse unie par le lien sacré de
» l'égalité.

» *La loi veut que les hommes suspects*
» *soient séparés du commerce social.* Cette
» loi est commandée également *et par la justice*
» et par l'intérêt national. Mais prendre pour
» base de son opinion les dénonciations vagues,
» provoquées *par des passions viles,* ce serait
» favoriser *un arbitraire* qui répugne autant
» *à mon cœur* qu'à *l'équité.* Il ne faut pas que
» *le glaive* se promène au hasard; la loi com-
» mande de sévères punitions, et non *des pros-*
» *criptions aussi immorales que barbares.*

» Il est une règle certaine qui doit nous diriger,
» ce sont nos actions; tout homme qui, dans ce
» moment décisif, ne se prépare pas à défendre
» la liberté selon ses moyens; qui n'apporte pas

» au grenier commun les productions de ses pro-
» priétés, lorsqu'il en est requis; à la masse
» générale l'excédant de son strict nécessaire;
» tout homme enfin qui ne cherche pas *à calmer*
» *la juste indignation du peuple*, en adoucis-
» sant la rigueur de ses besoins, n'a plus de pré-
» texte; *il se place lui-même au rang des*
» *hommes suspects*, et, par une conséquence
» nécessaire, *il doit être éloigné de la société*
» et privé de l'usage de sa fortune; *la richesse*
» *entre ses mains est une arme dangereuse;*
» *j'ajoute qu'il ne doit inspirer de pitié qu'au*
» *moment où il tombe sous le glaive de la loi.*

» Républicains, vous tous mes amis, mes frères,
» réunissez, je vous en conjure, tous les rayons
» épars de votre brûlant amour pour la patrie;
» faites un dernier effort, il dépend de vous
» d'arrêter promptement les flots de sang qui
» coulent. Le jour où nous aurons tout sacrifié
» pour la liberté, la liberté sera conquise et *le*
» *bonheur public pour jamais établi.*

» FOUCHÉ.

» Nevers, le 25 août 1793, l'an II de la Répu-

Quatre jours après cette proclamation, Fouché écrivit au comité 'de salut public pour le prier d'approuver les mesures qu'il venait de prendre.

On voit encore dans cette lettre la preuve de la misère à laquelle les populations sont réduites par la prolongation de la Révolution. Aussi un des moyens employés par les révolutionnaires de tous les temps pour tromper les populations, est-il toujours de promettre que si on se soumet à leurs caprices du moment, la Révolution va finir.

« Fouché, REPRÉSENTANT DU PEUPLE, etc.

» Citoyens mes collègues,

» Ma mission remplie à Clamecy, je me suis
» rendu à Nevers, où j'étais attendu pour calmer
» *les inquiétudes relatives aux subsistances.*
» Quelques partisans, sans doute, des rebelles de
» Lyon, font de criminels efforts pour allumer
» le désespoir dans l'âme des citoyens, *en acca-*
» *parant leurs subsistances ou en les empoi-*
» *sonnant par de mauvais grains.* Il semble
» qu'ils aient conçu le projet de faire de ce dépar-
» tement, couvert de forêts, un repaire de ré-

» voltés. Je vous jure qu'ils n'y réussiront pas :
» le peuple est animé du meilleur esprit et *le*
» *riche égoïste* se trouve dans l'impossibilité de
» seconder d'aussi atroces espérances, *d'après*
» *les mesures que je viens de prendre* et que
» vous jugerez. Je vous envoie un exemplaire de
» la proclamation que j'ai faite à ce sujet. Je désire
» que *vous en approuviez les dispositions,*
» elles sont commandées par les circonstances.

» *Le riche* a entre les mains un moyen puis-
» sant *de faire aimer le régime de la liberté,*
» c'est son superflu. — Si dans cette circonstance
» où les citoyens sont tourmentés *par tous les*
» *fléaux de l'indigence*, ce superflu n'est pas
» employé à les soulager, *la République a le*
» *droit de s'en emparer* pour cette destination.

» Cette mesure de salut public est aussi *une*
» *mesure de sûreté personnelle pour le riche*
» *contre la juste indignation du peuple* qui ne
» peut plus tolérer l'excès de sa misère.

» FOUCHÉ.

» Nevers, 29 août 1793, l'an II de la Répu-
» blique. »

(Autographe.)

La lettre que l'on va lire a une importance.

Elle prouve que Fouché n'est pas beaucoup plus indulgent pour ses très-chers collègues, les représentants en mission, que pour les simples mortels.

Il les dénonce, au comité de salut public, comme se préoccupant bien plus de leurs affections et de leurs intérêts personnels que du salut de la République, dont l'existence court les dangers les plus redoutables.

La vérité était que la présence d'autres représentants en mission gênait Fouché dans l'action autocratique qu'il tenait à exercer si utilement, dans son intérêt personnel, sur le pays que le comité de salut public lui avait livré.

On verra également Fouché demander à être envoyé *dans des départements qui fussent en fermentation.* C'était ceux où il y avait les meilleures occasions de pratiquer les petites opérations qu'il entendait si bien. C'est surtout *en eau trouble* que les gens de son espèce savent pêcher tout en ne parlant que de liberté et de désintéressement.

« Fouché, représentant du peuple, etc.

» Citoyens mes collègues,

» Je vois avec peine que les députés nommés
» par la Convention nationale *ne se divisent*
» *pas assez sur le territoire de la République.*

» *La parenté, l'amitié* les rassemblent en-
» trop grand nombre au même endroit.

» *Nous sommes trois ici*, et il n'y a presque
» plus rien à faire.

» Je désirerais que la Convention nationale
» déterminât par un décret les départements que
» chacun doit parcourir, afin que les mêmes
» mesures soient exécutées simultanément et
» produisent très-promptement l'heureux effet
» que nous devons en attendre.

» Si j'avais un choix à faire, je demanderais
» *de préférence des départements qui fussent*
» *en fermentation.* J'ai éprouvé, depuis que je
» suis en commission, que ce sont ceux-là dont
» on peut tirer le parti le plus avantageux pour
» l'intérêt de la liberté!

» Je vous avais annoncé dans ma dernière
» *un projet d'affamer ce département;* les
» mesures que j'ai prises l'ont entièrement déjoué.
» Nous mangeons aujourd'hui le pain à trois
» sous la livre ; nos frères de Valenciennes ne se
» sont pas aperçu à leur passage du moment *de*
» *disette* que nous avons éprouvé. Ils ont trouvé
» dans un repas civique abondant de nouvelles
» forces dont ils se serviront contre les rebelles
» de Lyon, et dans la générosité de leurs frères
» des moyens d'émulation qui tourneront au
» profit de la République.

» Six d'entre eux ont des inclinations à Nevers ;
» ils auront le moyen de satisfaire leur cœur à
» leur retour du combat. Une contribution vo-
» lontaire leur donne à chacun une dot de
» quatre mille livres qui sera remise aux époux
» le jour du mariage.

» FOUCHÉ.

» Nevers, 1er septembre 1793, l'an II de la
» République. »

(Autographe).

Le 7 septembre, Fouché écrit de nouveau au comité une lettre dont tout l'intérêt se résume dans les quelques lignes du post-scriptum : « *Je me disposais, conformément à la mission que j'ai reçue, à me rendre dans les départements de l'ouest..... J'ai cru devoir suspendre mon départ.* »

Fouché demande à être envoyé dans les départements en fermentation. Là il peut exercer *sans danger* ses petites industries et *pêcher en eau trouble*, ce à quoi, comme tous les gens de son espèce, il s'entend si bien. Quant à aller dans la Vendée, où il y a de si redoutables périls à affronter et rien à gagner, c'est tout différent. Lui et tous ceux qui lui ressemblent trouvent toujours moyen de s'en garer et d'y envoyer les autres.

« FOUCHÉ, REPRÉSENTANT DU PEUPLE, etc.

» Citoyens collègues,

» Je viens d'apprendre, dans le moment, que » les rebelles de Lyon se disposent à faire un » mouvement rétrograde sur les départements » de l'Allier et de la Nièvre. Vous pouvez

» compter sur l'énergie des habitants et *sur le*
» *zèle que je mettrai à allumer dans tous les*
» *cœurs le feu de la vengeance.* Vous ap-
» prendrez avec satisfaction que la seule diffi-
» culté que j'ai éprouvée dans les levées que j'ai
» faites dans ce département ne venait que de ce
» que je ne pouvais requérir qu'une partie des
» jeunes gens, tous voulaient partir ! Ce sera
» plutôt fini, disaient-ils. Jugez s'ils se rendront
» à l'appel du premier coup de tocsin. Ils sont
» presque sans armes, mais les instruments ter-
» ribles avec lesquels ils ont fait leur moisson,
» maniés avec des bras républicains, porteront
» la mort jusque dans le camp des rebelles.

» Vous pouvez compter, pour le contingent
» général du recrutement, cinq mille jeunes gens
» de 18 à 25 ans pour le seul département de la
» Nièvre.

» L'administration envoie des commissaires à
» Paris pour l'approvisionnement, l'équipement
» et l'habillement ; je vous prie d'aider ces zélés
» patriotes dans le succès de leur mission ; ils
» réclament du riz, des poudres et des fonds pour
» des achats d'étoffes, sur les sommes remises

» par le recrutement à la disposition du ministre
» de la guerre.

» Salut et fraternité.

» Fouché.

» Nevers, 7 septembre 1793, l'an II de la
» République.

» P.-S. *Je me disposais, conformément à*
» *la mission que j'ai reçue, à me rendre dans*
» *les départements de l'ouest,* lorsqu'un
» courrier m'a apporté la nouvelle que Roanne
» était menacé. *J'ai cru devoir suspendre mon*
» *départ* et diriger mes pas vers Moulins.

» Il serait utile de changer la nature de ma
» mission et de m'en donner une relative aux
» circonstances.

» Vous devez compter sur toute mon activité
» et sur *la fermeté de mon caractère dans les*
» *moyens révolutionnaires* qui me paraîtront
» commandés par le salut du peuple. »

(Autographe).

Ce n'est pas seulement au point de vue politique que Fouché est un autocrate. On va le voir

successivement, de son autorité privée, abroger les lois civiles et criminelles, aussitôt qu'elles gênent le moindre de ses caprices.

Un bon patriote, le citoyen Massue Durrie, veut se remarier sans attendre le délai d'un an après le divorce, exigé par la loi, avant de convoler en secondes noces. Fouché déclare que les lois ne sont faites que pour *l'utilité des bons patriotes,* et donne l'ordre de procéder au mariage.

« Vu la pétition du citoyen Massue Durrie,
» président du district de la Charité, exposi-
» tive *(sic)* qu'ayant fait prononcer son divorce
» avec la citoyenne Paumier, sa femme, après
» une séparation de fait de 12 ans, *il désirerait*
» *être dispensé du délai d'un an* que porte
» l'art. 2 de la loi du 20 septembre 1792 qui
» détermine les causes, le mode et les effets du
» divorce.

» Le conseil du département de la Nièvre,

» Ouï le remplaçant du procureur général
» syndic,

» Considérant qu'il importe de faire jouir les
» Français de la faculté du divorce, qui résulte
» de la liberté individuelle, dont un engagement

» indissoluble serait la perte ; que le citoyen
» Massue Durrie ne se trouvant pas dans le cas
» de jouir dans ce moment des avantages de la
» disposition constitutionnelle, suivant laquelle le
» mariage n'est qu'un contrat civil, il est cependant
» de la sollicitude de l'administration supérieure
» de le mettre à même, sans compromettre les
» intérêts de la République, de reconnaître ouver-
» tement une femme avec qui il a eu des habi-
» tudes et particulièrement des enfants qui lui
» sont chers ; que *les preuves non équivoques*
» *de patriotisme* qu'il a données depuis les pre-
» miers instants de la Révolution *méritent en sa*
» *faveur une exception ;* que *la Convention*
» *nationale a dans tous ses décrets protégé*
» *les vrais sans-culottes ;* qu'en conséquence,
» le citoyen Massue Durrie mérite à tous égards
» la douce satisfaction qu'il attend depuis long-
» temps,

» Permet, *d'après la réquisition expresse*
» *du citoyen Fouché, représentant du peuple,*
» au citoyen Massue Durrie, de se *remarier avec*
» *qui bon lui semblera, sans attendre que*
» *l'année* portée par l'art. 2 de la loi du 20 sep-

» tembre dernier soit révolue ; en, par lui ce-
» pendant, se conformant aux dispositions qu'elle
» renferme. relativement au divorce prononcé
» avec sa femme.

» Et sur-le-champ, le citoyen Massue Durrie a
» remis entre les mains du citoyen Maublanc,
» commissaire nommé à cet effet, la somme de
» 1,200 livres pour être distribuée entre les
» familles pauvres et indigentes du départe-
» ment.

» En séance publique, 10 septembre 1793. »

On verra plus loin un appel en cassation, sus-
pensif de la peine de mort, déclaré par Fouché
nul et non avenu, parce que, pour prouver son
omnipotence et terrifier les bons habitants de
Nevers, il avait besoin de faire tomber trois têtes
le jour de la fête de l'inauguration du buste de
Brutus. Dans une fête républicaine, destinée à
célébrer les Brutus de toutes les époques, ne pas
même faire tomber une seule tête, fi donc !

La lettre suivante, de Fouché, contient encore
des dénonciations contre *les riches*, contre le
général ..., qu'il accuse d'avoir tout
l'air ...spondant de Toulon, et contre

le ministre de la marine, qu'il déclare *infini-*
ment suspect, un homme faible ou UN TRAITRE.

« FOUCHÉ, REPRÉSENTANT DU PEUPLE, etc.

» AU COMITÉ DE SALUT PUBLIC.

» Citoyens collègues,

» J'ai été instruit hier que la ville de la Cha-
» rité recélait dans son sein des malveillants,
» *de mauvais riches qui tenaient le peuple*
» *dans la misère,* pour rester ses maîtres et ses
» oppresseurs.

» Je m'y suis rendu sur-le-champ. J'ai ras-
» semblé tous les citoyens dans l'église la plus
» vaste; je leur ai parlé votre langage, expliqué
» vos sentiments; le peuple a montré un amour
» bien prononcé pour la montagne; il a reproché
» à ceux qui l'égaraient de l'avoir calomniée
» longtemps et de ne pas suivre les maximes
» qu'elle commandait.

» J'ai vu avec joie qu'après une heure *de*
» *férule* (sic), j'étais venu à bout d'éclairer les
» opinions et de leur *donner une telle direc-*

» *tion qu'il y aurait eu du* DANGER *pour les*
» *modérés s'ils n'eussent pris le parti de*
» *jouer le rôle de sans-culottes.*

» Le général Dubouchage, inspecteur d'artil-
» lerie, a paru suspect à quelques bons citoyens.
» Je l'ai accusé : il a rendu compte de sa mission
» et de sa conduite. Je vous l'avoue, je me trompe
» fort, si cet homme n'est pas *un rolandiste.*

» *J'ai fait examiner ses papiers,* ils sont en
» règle ; les formes sont pour lui, mais défiez-
» vous de son patriotisme. *Il a tout l'air d'un*
» *correspondant de Toulon* qui ne serait pas
» fâché de porter au centre de la République, et
» surtout à la Charité, le même feu qui dévore
» les départements de l'ouest et du midi.

» *Le ministre de la marine est infiniment*
» SUSPECT *par les missions qu'il donne; s'il*
» *n'est pas un homme faible, c'est* UN TRAITRE.

» Le citoyen Paque, commissaire du pouvoir
» exécutif, qui vous remettra cette lettre, a été
» témoin de la séance que je viens de tenir en
» présence du peuple. Il vous dira de quelle
» manière les aristocrates et les modérés ont été

» battus, et avec quelle allégresse le peuple égaré
» a triomphé.

» Salut et fraternité.

» FOUCHÉ.

» A la Charité, le 13 septembre 1793, l'an II
» de la République. »

(Autographe.)

La pièce qui suit est de la plus haute importance. C'est LE DROIT AU TRAVAIL *mis en pratique.*

Fouché lui-même n'osa pas appliquer immédiatement cette mesure en lui conservant son
véritable caractère. Il déguisa d'abord le but
qu'il se proposait; il ne le proclamera que plus
tard, par les mots suivants :

« Il n'y a plus dans la Nièvre ni pauvres ni
» riches. »

Dans le commencement, il n'avoua qu'un but
philanthropique : faire disparaître la mendicité.

Voici le texte même de son arrêté :

« **Département de la Nièvre.**

» AU NOM DU PEUPLE FRANÇAIS,

» Le représentant du peuple près les départe-
» ments du centre et de l'ouest,

» Considérant que la mendicité ne tend qu'à
» avilir le peuple, à lui faire oublier sa dignité,
» ses droits ;

» *Considérant que la société doit la sub-*
» *sistance aux citoyens malheureux, soit en*
» *leur procurant du travail, soit en assurant*
» *les moyens d'exister à ceux qui sont hors*
» *d'état de travailler ;*

» Considérant enfin que la Constitution ga-
» rantit à tous les Français des secours publics,

» Arrête que la *mendicité est abolie* dans
» toute l'étendue du département, et enjoint aux
» autorités constituées de faire placer, sans délai,
» tous les mendiants dans des hospices, ou de
» leur procurer des secours dans leur famille.

» Pour cet effet, il sera établi dans chaque chef-
» lieu de district *un comité philanthropique*

» *qui est autorisé à lever sur les riches une*
» *taxe proportionnée au nombre des indi-*
» *gents.*

   » Nevers, 19 septembre 1793, l'an II de la
» République.

            » Signé : FOUCHÉ. »

Cet arrêté est bien digne de Fouché. Il y joint
l'hypocrisie à la perdifie. En établissant un de
ces impôts arbitraires, les plus pesants que l'on
puisse imaginer, car, d'après ses propres dires, il
devait *ruiner* tous les habitants riches des départements de la Nièvre et de l'Allier, il a bien
soin de déguiser cette mesure terrible sous les
mots les plus bénins. Il faut venir en aide aux
malheureux ; ce sont des *comités philanthro-*
piques qui sont chargés de lever une taxe sur
les *riches*.

Fouché ne conserva pas, du reste, longtemps
le masque hypocrite dont il avait couvert, dans
son arrêté du 19 septembre, cette mesure, une
des plus arbitraires qu'il ait prises. Quelques
jours plus tard il donna à ces soi-disant comités

philanthropiques leur véritable nom, il les appela
COMITÉS DE SURVEILLANCE.

Pour que l'on comprenne bien la portée de cet
arrêté du proconsul de l'Allier, il faut se rendre
compte de son résultat dans la pratique.

A cette époque, presque toutes les communes
de la France sont administrées *autocratique-
ment* par deux ou trois de leurs démagogues les
plus violents qui en dirigeaient *le comité de
surveillance*. Ces grands citoyens, dont bon
nombre ne savent même pas lire, se distribuaient
chaque jour 3 francs par tête et faisaient des
perquisitions dans lesquelles ils prenaient souvent ce qui leur plaisait. Dans ces perquisitions,
ils forçaient les meubles, ils enlevaient tous les
objets précieux sans dresser de procès-verbal.
Aussi les vols qu'ils commettaient étaient con-
tinus. A tout instant, *ils s'accusent entre eux*
de détournements. Malheur à qui leur déplaisait,
car ils jetaient en prison quiconque encourait
leur disgrâce. C'étaient ces administrateurs qui
fixaient le chiffre des impositions à établir sur
les riches. Sous peine d'être arrêté, il fallait
payer dans les vingt-quatre heures. Les déci-

sions se prenaient *séance tenante*, au hasard, sans aucun renseignement sérieux, suivant les caprices d'hommes souvent avinés, car le vin pris dans les caves des aristocrates servait à reconforter et à éclairer pendant leurs délibérations les grands citoyens auxquels les arrêtés du proconsul accordaient, par délégation, des pouvoirs illimités. A tout instant on trouve des traces de ces orgies, car on ne peut pas donner le nom d'administration à des mesures prises dans de semblables conditions.

Indépendamment de l'arbitraire qui présidait à ces impositions, il faut ajouter, ainsi qu'on en verra la preuve plus loin, que *les soi-disant patriotes en étaient exempts*, et que, dans beaucoup de cas, *il ne fut tenu aucune comptabilité*, ce qui donna lieu aux abus les plus criants.

Nous allons maintenant donner avec les plus grands détails le programme de la fête de l'inauguration du buste de Brutus. Il permettra aux personnes qui ne sont pas familiarisées avec l'étude de cette époque de concevoir ce que devait être l'existence des populations condamnées par

ordre à se réjouir au milieu de l'inquiétude de
tous les moments, qui existe *pour tous sans
exception*, car il n'y avait personne qui, d'un
instant à l'autre, ne pût être arrêté, conduit devant un tribunal révolutionnaire et guillotiné,
qu'on fût riche ou pauvre, peu importe. On ne
saurait trop le répéter, l'immense majorité des
malheureux dont la tête a roulé sur l'échafaud
étaient *des ouvriers, des domestiques, des laboureurs, etc.* Les nobles, les riches et les
prêtres ne forment qu'une infime minorité.

Joignez à cela une misère générale que parta-
geaient même les personnes appartenant aux
classes riches qui, comme les autres, n'avaient
pour vivre que les quelques *onces de pain*
qu'elles obtenaient après avoir été, *dès trois
heures du matin, par un hiver très-rigou-
reux, faire, pendant de longues heures,* la
queue à la porte des boulangers.

On verra de plus, dans cette fête, avec quel
sans façon les proconsuls de la République se
jouaient de la vie humaine et des lois les plus
sacrées. Il fallait imprimer une terreur salutaire
à toute la population de la Nièvre ; aussi Fouché

n'hésite pas à faire rouler trois têtes sur l'é-
chafaud qui était placé en permanence sur la
place de la Fédération, à Nevers.

Ce n'est pas impunément qu'on a été oratorien.
Fouché se souvient de son Horace : « *Segnius
irritant animos demissa per aures quam quæ
sunt oculis subjecta fidelibus.* »

Le proconsul de Nevers voulut donner à son
peuple un grand spectacle. Il imagina une fête
pour l'inauguration du buste de Brutus. Ce que
l'on va lire prouvera que l'ex-cuistre du collége
de Nantes peut s'élever jusqu'au lyrisme et qu'il
a des prétentions comme auteur dramatique.

FÊTE DE L'INAUGURATION

DU BUSTE DE BRUTUS

« *Séance publique des autorités constituées
et de la société populaire de Nevers,
le 22 septembre 1793, l'an II de la
République.*

» Le représentant du peuple dans les départements du centre et de l'ouest, qui a consacré,
dans ce département, tous les jours de la

superstition aux fêtes de la liberté, à la religion de la morale et au culte de toutes les vertus, ayant marqué ce jour pour l'inauguration du buste de Brutus, et voulant honorer d'une manière digne du peuple français la vieillesse et le malheur, s'étant transporté au directoire du département, y *a requis* tous les corps administratifs et judiciaires dudit département, ainsi que toutes les sociétés populaires, et un détachement de chasseurs à cheval de passage dans cette ville, à l'effet d'assister à cette fête républicaine.

» Ce jour était destiné à faire époque dans la mémoire des hommes libres : *Un contraste* frappant dans l'ordre politique, a présenté à l'esprit étonné une image de ce qu'offre la nature à l'œil de l'observateur philosophe.

» Le matin le crime a été frappé et les criminels anéantis sous le fatal tranchant des lois, et le soir la vertu a reçu les honneurs du triomphe ; de sorte que l'âme, *frappée de terreur* au commencement de cette journée, a été ensuite agréablement émue à l'aspect de la vieillesse indigente, honorée, respectée, secourue par le représentant du peuple.

» Dès l'aube du jour, le bruit du canon a appelé tous les citoyens à leur poste.

» Vers dix heures, l'inflexible justice a appesanti son bras sur trois criminels, l'horreur de la société ; ainsi, *par la terreur*, elle a préparé les âmes à sentir plus vivement *les douces émotions* de *la nature* et de la *sainte fraternité*.

» A une heure de l'après-midi, des sentiments plus agréables et plus faits pour le cœur humain avaient déjà fait place à ceux que venaient de produire l'indignation publique et l'horreur du crime.

» Les citoyens de Nevers, réunis à leurs frères du département, semblables *à ces voyageurs qui, sortant de plonger un œil effrayé dans les précipices affreux de l'antique Etna, du Taurus insondé, des Alpes menaçantes, et qui, descendus des bords de ces vastes abîmes, reposent avec délices leurs yeux sur les riants paysages de la Sicile ou de la Suisse ;* les citoyens de Nevers éprouvaient *ce doux frémissement* que l'âme sent et ne peut rendre, résultat heureux du choc des sensations opposées et diverses, *sentiment délicat et sublime* qui prouve à l'honneur de l'espèce humaine que *nos cœurs sont faits pour la vertu,* et que *le scélérat est un être dégradé, séparé de l'ordre où l'a placé la nature,* et tout-à-fait hors de ses lois et de son sein.

» *Quel charmant spectacle* en effet!

» Tous les citoyens portant en triomphe les instruments utiles qui donnent la vie au corps social, le buste de Brutus, reposant *majestueusement* sur des épaules républicaines, *entouré de la foudre* des nations; *le représentant d'un peuple libre et vertueux,* au milieu d'un cortège vénérable de vieillards, des infirmes et des pauvres, tous couronnés d'épis, tous soulagés *par ses soins paternels.* La foule des citoyens de tout âge et de tout sexe faisant retentir les airs de cris de joie et de bénédictions.

» Cette cérémonie touchante fut fixée par l'ordre suivant.

» Le rappel battra à cinq heures du matin; on tirera le canon à la même heure; chaque compagnie se rendra dans le lieu ordinaire du rassemblement. Elles se porteront ensuite sur la place Brutus, où elles se rangeront en bataille et attendront le deuxième coup de canon, à une heure après midi, qui sera le signal de la marche.

» Les vieillards et infirmes se rendront au lieu ordinaire des séances du département, auprès du représentant du peuple, lequel sortira avec ce respectable cortège, au bruit de la mousqueterie et des cloches.

» Arrivé sur la place Brutus, les citoyens rassemblés formeront un bataillon carré, au milieu duquel se trouvera *un autel chargé de couronnes d'épis que le représentant posera sur la tête des vieillards et infirmes de tout sexe.*

» Le cortège descendra la rue de la Loire, suivra les quais, remontera par la rue Helvétius, celle Jean-Jacques Rousseau, la place Lepelletier, celle de Marat, la rue Voltaire, celle de Loire, et suivra la rue des Sans-Culottes jusqu'au lieu des séances de la société patriotique.

ORDRE ET MARCHE.

Section de la Barre.

1. Piquet de cavalerie précédé d'un trompette.

2. Gros de volontaires précédés de tambours.

3. Les citoyens de la section de la Barre, portant au bout de leurs armes des *feuillages d'arbres ou des légumes.*

4. Les femmes et enfants des volontaires de cette section, tenant à la main des branches d'arbres.

Section de Loire.

1. Tambours.

2. Gros de volontaires.

3. Les femmes et enfants des défenseurs de la patrie, tenant à la main des joncs et des osiers.

4. Les citoyens de cette section portant les instruments propres à la pêche et à la navigation.

Section du Croux.

1. Tambours.

2. Gros de volontaires.

3. Les femmes et enfants des défenseurs de la patrie, portant en main des pampres de vigne.

4. Les citoyens de cette section, portant au bout de leurs armes des mêmes pampres.

Section de Nièvre.

1. Tambours.

2. Gros de volontaires.

3. Les femmes et enfants des défenseurs de la patrie, portant des couronnes de lierre ou de chêne.

4. Les citoyens de cette section portant différents ouvrages en fer et les outils propres au travail.

» La marche s'ouvrira par la section de la Barre.

» Les autres suivront dans l'ordre ci-dessus indiqué.

1. Les grenadiers.

2. Les corps administratifs.

3. Les différentes autorités constituées.

4. *Un tambour-major portant un glaive nu d'une main, et de l'autre le Code criminel et civil.*

5. Les tribunaux.

6. Les vieillards et infirmes entourant le représentant du peuple, escorté par tous les drapeaux des compagnies et les trois juges de paix.

7. Un fanion portant ces mots : *Le peuple français honore la vieillesse, la vertu, le malheur.*

8. Musique et chœur de chanteurs, lesquels célèbreront l'hymne des Marseillais.

9. Le buste de Brutus, devant lequel des enfants jetteront des branches de feuillage. *Il sera entouré de canonniers traînant leurs pièces.*

10. La société patriotique avec tous ses attributs.

11. Le comité de salut public du département.

12. Les vétérans.

13. Un piquet de cavalerie fermera la marche.

» Dans sa marche, *le comité fera justice de tous les monuments du fanatisme et de la féodalité.*

» *Sur toutes les places où passera le buste de Brutus, le canon tonnera.*

» Le cortège défilera dans l'église de Saint-Cyr, et là, seront prononcés des discours patriotiques.

» La fête sera terminée par des chants, des danses et un repas fraternel donné aux vieillards et infirmes, et servi par les autorités constituées.

Le cortége s'est ensuite rendu dans l'église ca-
thédrale, comme le lieu le plus vaste et le plus
propre à contenir l'immense rassemblement des
citoyens. Le représentant du peuple, dans un
discours concis, *puisé dans son âme et simple
comme la nature,* a fait sentir aux citoyens le
contraste frappant des deux événements qui distinguent cette journée ; apôtre fervent de la
liberté, il a célébré les vertus austères *du Dieu
de la fête,* Brutus ; et tout en parlant aux citoyens dè leurs droits, il leur a marqué leurs
devoirs. Alors le serment de sacrifier à la patrie
toutes les affections les plus chères, de *fouler
aux pieds toute espèce de considérations,*
lorsqu'il s'agira du bien de la République, a été
prêté entre les mains du représentant, et suivi
des cris de *vive la République, vive la Montagne, vive la Convention nationale.*

» Pour là première fois peut-être, les voûtes
gothiques de ce temple, monument de l'asservis-
sement du peuple et de la tyrannie des grands,
ont répété l'expression énergique de la vérité dé-
gagée de l'alliage impur des *sophismes* religieux,
des *préjugés* de l'erreur ; — Chaumette, citoyen

de cette cité, procureur général syndic de la commune de Paris, dans un discours mâle et véhément, après avoir dessiné le caractère de bonté qui distingue les habitants du département de la Nièvre, leur a montré les maux que pouvaient produire ce même caractère livré à lui-même. lorsqu'on le laissait dégénérer en faiblesse. *Il a* DÉNONCÉ *à l'assemblée des tyrans subalternes,* qui, à force d'intrigues, cherchaient à remplacer leurs anciens maîtres ; et après avoir peint à grands traits le génie révolutionnaire qui doit servir de pilote au vaisseau de la République, après avoir célébré la dignité du peuple et sa puissance, il a fini par retracer quelques traits de Brutus l'ancien, en les appliquant aux circonstances actuelles, et en invitant ses concitoyens à mettre en pratique les vertus républicaines dont ils célébraient la fête.

» Le cortège s'est rendu ensuite au lieu des séances de la société populaire. Le buste de Brutus, accompagné de députations de toutes les sociétés du département, précédé par le représentant du peuple, a été déposé sur son socle, au bruit d'une musique guerrière et aux acclamations des citoyens.

Le président de la société de Nevers a prononcé un discours rempli de cette morale publique, qui doit être le catéchisme des hommes libres, et que l'on regrette de ne pouvoir analyser, mais que l'on peut désigner en peu de mots : *C'était un discours vraiment républicain.*

» De jeunes citoyennes *couronnées de fleurs* ont chanté une hymne à la liberté, et ont offert *au représentant le tribut de la reconnaissance du département;* et le même représentant ayant pris la parole a rappelé, avec une fermeté énergique, aux citoyens les engagements sacrés qu'ils venaient de contracter, et après leur avoir fait sentir le besoin qu'avait la patrie de défenseurs, toute l'assemblée, par un mouvement spontané, a juré de ne demander exception pour personne. Les femmes ont pareillement juré d'engager leurs époux et leurs enfants à voler à la défense de la liberté, et de s'occuper dès ce moment à préparer les vêtements et les armes des volontaires. Sur la proposition d'un de ses membres, la société a arrêté que des couronnes de chêne seraient déposées dans le lieu des séances, et que le représentant du peuple serait invité à y mettre cette inscription : *Elles attendent* LES VAINQUEURS.

» La séance s'est ensuite terminée par ces mots prononcés par le représentant du peuple, et répétés par tous les assistants : *Honneur et respect à la vieillesse, honneur et respect au malheur.*

» Les citoyens se sont alors rendus dans une des salles de la maison commune, où était préparé un repas pour les vieillards et pour les infirmes. *Le représentant du peuple et toutes les autorités constituées, dans le costume qu'indique la loi, ont servi à table ces intéressants convives.*

» Pendant le repas, la musique a exécuté des morceaux patriotiques, propres à soutenir le sentiment qui avait donné lieu à cette fête, laquelle a été terminée par des danses autour de l'arbre de la liberté.

Malheureusement pour Fouché, la partie de la fête à laquelle il paraît tenir le plus, l'exécution des grands criminels qui devait *frapper de terreur* l'esprit du peuple, menaçait de devenir impossible, à défaut de têtes d'aristocrates dont à son grand regret il n'avait même pas une seule qu'il pût faire tomber. Il avait bien, dans les prisons de Nevers, deux hommes et une femme condamnés à mort pour assassinat, sur lesquels il comptait pour donner à la fête tout l'attrait des contrastes que promettait son programme. Mais, voilà-t-il pas que. ces infâmes drôles ne veulent pas se prêter aux savantes combinaisons dramatiques du proconsul de la Nièvre et forment un appel en. cassation. Fouché, heureusement, était homme de ressources ; aussi, de son pouvoir autocratique, prit-il un arrêté portant que, nonobstant l'appel en cassation, l'exécution aurait lieu le jour de la fête de l'inauguration du buste de Brutus.

Les deux pièces que l'on va lire donnent un spécimen de la façon dont Fouché et tous les grands patriotes de cette époque respectent et pratiquent la loi criminelle, de même que l'on a déjà vu, à propos du mariage du citoyen Durrie, la manière dont ils tiennent compte de la loi civile.

« AU NOM DU PEUPLE FRANÇAIS,

» *Le représentant du peuple,* etc.

» A rès avoir de nouveau ris connaissance

» du procès instruit contre Jean Davin, accusé
» d'avoir assassiné, pendant la nuit du 8 au 9 mai
» dernier, quatre personnes dans leur lit, et
» notamment un de ses enfants âgé de trois ans ;

.   » Considérant que le nommé Davin a été con-
» damné à mort le 16 de ce mois, sur la décla-
» ration unanime du juré de jugement ;

» Considérant qu'il résulte du procès-verbal
» dressé le 20 de ce mois que Davin, sur le point
» de subir son supplice, a avoué qu'il avait assas-
» siné Etienne Berthaut, son beau-frère ;

» Considérant qu'il résulte de toutes ces décla-
» rations que Michel Balanger, maréchal à Gar-
» chy, a assassiné Solange Berthault, la nommée
» Michot, sa fille de confiance, et le fils de Davin,
» âgé de 3 ans ; et que Marie Droit, sa femme,
» est complice ; qu'elle a facilité l'exécution de
» l'assassinat ;   .

» Considérant que les contradictions consignées
» dans les interrogatoires et confrontations des
» dits Balanger, sa femme, et Davin, prouvent
» évidemment que Balanger est coupable de
» l'assassinat de trois personnes, et notamment
» de celui de Jean Davin fils, qui, par une erreur

» flétrissante pour l'humanité et la nature, avait
» été attribué à son père ;

» Considérant que sur la déclaration unanime
» d'un juré de jugement, Michel Balanger a été
» déclaré convaincu d'avoir assassiné trois per-
» sonnes et d'avoir participé à l'assassinat d'une
» quatrième ;

» Considérant que Marie Droit, femme Balan-
» ger, a été également convaincue d'être complice
» de son mari et du dit Davin, en leur facili-
» tant l'exécution de l'assassinat ;

» Considérant que la peine de mort a été pro-
» noncée par le tribunal criminel du départe-
» ment de la Nièvre, contre les dits Davin, Ba-
» langer et sa femme ;

» Considérant que *l'opinion publique*, qui
» s'est énergiquement exprimée à cet égard, ne
» laisse aucune espèce de doute sur les crimes
» des condamnés, et que le peuple en attend l'ex-
» piation avec une juste impatience ;

» Considérant que la voie de cassation est ad-
» mise *moins pour faire observer littérale-*
» *ment les formes légales que pour assurer*
» *à l'innocent le moyen d'échapper à une*

» Considérant qu'au moment où la République
» s'établit, *il est important de frapper du*
» *glaive de la loi toutes les têtes criminelles,*
» *et que le prétexte de quelques formes vio-*
» *lées ne peut balancer la nécessité de punir*
» *d'une manière prompte, éclatante et ter-*
» *rible* un attentat atroce aussi manifestement
» prouvé,

» Arrête que toutes les déclarations faites et
» à faire par les condamnés, pour se pourvoir en
» cassation, *seront de nul effet,* et que dans le
» jour, *l'accusateur public fera exécuter,* par
» l'intermédiaire du commissaire national du
» tribunal du district de Nevers, *sur la place*
» *Brutus,* les jugements rendus les 16 et 22
» de ce mois, qui condamnent à la peine de mort
» les nommés Jean Davin, Michel Balanger et
» Marie Droit, sa femme.

» A Nevers, le 22 septembre 1793, l'an II de
» la République française.

» Signé : FOUCHÉ. »

Quelle que fût l'omnipotence dont il jouissait,
Fouché sentit qu'il devait rendre compte au

comité de salut public d'un acte aussi grave. C'est ce qu'il fit dans la lettre suivante :

« *Fouché, représentant du peuple, etc.*

» Citoyens collègues,

» Je poursuis tous les genres de crimes avec
» toute la chaleur et toute l'activité de mon ca-
» ractère.

» Ceux qui méconnaissent les lois de la morale
» et celles de la nature sont les fléaux de la Ré-
» publique.

» Des hommes simples m'ont dénoncé dans un
» langage énergique un assassinat horrible :
» le coupable *avait été absous* par un juré (sic)
» corrompu ; je l'ai fait remettre dans les fers, et
» *un second juré* (sic) l'a condamné à l'una-
» nimité. Son échafaud dressé, il a déclaré qu'il
» entendait se pourvoir en cassation. *Persuadé*
» *que ce tribunal est institué moins pour*
» *juger de vaines formalités que pour sauver*
» *l'innocent, j'ai requis l'accusateur public,*
» *comme vous le verrez par les pièces que je*
» *vous envoie, de faire exécuter sans délai*

» *le jugement*, et de communiquer mon réqui-
» sitoire au condamné. Ce matin, effrayé des
» approches de la mort, il a avoué son crime et a
» décrit ses complices, *que je viens d'envoyer*
» *chercher en poste pour les faire marcher*
» *avec lui à la guillotine, après avoir rempli*
» *les formalités nécessaires pour la convic-*
» *tion.*

» Je vous ai pressé plusieurs fois, citoyens
» collègues, de faire terminer cette trop longue
» rivalité entre les villes de Moulins, Nevers et
» la Charité, qui tient tout en situation. Les
» forges abondent en matières premières et en
» ouvriers, moyennant les mesures que j'ai
» prises, mais l'incertitude, la malveillance
» arrêtent tout. Les forges de Guérigny sont
» dans un tel état de dénuement que je me suis
» vu forcé de destituer sur le champ l'inspecteur
» et son secrétaire, qui apportent des entraves
» éternelles par des contrariétés inutiles. Cette
» place d'inspecteur est une cinquième roue à un
» carrosse. Elle était occupée par le nommé
» Huart, beau-frère de Monge ; Chaumette,
» représentant de Paris, qui s'est transporté à

» Guérigny avec plusieurs commissaires que j'ai
» envoyés, m'ayant assuré que Huart était un
» aristocrate, ainsi que son secrétaire, je n'ai pas
» balancé à le faire amener à la maison d'arrêt.
» Salut et fraternité.

» Fouché. »

(Autographe.)

Le comité de salut public était digne d'apprécier les procédés de son délégué ; aussi
approuva-t-il ses actes, en agissant toutefois en
vrai casuiste, car il ne poussa pas le cynisme
jusqu'à oser sanctionner *formellement* la violation flagrante de la loi, dont Fouché s'était joué
aussi cavalièrement en faisant exécuter, malgré
leur pourvoi en cassation, les trois misérables
dont il avait fait trancher la tête.

Voici la réponse que le comité de salut public
fit à la lettre qui lui avait été adressée :

8 *octobre* 1793.

» Les représentants du peuple, membres du
» comité de salut public, au citoyen Fouché,

» représentant du peuple près les départements
» du centre et de l'ouest.

» Votre lettre, citoyen collègue, à laquelle
» étaient joints les procès-verbaux des séances
» des sociétés populaires de la Charité et de
» Nevers, avec vos arrêtés des 18 et 19 septembre,
» est parvenue au comité de salut public ;
» l'énergie que vous avez montrée doit faire
» trembler les coupables. A l'égard des forges
» si nécessaires pour armer nos braves défen-
» seurs, le comité est persuadé que votre activité
» n'épargnera rien pour les mettre en vigueur,
» et que votre prudence vous fera prendre toutes
» les mesures convenables pour déjouer les
» complots, pour découvrir les traîtres et pour
» soutenir les vrais amis de la République, qui
» sont les membres des sociétés populaires.
» Salut et fraternité.

» *Les membres du comité de salut public*
» *chargés de la correspondance.* »

Le comité de salut public, on le voit, approuve
les mesures prises par Fouché. Sans s'expliquer

sur leur portée, il sanctionna formellement les arrêtés de Fouché, qui établissaient en fait le droit au travail dans le département de la Nièvre.

Quant à l'énormité légale commise par Fouché, en faisant exécuter des individus condamnés à mort, malgré leur pourvoi en cassation, le comité se garda bien d'en parler directement dans sa dépêche. Il se contenta de l'approuver implicitement par la phrase ambigüe « l'énergie que vous avez montrée doit faire trembler les coupables. » Voilà le respect que le pouvoir suprême de la République, en 1793, avait pour la loi.

J'ai donné, avec de grands détails, cette affaire, parce que c'est la première dans laquelle Fouché fait couler le sang. On peut y voir la preuve du sans-façon avec lequel il se joue de la vie des hommes et les instincts qui le guidèrent à Lyon. Il jette au peuple trois têtes, coupables peut-être, mais en tout cas encore protégées par la loi, afin de l'habituer à voir couler le sang. Et puis, et puis il fallait bien satisfaire la vanité de l'auteur dramatique, qui avait imaginé un spectacle si attrayant par ses émotions et par ses contrastes.

Voici un autre arrêté de Fouché, qui n'a pas besoin d'explication ; on y reconnaîtra le prêtre apostat.

25 *septembre* 1793.

« Sur la réquisition du citoyen Fouché, représentant du peuple,

» Le conseil du département,

» Considérant que dans une association politique tous les membres qui la composent doivent tendre au bien général ; qu'en s'isolant de la société on devient nécessairement indifférent à son bonheur ; que *depuis trop longtemps les prêtres vivent dans le célibat ;* qu'ils n'ont rempli aucun des devoirs du vrai citoyen ; qu'étrangers aux charges publiques, dont, avec les armes de l'imposture, ils ont toujours su se garantir, ils n'ont jusqu'à ce moment donné que l'exemple d'un égoïsme dangereux et contraire aux principes d'un régime républicain ; *qu'il est temps que cette caste orgueilleuse, ramenée à la pureté des principes de la primitive Église, rentre dans la classe des citoyens, renonce à une vie outrageante pour la nature et toujours favorable à la dépravation des mœurs, s'attache à la société en en remplissant les devoirs,* et mérite de partager la protection du gouvernement en en supportant les charges,

» Arrête :

» *Que tout ministre du culte ou autre prêtre pensionné par la nation, résidant dans ce département, sera tenu, dans le délai d'un mois, à compter du jour de la publication du présent arrêté, de se marier ou d'adopter un enfant, ou d'entretenir et nourrir à sa table un vieillard indigent; que faute d'adopter un de ces partis, ils seront censés avoir renoncé à l'exercice de leurs fonctions, dont ils demeureront déchus, ainsi que de leurs pensions, dont, à cette époque, ils cesseront d'être payés.* »

Toutes les pièces qui suivent sont extraites des procès-verbaux des séances des autorités constituées et de la société populaire de Moulins.

Presque toutes ces décisions furent prises en présence de Fouché et sur ses réquisitions; elles permettront d'apprécier ce qu'est, dans la pratique, le gouvernement de la République démocratique et sociale.

L'arrêté pris dans l'Allier par Fouché, pour établir le droit au travail, est bien plus complet que celui pris dans la Nièvre. C'est toujours la même excitation à la haine contre *le riche égoïste*, mais c'est, de plus, *la menace* suspendue sur la tête de *toutes les municipalités* qui n'apporteraient pas un zèle suffisant à exécuter les théories sociales du représentant de la montagne. Plus on avance dans la révolution, plus les menaces violentes contre tout le monde se multiplient. C'est ce qu'on appelle la liberté. On voit les progrès que Fouché a faits en quelques jours.

« *Séance publique du 26 septembre 1793, l'an II de la République française une et indivisible, et le 1er de la constitution populaire tenue dans l'église paroissiale Notre-Dame.*

» L'assemblée des autorités constituées, de la société populaire et des citoyens de Moulins, ayant été convoquée par le représentant du peuple Fouché, chargé par la Convention nationale d'être *l'apôtre* de la liberté dans les départements du centre et de l'ouest, et *d'y substituer aux cultes supersti-tieux et hypocrites auquel le peuple tient encore malheureusement, celui de la Répu-blique et de la morale naturelle*, on s'est réuni en l'église Notre-Dame.

» Fouché procède d'abord à *l'épuration* des fonctionnaires publics.

» Puis il a annoncé que des mesures urgentes de salut public devaient être prises, et, en consé-quence, rappelant succinctement une majeure par-tie des dispositions contenues dans les lois révo-lutionnaires décrétées par la Convention nationale depuis le 31 mai dernier, il a parlé des subsis-tances, sur lesquelles, développant toutes les con-sidérations qui lient essentiellement le sort de la République à cette partie des besoins du peuple, il a fait voir qu'il existait encore, malgré l'aboli-tion de la noblesse et du clergé, deux classes bien distinctes entre les citoyens : *celle des oppres-seurs* et celle des *opprimés; les oppresseurs, les riches égoïstes*, accapareurs, monopoleurs; *les opprimés,* les indigents, les vieillards, les infirmes (masse la plus respectable du peuple, et néanmoins la plus souffrante). Il a fait sentir que la mendicité était un effet de cette oppression, et qu'il ne pouvait pas concevoir comment, dans un moment où la République ne professe d'autres principes que l'égalité, et où elle a solennellement déclaré dans la Constitution que ˙tout individu avait *le droit d'être nourri aux dépens de la société,* il se trouvait encore des hommes assez insensibles pour voir de sang-froid leurs semblables être journellement livrés aux angoisses de la misère et des besoins, et vivre eux-mêmes au milieu de l'abondance, de la mollesse et de l'oisiveté.

» Ces réflexions touchantes l'ont amené à faire considérer *la cupidité, l'égoïsme et l'aristocratie des* RICHES comme les sources fécondes de tous ces outrages à la souveraineté du peuple ; en conséquence, considérant qu'il est temps enfin que cette souveraineté ne soit plus aussi indignement outragée, et que *le riche* n'emploie plus ses richesses contre le peuple, mais bien au contraire *soit forcé* à lui en faire partager le superflu ;

» Considérant que les˙ familles des défenseurs

de la patrie éprouvent plus particulièrement cette oppression ; que jusqu'ici les secours qui leur sont accordés par la Convention nationale ne leur sont pas parvenus, et qu'il importe à la justice, à l'humanité, à la souveraineté du peuple de faire cesser ces longues et pénibles privations ;

» Le représentant du peuple, considérant que le pain que l'on distribue aux pauvres n'est de mauvaise qualité que parce qu'on extrait la fleur de la farine qui le compose, pour faire du pain pour *le riche,* arrête qu'il ne sera fabriqué qu'une seule espèce de pain, et que le prix sera fixé à trois sous ; que des indemnités seront accordées aux boulangers, proportionnellement à leurs pertes, et seront réglées par *les munici-palités,* qui demeureront chargées, *sous leur res-ponsabilité,* de toutes les mesures de police et d'exécution nécessaires pour qu'il n'y ait plus aucune fraude sur la manipulation du pain, et aucun prétexte à la malveillance d'agiter le peuple, sur sa bonne ou mauvaise qualité.

» 2° Que la mendicité est abolie dans toute l'étendue du département de l'Allier ; qu'à cet effet, les autorités constituées établiront des hospices, dans lesquels elles feront entrer, sans délai, tous les mendiants de l'un et de l'autre sexe, si mieux ils n'aiment rester dans leurs familles, où il leur sera porté des secours ; que pour y parvenir promptement, *chaque municipalité, sous sa responsabilité et sous huitaine pour tout délai*, après la réception du présent, fera le tableau de tous les mendiants de son arrondissement, et *lèvera sur les riches un impôt proportionnel à leur nombre, de manière qu'elle puisse payer le travail des valides et procurer un secours honorable à ceux qui ne le sont pas.*

» 3° Que toutes les municipalités, etc.

» Le représentant du peuple a fait sentir que le défaut d'exécution *des meilleures lois révolutionnaires* en faveur de la classe opprimée du peuple *provenait de l'opposition qu'y apportaient* LES RICHES.....

» Il a passé successivement en revue tous les dangers dont la patrie est menacée, toutes les considérations propres à rehausser le courage des patriotes, *et à contenir par la* TERREUR ceux qui osent encore les persécuter, et se résumant sur le tout par des mesures révolutionnaires, il a arrêté : 1° qu'il sera formé sur-le-champ, dans la ville de Moulins et pour le département, *une armée révolutionnaire* composée de 200 hommes d'infanterie, de 50 de cavalerie et autant de canonniers, lesquels seront tous choisis parmi *les vrais sans-culottes*, et seront tenus d'obtenir de leurs municipalités un certificat de civisme pour être définitivement enrôlés dans cette armée; que leur organisation sera la même que celle de Paris, et que la solde sera pour chaque homme de *trois livres par jour* et prise sur les fonds fournis PAR LES RICHES;

» 2° Que les devoirs de la nature et de la raison devant être enfin remplis et établis d'une manière impérissable sur les décombres du fanatisme et de l'hypocrisie, tout prêtre qui ne sera pas marié ou qui n'aura pas adopté un enfant légalement à la maison commune, de manière à le reconnaître pour le sien ou le faire son héritier, ou enfin qui ne nourrira pas un vieillard à sa table, en le considérant comme son père, d'ici au 1er novembre prochain, ne pourra entrer dans aucune fonction publique;

» 3° Que les noms des rues, etc.;

» 5° Qu'il sera formé dans chaque chef-lieu de canton une société populaire et établi un instituteur de la jeunesse, auquel il sera fourni les papiers publics nécessaires pour l'instruction, aux dépens des RICHES. »

Voici maintenant, dans l'application, le système industriel des grands citoyens de la montagne. C'est l'idéal de la liberté industrielle. Le système, en tout et pour toutes choses, est toujours le même : *la terreur.*

« ..... et se résumant sur le tout, après avoir dit qu'il fallait que l'entrepreneur optât entre remplir strictement et diligemment les conditions de son marché *ou porter sa tête sur l'échafaud.* . . . . il a arrêté, au désir unanime de l'Assemblée :

» 1° Que les autorités constituées sont chargées et requises, *sous leur responsabilité*, de surveiller la manufacture d'armes de cette ville et l'exécution des engagements pris par l'entrepreneur; comme aussi, dans le cas où il ne travaillerait pas au désir dudit marché, *à le faire mettre en état d'arrestation, à le traduire au tribunal criminel comme un traître à la patrie,* et à faire établir, à ses dépens et dans le plus bref délai, les usines qui sont nécessaires ;

» 2° Que l'entrepreneur de la manufacture *sera tenu de pourvoir aux subsistances de ses ouvriers,* et que si, à défaut de s'être conformé au présent arrêté, les ouvriers manquent de subsistances et quittent les ateliers, il en sera personnellement responsable et *déclaré traître à la patrie ;*

» L'exécution de toutes les mesures ci-dessus arrêtées et leur mode, demeurant confiés aux autorités constituées qui, pour cet effet, *emploieront,* quand elles le jugeront nécessaire, *la force révolutionnaire.* »

Puis vient une nouvelle sortie contre *le riche* et un moyen très-pratique pour faire rentrer les taxes imposées *aux riches ou soi-disant tels.*

« ..... Le représentant du peuple a considéré que la grande cause des malheurs du peuple, des trahisons et des malheurs qu'essuie la République provenait de ce que *l'homme riche* faisait un abus énorme de ses trésors pour tenir le peuple dans l'oppression, contenir par le besoin son énergie et ses mouvements révolutionnaires, et parvenir, de concert avec l'ennemi du dehors, à anéantir la République ; il a sagement pensé qu'un moyen infaillible d'arrêter ces contre-révolutionnaires dans leur marche liberticide et assassine consistait à donner au peuple des armes contre eux, s'emparer des revenus de ceux détenus dans les maisons d'arrêt pour cause de suspicion et les réduire au simple nécessaire ; en conséquence, il a arrêté :

» 1° Que toutes les personnes détenues comme suspectes *seront réduites, ainsi que leur famille, au simple nécessaire* jusqu'à la paix, et que *le surplus de leurs revenus sera employé aux frais nécessités pour les mesures révolutionnaires;*

» 2° Que ceux qui n'obéiront pas, dans le délai fixé, aux réquisitions qui leur seront faites, *seront déclarés suspects.* »

Les fêtes patriotiques offrent de temps en temps des spectacles assez bizarres; on y remarquera, entre autres, que messeigneurs les proconsuls ont une tendresse infinie pour *les canons,* c'est-à-dire pour ce qu'ils pensent le plus propre à inspirer de la terreur aux masses.

Ordre de marche.

« 1° Une compagnie de travailleurs, portant des pioches, des marteaux, des scies, échelles; enfin, tous les instruments propres à faire justice de tous les monuments du fanatisme et de la féodalité; elle aura avec elle deux bons républicains, costumés en *sans-culottes*, qui lui indiqueront les choses à détruire;

2. Piquet de cavalerie, etc.

3. Deux pièces de canon.

4. Les vétérans, etc.

5. Le tambour-major, portant un glaive nu d'une main, et de l'autre le Code criminel et civil.

6. La musique militaire, etc.

Puis viennent des chanteurs et des chanteuses armés de tyrses ornées de pampre; les ouvriers de la manufacture d'armes, des pêcheurs, des boulangers, etc. , et enfin l'armée révolutionnaire et des canons, toujours des canons; la force, voilà le Dieu suprême de ces grands apôtres de la liberté.

5*

Après avoir pris de semblables arrêtés, il fallait bien leur donner une sanction. Fouché en trouva une toute naturelle : Il décida que tous ceux qui s'opposeraient à l'exécution des décrets de la Convention ou *de ses propres arrêtés à lui Fouché*, ou même de ceux des arrêtés des comités de surveillance qu'il avait établis, seraient soumis à une peine nouvelle, « *l'exposition pendant quatre heures sur l'échafaud, un jour de marché.* » Puis vient un réglement pour l'usage de l'armée révolutionnaire. En voici un passage :

« Arrête que l'armée révolutionnaire sera chargée de veiller à la sûreté des propriétés ; qu'elle sera à la disposition du comité de surveillance pour toutes les mesures de sûreté qu'il prendra, soit pour les subsistances, soit pour les taxes à imposer sur *les riches*, soit pour ce qui intéressera l'ordre public ;

» Qu'elle sera occupée à des exercices journaliers ; que chaque soldat sera armé d'un fusil, d'une paire de pistolets et d'un sabre, et que son habillement sera le même que celui des volontaires. »

Voici maintenant l'organisation révolutionnaire destinée à appliquer les théories sociales de Fouché. Il s'agit du comité révolutionnaire dont on a vu plus haut la composition.

« Le représentant arrête que ce comité de surveillance et de philanthropie sera chargé de s'assurer de la situation des indigents, de procurer du travail aux valides et des secours à ceux qui ne le sont pas.

» Qu'il fera mettre en activité et exécuter dans tous les districts , par lui-même ou par les comités de surveillance qu'il est autorisé à y établir, les mesures révolutionnaires nécessitées par l'égoïsme et la malveillance *des riches* et de leurs agents subalternes; qu'à cet effet, il s'assurera du civisme de tous les administrateurs ou autres fonctionnaires publics , consultera leurs administrés sur le plus ou moins de confiance qu'ils méritent, et demeure autorisé à faire à leur égard ce que lui-même représentant a fait à celui du département, du district et de la municipalité de Moulins.

» Qu'il fera souvent visiter les maisons, pour s'y informer de la résidence du maître, s'il est absent ou non; qu'il fera cette opération avec

exactitude et fermeté, et néanmoins avec ménagement et modération, et, *dans le cas d'absence,
fera séquestrer les biens* de la même manière
que ceux des émigrés.

» Qu'il fera fouiller par l'armée révolutionnaire
les vieux châteaux.....

» Qu'il sera irrémissible pour le crime, sous
quelque forme qu'il se produise, afin de débar-
rasser la société de tout ce qu'elle a d'impur et
de vicieux.

» *Qu'il fera l'épreuve de toutes les fortunes, afin de s'assurer quelle est leur source,*
et de faire restituer à la République ou au peuple
celles qui ne proviendront que des malversations
ou des monopoles usuraires.

» Qu'enfin, ce comité prendra telle maison d'é-
migré qu'il jugera à propos à son établissement,
choisira tel nombre de commis qui lui seront nécessaires, pourvoira à toutes ses dépenses *sur la
taxe des riches* égoïstes, et fera exécuter dans
tout le département les mêmes mesures par lui
prises, lui donnant à cet effet plein pouvoir et l'invitant expressément *à ne se laisser arrêter par
aucune considération.* »

Puis vient le système révolutionnaire appliqué à la culture des terres.

« Le représentant arrête que les municipalités seront tenues et requises, sous leur responsabilité, *de faire ensemencer et emblaver ces mêmes terres, s'il en existe, par des sans-culottes*, aux dépens des propriétaires ; que la récolte appartiendra aux sans-culottes qui les auront ensemencées, et que ces propriétaires coupables seront punis des mêmes peines prononcées contre tous ceux qui seront convaincus de s'être opposés aux mesures révolutionnaires exécutées par les corps administratifs ou le corps de surveillance.

» Arrête encore que les districts requerront *les municipalités* de faire ces ensemencements, et *qu'à défaut par ces dernières* d'obéir aux réquisitions, lesdits ensemencements *seront faits à leurs dépens et sous les mêmes peines ci-dessus.* »

On le voit, c'est *la terreur* employée à tout.

Nous allons trouver un système complet pour donner *la chasse* à l'argent monnayé et à tous les bijoux. C'est une des industries dans lesquelles Fouché excelle. Il faut lui rendre justice ; il sait si bien la pratiquer pour son propre compte, qu'il faudrait être bien puritain pour lui adresser le moindre reproche pour semblable peccadille.

» Un membre a dit que la loi qui abolit tout signe de féodalité n'obtiendra jamais son entière exécution, tant qu'il sera permis aux différents citoyens de conserver *quelque argenterie* marquée du sceau flétri des préjugés nobiliaires.

» Que l'oubli des despotes qui ont avili le peuple français ne sera jamais assez loin de nous, tant qu'on ne prendra pas les mesures les plus efficaces pour anéantir, sans espoir de les revoir un jour, TOUTES LES MONNAIES qui portent encore l'empreinte et le nom des tyrans qui en ordonnaient la fabrication.

» Il est temps que l'*idole des riches* et des avares soit brisée; il est temps que ces vils métaux, dont ils faisaient un emploi si criminel, rentrent enfin dans la main de la nation, qui saura les rendre utiles à la chose publique.

» Sur ce, ouï le procureur général syndic, et sur la réquisition du représentant du peuple,

» L'administration du département considérant :

» 1° *Que les richesses ne sont entre les mains des individus qu'un dépôt dont la nation a le droit de disposer* quand ses besoins l'exigent, et que la plupart *des riches*, en méconnaissant cette vérité, se refusent constamment aux sacrifices qu'auraient dû leur inspirer les braves sansculottes, qui exposent leur vie chaque jour pour assurer la liberté de leur patrie ;

» 2° Considérant que l'argent et l'or enlevés par *les riches* à la circulation, et que ces avares entassent pour avoir sous leurs yeux longtemps encore l'image des tyrans, ne doivent plus servir à alimenter nos ennemis, à accaparer nos subsistances et à payer les assassins des plus ardents défenseurs de la liberté et de l'égalité;

» 3° Considérant que ces esclaves de l'or ne l'ont acheté à si haut prix que pour détruire le crédit d'une monnaie fondée sur les biens réels, et plus encore sur la loyauté d'une grande nation, et qu'il faut enfin les convaincre que *les patriotes qui méprisent leurs trésors,* mais qui surveillent toutes leurs démarches, *ne laisseront plus à leur disposition aucun moyen de leur nuire;*

4° Considérant que la liberté qui est devenue le bien unique des Français, exige que tous également concourent à son établissement, et qu'il est de toute justice que *les riches, les égoïstes* qui, depuis la révolution, n'ont travaillé que pour eux, réparent aujourd'hui les maux qu'ils ont causés et doublent les sacrifices qu'ils auraient dû faire ;

» 5° Considérant enfin que nos ennemis cherchent moins à nous combattre *qu'à nous corrompre;* que la République ne peut s'établir qu'en mettant un terme à la cupidité et à la corruption, arrête ce qui suit :

» Art. 1er. — *Tous les citoyens qui possèdent de l'or ou de l'argent monnayé, ainsi que de l'argenterie, soit en lingots, soit en vaisselle, soit en bijoux,* autres que ceux qui servent à la parure des femmes, ou qui n'ont de valeur que par leur forme et le travail, tels que les montres, les pendules, *sont obligés de les porter au comité de surveillance de leur district,* qui leur en délivrera un reçu signé de trois membres au moins, et payable par le receveur, ou à valoir

sur leur imposition révolutionnaire, suivant le prix
du marc qui sera fixé par la Convention.

» Art. 2. — Ceux qui, *dans quinze jours*, à
dater de la publication du présent arrêté, n'auront
pas obéi, *seront déclarés suspects.*

» Art. 3. — *Quiconque recèlerait ou cache-
rait, n'importe en quel endroit, de l'or, de
l'argent ou de l'argenterie, sera regardé
et puni comme un contre-révolutionnaire.*

» Art. 4. — Les orfèvres, etc.

» Le représentant du peuple qui, dans une des
séances précédentes, avait aboli la mendicité, a
arrêté que les citoyens malheureux *seront vêtus,
nourris et couchés aux dépens du superflu
des riches*.....

» Il a autorisé ensuite les entrepreneurs de la
fonderie à requérir les vaisselles en cuivre, pour
les joindre au métal des cloches et les transformer
en canons. »

De toutes les mesures prescrites par Fouché,
celles que l'on vient de lire furent le plus strictement et le plus rigoureusement exécutées par
l'armée révolutionnaire et par les comités de
surveillance. Grâce à elles, les dilapidations les

plus honteuses furent commises. Fouché a toujours passé pour en avoir largement profité. Ce
fut là, *surtout*, dit-on, que commença cette fortune de 12 à 14 millions, qu'il laissa à sa mort.

Le 27 septembre, Fouché recommence ses phi-
lippiques contre *les riches*. Il les réduisit au
strict nécessaire et il déclara *suspect* quiconque
n'obéirait pas à ses réquisitions pécuniaires.

Les quelques lignes qui suivent seront plus
éloquentes que tous les commentaires.

Séance du 30 septembre.

» Le représentant du peuple, considérant qu'il
faut en imposer *à la malveillance* par des
exemples sévères, et qu'il faut enfin que la souveraineté du peuple fasse justice de tous ceux qui
la violent et l'outragent,

» Arrête que tous ceux qui seront convaincus
de s'être opposés, directement ou indirectement, à
l'exécution des décrets de la Convention nationale,
aux arrêtés par lui pris, et à ceux que prendront le comité de surveillance et les autorités
constituées, seront sur-le-champ, à la diligence
du comité de surveillance, *punis par leur expo-*

*sition pendant quatre heures sur l'échafaud,
un jour de marché.* »

« *Nevers*, 3 octobre 1793, *l'an II de la République.*

» Fouché, représentant du peuple, etc.,

» Au comité de surveillance de Moulins.

» Je suis étonné, citoyens, de votre embarras.
» Il vous manque des farines : *prenez-en chez*
» *les riches aristocrates,* ils en ont ; il vous
» manque des blés : *organisez votre armée*
» *révolutionnaire, et mettez sur l'échafaud*
» *les fermiers et propriétaires qui seront*
» *rebelles aux réquisitions;* il vous manque
» des logements : *emparez-vous des hôtels de*
» *vos détenus;* vous les leur rendrez à la paix ;
» il vous manque des lits : demandez *aux riches;*
» ils en ont des milliers qui leur sont inutiles ;
» on vous envoie des prisonniers en plus grand
» nombre que vous n'avez de subsistance à leur
» offrir : faites-en la répartition entre vos dis-
» tricts ; ils n'ont pas de casernes, mais ils ont
» de vieux châteaux et de bons lits.

» En un mot, *que rien ne vous arrête dans*

» *vos mesures;* marchez d'un pas ferme et hardi
» *à la régénération universelle.*

  » Salut et fraternité.

               » Signé : FOUCHÉ. »

  « On s'occupe de la taxe pécuniaire à faire sur *les riches égoïstes.* Il est fait une liste provisoire d'une partie de ceux que la commune ou le district de Moulins possèdent dans leur sein, et après l'avoir mûrement discutée, elle est unanimement adoptée.

  » A cet effet, il leur sera fait une réquisition imprimée, en tête de laquelle seront placés les arrêtés et la lettre du représentant du peuple, avec injonction d'y obéir, *sous les peines prononcées par ce même représentant.*

  » Il est sursis à une très-prochaine séance à former une liste des *riches égoïstes et inciviques* des *districts du département.* »

  Ces mesures, malgré tous les moyens employés pour les exécuter, rencontrèrent de la résistance. Pour les vaincre, Fouché fit la proclamation suivante, qui prouve avec quel acharnement et quelle persistance il s'attache à poursuivre ses théories sociales qui, disait-il, devaient ne laisser *ni riches ni pauvres,* et dont le résultat réel fut de laisser *beaucoup plus de pauvres* qu'il n'y en avait auparavant, et *quelques enrichis.*

Le vertueux représentant du comité de salut public admettait cependant, comme bien d'autres, une exception ; c'est celle qu'il pratiquait en sa faveur à lui, Fouché. S'il y avait quelques républicains désintéressés, bon nombre des grands patriotes de l'époque n'imitaient que trop consciencieusement l'exemple que leur donnait le futur duc d'Otrante. C'est malheureusement l'histoire de tous les temps. Combien ne voyons-nous pas d'amants fervents de la liberté, tant qu'ils sont dans l'opposition, qui en deviennent les oppresseurs les plus acharnés aussitôt qu'ils sont au pouvoir.

« AU NOM DU PEUPLE FRANÇAIS,

» *Fouché, de Nantes, représentant du peuple, etc.*

» AUX CITOYENS DU DÉPARTEMENT DE L'ALLIER.

» Républicains,

» Vous n'êtes plus sous le joug honteux des

6

» rois, et vous conservez encore tous les vices de
» la royauté; le désir sordide et insatiable du
» pouvoir et de la fortune brûle toujours au fond
» de vos cœurs; il vous rend aveugles sur vos
» propres intérêts, ingrats et dénaturés envers
» tous vos concitoyens. Vous êtes tellement oc-
» cupés de votre bien-être que vous craignez de
» le troubler, en réfléchissant sur leur misère.

» *Riches égoïstes,* c'est vous qui causez *tous*
» *nos maux!* C'est dans vos maisons, dans *vos*
» *conciliabules* ténébreux que *les trahisons et*
» *le crime* se préparent ; c'est avec votre or que
» la corruption produit le désordre et les san-
» glants revers dans nos armées. Vous demandez
» quels sont les reproches que l'on peut vous
» faire? *La misère* de vos concitoyens, les souf-
» frances longues et continuelles des familles
» honorables de ceux qui versent leur sang pour
» la défense de vos propriétés ne déposent-elles
» pas contre vous ?.....

» Vous avez fait le serment de tout sacrifier à
» la République, de vous ensevelir sous ses reli-
» gieux débris; pour qui conservez-vous donc
» vos richesses, puisque vous devez mourir avec

» la République ou triompher avec elle? L'esclave
» du tyran a besoin d'or, puisque tout se vend
» sous l'empire de la tyrannie; mais, sous le
» régime de la liberté, les richesses ne sont que
» dangereuses; le républicain n'en a pas besoin,
» il ne les désire point; il sait qu'il sera honoré
» dans son malheur et dans sa vieillesse. C'est
» donc avec raison que la défiance s'étend aujour-
» d'hui sur tous ceux qui veulent de la fortune
» et du pouvoir.

» Ce sont de faux patriotes, de vrais contre-
» révolutionnaires, qui n'attendent que le moment
» *de se vendre au premier tyran* qui voudra
» les payer. La République ne peut s'établir
» qu'en les rejetant de son sein. Il ne doit entrer
» dans sa composition que des éléments purs.
» Dans ses premiers moments de fermentation,
» elle a déjà vomi une partie du limon, le clergé
» et la noblesse; il lui reste encore à se purger
» des égoïstes, des lâches, des traîtres et des
» fripons.

» Républicains! vous avez vu se développer
» devant vos yeux *toute l'impartialité de mon*
» *caractère.* Vous savez combien les réquisi-

» tions rigoureuses lui sont opposées; vous avez
» pu apprécier les moyens touchants dont je me
» suis servi pour intéresser en faveur de la classe
» souffrante *le cœur* du *riche* propriétaire et du
» *fermier*. Vous êtes témoins de la lenteur de
» mes succès à leur égard.

   » Je ne me repens pas de ma conduite; elle
» était calculée sur la politique et sur l'humanité
» de la justice: elle a été utile; elle a ôté toute
» espèce de prétexte à la malveillance; elle a
» mûri la raison publique; elle l'a moralisée, et
» aujourd'hui je peux prendre avec fruit les me-
» sures que me commandent votre salut et l'a-
» néantissement de vos ennemis.

   » C'est avec l'or qu'ils ouvrent nos cités à des
» brigands aussi lâches que féroces et conduisent
» nos armées sous les couteaux des assassins. Eh
» bien! il faut leur enlever ce métal puissant, ce
» levier terrible avec lequel ils soulèvent toutes
» les passions viles et méprisables. Mais c'est
» aussi leur intérêt : une secousse épouvantable
» se prépare, les suites en peuvent être affreuses
» pour eux; la patience populaire est à son
» comble.

» ARRÈTÉ :

» Art. 1ᵉʳ. — Tous les *riches* propriétaires ou
» *fermiers* ayant des blés demeurent personnel-
» lement responsables du défaut d'approvisionne-
» ment du marché.·

» Art. 2. — Celui qui refusera d'obéir aux ré-
» quisitions et qui ne fera pas conduire au mar-
» ché la quantité de blé demandée, sera exposé
» le marché suivant sur un échafaud, pendant
» quatre heures, sur la place publique, ayant
» cet écriteau : AFFAMEUR DU PEUPLE, TRAITRE
» A LA PATRIE.

» Art. 3. — Dans le cas de récidive, il sera
» exposé les deux jours de marchés suivants,
» pendant quatre heures, portant le même écri-
» teau ; il sera de plus déclaré suspect et incarcéré
» jusqu'à la paix.

» Art. 4. — Tous les biens de ceux qui sont
» déclarés suspects seront séquestrés, et il ne
» leur sera laissé que le strict nécessaire pour eux
» et pour leur famille. Les scellés seront mis sur
» leurs papiers. Inventaire sera fait dans tous
» leurs domaines.

» Art. 5. — Pour l'exécution de ces mesures,
» il sera établi une garde révolutionnaire, com-
» posée de bons républicains.

» Art. 6. — Cette garde sera composée de deux
» cents hommes d'infanterie, d'une compagnie
» de cavalerie et d'une de canonniers.

» Art. 7. — Chaque soldat révolutionnaire,
» sans distinction de grade, recevra par jour, à
» titre d'indemnité, *trois livres;* il sera habillé
» et aura pour armes un fusil, deux pistolets et
» un sabre.

» Art. 10. — Tous les manufacturiers du dé-
» partement, maîtres de forges, de fourneaux et
» de toutes espèces d'usines qui négligeront de
» faire travailler seront déclarés suspects.

» Art. 11. — Les administrations sont requises,
» *sous leur responsabilité*, de faire construire,
» aux dépens des entrepreneurs, les usines qui
» seront jugées nécessaires pour mettre les ate-
» liers dans la plus grande activité.

» Art. 12. — Le comité de surveillance fera,
» sur-le-champ, la visite de toutes les manufac-
» tures et de tous les ateliers pour s'assurer de
» leur situation.

» Art. 13. — Tout propriétaire qui n'aura pas
» emblavé la quantité de terre qu'il emblave or-
» dinairement *sera déclaré suspect*, et la terre
» sera ensemencée à ses dépens par les citoyens
» indigents, qui feront la moisson à leur profit.

» Art. 14. — Tous les frais de ces mesures de
» sûreté seront supportés par les *riches* qui les
» ont provoqués.

» Art. 15. — Tous ceux qui n'obéiront pas dans
» le délai fixé aux réquisitions pécuniaires qui
» leur seront faites seront déclarés *suspects*.

» Art. 16. — Les comités de surveillance,
» établis dans tous les districts par le concours du
» comité de surveillance du département de l'Al-
» lier, sont tenus, de concert avec les autorités
» constituées, d'opérer les mêmes mesures révo-
» lutionnaires dans leur arrondissement et sont
» autorisés pour cet effet à lever sur *les riches*,
» *en proportion de leur fortune et de leur*
» *incivisme*, toutes les sommes nécessaires, *tant*
» *pour les dépenses de la garde révolution-*
» *naire et les indemnités des comités de sub-*
» *sistances et de surveillance*, que pour sub-
» venir honorablement au secours des citoyens

» malheureux, et principalement des familles
» indigentes des volontaires qui combattent dans
» les armées de la République.

» Art. 17. — Tous les fonds requis seront
» versés *dans une caisse de bienfaisance* chez
» les receveurs de chaque district ou *chez tel*
» *autre que les comités proposeront.*

» A Moulins, le 8 octobre 1793, l'an II de la
» République une et indivisible.

» Fouché. »

Nous nous contenterons d'appeler toute l'attention de ceux qui liront ce travail sur les passages
qui concernent la solde de l'armée révolutionnaire,
3 livres, c'est-à-dire plus de 6 francs actuellement, par jour, alloués à des hommes qui n'ont
aucun danger à courir et qui trouvent même,
dans des perquisitions continues, de nombreuses
occasions de dilapidations : sur le système employé
pour faire marcher les manufactures, sur la responsabilité imposée à toutes les autorités, sur la
manière de faire cultiver les terres, puis sur l'organisation des comités de surveillance dans tous
les districts ; enfin, sur la base des taxes imposées

aux riches, qui doivent être non seulement pro-
portionnées *à la fortune*, mais à *l'incivisme*.
On peut juger, dans des temps aussi troublés,
qu'il était impossible de rien inventer qui pût faciliter davantage les excès inspirés par les haines
et par les vengeances de toute espèce. Les fonds
étaient, de plus, versés dans une caisse *dite de
bienfaisance*, pour solder *l'armée révolutionnaire* ou *les comités de surveillance*, et, ce
qui est encore bien mieux, *chez tel autre receveur que les comités proposeront*. C'est ce qui
eut lieu ; généralement *les membres des comités*
se chargèrent *d'encaisser eux-mêmes* et ne rendirent *aucun compte* de tout ce qu'ils avaient
pris.

Il paraît que, malgré les excitations qu'il avait
employées, les exactions ne marchaient pas au
gré de Fouché ; car, le 7 novembre 1793, il revint
avec violence sur le même sujet, dans une séance
extraordinaire de toutes les autorités constituées,
du comité de surveillance et de l'armée révolutionnaire, réunis dans l'église Notre-Dame ; il
monta à la tribune, ou, pour dire plus vrai, *en
chaire*, et rappela l'exécution des arrêtés pris par

l ii et des mesures révolutionnaires qui en sont
une suite inévitable.

« Le représentant du peuple parle successivement
des devoirs des soldats dans l'armée révolutionnaire, *du mépris que des républicains doivent
faire de l'or et de l'argent, qui sont cause de
tous les maux de la République,* et qui sont
aujourd'hui couverts du sang des républicains et
de toutes les cérémonies fanatiques du culte des
prêtres et de leur hypocrisie.

» Il parle d'une manière franche et loyale de
la morale de Jésus, et la développe avec tant
d'avantage et de vérité qu'il se concilie les plus
sincères applaudissements du peuple, et, se résumant sur tous les objets de son discours, il arrête :

» 1° *Que son arrêté relatif à l'argenterie,
l'or et l'argent monnayé, sera exécuté avec la
plus grande activité;* qu'à cet effet, les autorités constituées et les comités de surveillance de
tout le département *demeurent responsables
de son inexécution.*

» Il arrête que le comité de surveillance du
département fera venir sur le champ, au chef-lieu,
toutes les argenteries, or et argent *qui sont dans*

les districts, fera dans les vingt-quatre heures l'envoi à la Convention nationale de celles qui sont déjà ramassées, et continuera ainsi de décade en décade, observant d'envoyer chaque fois un ou deux commissaires de confiance, pour faire valoir auprès de la Convention nationale les besoins du département en grains et en subsistances.

» Il arrête *que les autorités constituées sont également responsables personnellement* de l'exécution de son arrêté en faveur des familles indigentes, et qu'elles seront tenues de leur procurer incessamment tous les secours nécessaires, en lits, habillements et nourriture, qui leur seront jugés nécessaires, toutefois cependant si elles sont reconnues *patriotes* et dans le besoin, par infirmité ou par défaut de travail. Invite pareillement les mêmes autorités *à faire disparaître tous les attributs du culte des prêtres et à substituer à leur Dieu celui des sans-culottes.*

» Charge les autorités constituées de satisfaire à toutes les *pétitions* qui lui ont été faites, selon leur plus ou moins de légitimité.

» Le représentant du peuple Fouché rend

toutes les autorités constituées et le comité central de surveillance du département de l'Allier
*responsables de l'inexécution de toutes les
mesures révolutionnaires* qu'il leur a prescrites, et, à cet effet, *il donne toute latitude
aux pouvoirs qu'il leur a délégués*, les invitant
et les requérant expressément de *ne se laisser
arrêter par aucune considération* toutes les
fois qu'il s'agira de défendre le peuple contre l'oppression, de soulager l'indigent aux dépens *du
riche, de l'égoïste* et *de l'aristocrate*, et *de
régénérer les mœurs en abolissant tous les
préjugés et toutes les cérémonies du mensonge, de l'hypocrisie et du fanatisme,* etc.

» Fait à Moulins, le quintidi de la deuxième
décade de brumaire de l'an II de la République
française.

» Fouché. »

Malgré le choix de tout ce qu'il y avait de plus
taré dans le département, on voit, par les menaces
dirigées à tout instant *contre les autorités constituées* et *contre les comités de surveillance,*
composés pourtant de la fine fleur des patriotes,

que la chasse à l'argent n'allait pas assez vite au gré de Fouché. Il y avait une autre cause fort grave qui la rendait fort peu productive pour la République; c'est que la plupart des membres des comités de surveillance et des soldats de l'armée révolutionnaire imitaient le délégué de la Convention, et prenaient léurs poches pour le receveur le plus utile, pour eux bien entendu.

C'est pour les décider à renoncer, au moins en partie, à ce système un peu trop primitif, que Fouché leur adressa en public les menaces les plus violentes.

On pourra juger, par l'arrêté suivant, que ces menaces n'étaient pas sans quelque valeur.

« Rendons *les officiers municipaux responsables* de l'inexécution du présent réquisitoire et, en ce cas, leur déclarons qu'ils seront regardés comme *de mauvais citoyens, destitués de leurs fonctions et mis dans la maison d'arrêt.*

» A Moulins, ce 27 septembre 1793.

» Fouché. »

Le sermon prononcé par l'ex-oratorien Fouché,

dans l'église Notre-Dame, produisit un certain effet sur les patriotes de l'Allier, car ils se décidèrent à envoyer à la Convention une partie de ce qu'ils avaient ramassé dans les perquisitions qu'ils avaient faites.

Voici quelques pièces qui compléteront celles que nous avons déjà données.

Le 30 septembre, Fouché écrit au comité de salut public :

« Citoyens collègues,

» Il m'est bien démontré aujourd'hui que le » département de l'Allier ainsi que celui de la » Nièvre étaient destinés à servir de repaire aux » brigands de Lyon.

» Il était temps que la représentation natio- » nale se montrât au peuple, sans l'intermédiaire » des hommes perfides qui le gouvernaient ; ses » malheurs étaient au comble, il ne pouvait » obtenir de subsistances qu'avec peine et à un » prix excessif, et lorsqu'il croyait vivre sous le » régime de la liberté, il était régi par ses anciens » oppresseurs, par les agents de la royauté.

» Des officiers retirés sous divers prétextes

» dans leurs châteaux, des défenseurs officieux
» des tyrans, des avocats chargés d'or et d'as-
» signats entretiennent la misère au milieu de
» l'abondance, l'oisiveté et le dénuement au sein
» même des ateliers. Un seul d'entre eux, un
» avocat, avait vingt-cinq mille deux cents
» livres en or cachées dans son matelas.

» Vous ne serez plus étonné que le pays le
» plus riche en fer, qui devrait être la forge
» générale de la République, ne peut pas même
» fournir des armes à une seule ville.

» Il est instant de prendre des mesures effi-
» caces ; il faut que *les fonctionnaires publics*
» choisissent *entre l'accomplissement de leurs*
» *devoirs et l'échafaud.* Vous approuverez,
» j'en suis sûr, les arrêtés énergiques que j'ai
» pris ; demain ils seront imprimés et vous
» pourrez les juger.

» Déjà, je dois vous le dire, il s'est produit
» d'heureux effets. Le peuple a repris sa dignité,
» ses droits ; en un moment il a renversé tous
» les systèmes que ses ennemis méditaient depuis
» longtemps dans le secret. En un seul jour, il a
» vu avec joie tomber à ses pieds le reste des

» vestiges de son esclavage, *qui avaient*
» *échappé à son premier regard,* toutes les
» enseignes de la superstition, tout ce qui pouvait
» rappeler une ancienne domination ; les ennemis
» de la liberté sont dans l'impuissance de nuire ;
» leur superflu est resté seul dans la société
» pour le soulagement de ceux qui souffrent. Les
» prêtres et leurs idoles sont rentrés dans les
» temples. L'œil n'est plus frappé que des signes
» de la régénération, des attributs de la puissance
» et de l'immortalité du peuple. Des fêtes civi-
» ques, des spectacles où les vertus et le malheur
» sont honorés, remplissent aujourd'hui le vide
» immense des jours que le fanatisme seul avait
» consacrés à son profit.

　» Salut et fraternité.

　　　　　　　　　　» FOUCHÉ.

　» *P.-S.* — Je vous envoie des procès-verbaux
» qui contiennent plusieurs arrêtés pris à
» Nevers. »

On voit, par cette lettre, que la violence du
mouvement révolutionnaire devient de plus en
plus grande ; « il faut que *les fonctionnaires*

» *publics* choisissent *entre l'accomplissement*
» *de leurs devoirs et l'échafaud.* »

L'échafaud va devenir le seul et unique moyen
de gouvernement, le moyen de gouvernement
par excellence.

Le 6 octobre, Fouché adressait au comité de
salut public la lettre suivante, qui n'a pas
besoin de commentaires. Elle prouve qu'avec de
grands mots il n'y a pas de mesures qu'on ne
puisse prétendre justifier.

« Citoyens collègues,

» *Les richesses* sont l'arme la plus terrible
» contre la République, lorsqu'elles se trouvent
» entre les mains de ses ennemis ; elles pro-
» duisent, depuis longtemps, *la disette* au milieu
» de l'abondance, et entretiennent dans *un*
» *dénuement effrayant* tous les ateliers
» d'armes, en salariant des ouvriers pour ne
» rien faire. Je sais d'ailleurs, et j'en ai les
» preuves écrites, que l'argent se répand avec
» profusion pour corrompre le peuple dans ce
» département, et qu'on a distribué des milliers

» d'assignats pour me décrier; heureusement,
» les efforts criminels de nos ennemis ont été
» inutiles, et je jouis de la confiance générale ;
» mais *il serait peu sage de laisser plus*
» *longtemps entre leurs mains des moyens si*
» *puissants*. J'ai cru que le salut du peuple m.'
» prescrivait de prendre les mesures et les arrêtés
» ci-joints.

　　　　　　　　　　　　　　» FOUCHÉ. »

　　(Autographe.)

Le 7 octobre, Legendre, de concert avec
Fouché, écrivait au comité :

« Mon collègue et moi vous prions de nous
» envoyer les bulletins et les décrets, pour nous
» servir de guides dans les diverses opérations
» dont nous sommes chargés, et pour éviter de
» faire contraster les mesures que nous prenons
» avec les décrets de la Convention.

» *L'esprit public se prononce enfin dans*
» *ces départements, qui étaient encroûtés*
» *d'aristocratie, de fédéralisme et de supers-*
» *tition ; la rigueur* des mesures que la Con-
» vention a décrétées et que nous faisons exécuter

» *fera triompher le républicanisme* de manière
» à désespérer les ennemis de la liberté et de
» l'égalité.

» Salut et fraternité.

» Fouché. Legendre de la Nièvre. »

Le comité de salut public laissait les représentants en mission presque toujours sans aucune instruction. Leurs plaintes à cet endroit sont très-fréquentes.

On voit également, par cette lettre, que les départements de l'Allier et de la Nièvre *sont encroûtés d'aristocratie, de fédéralisme et de superstition.* Ce n'est que la rigueur des mesures prises par la Convention qui peut les changer, ce n'est que la terreur qui peut les faire obéir aux mesures douloureuses qu'on leur impose. Cette déclaration faite par Legendre et *par Fouché* prouvera tout ce qu'il y a d'impudence dans les lettres de Fouché que l'on va lire, quand il dit que c'est *avec enthousiasme* que les habitants de ces deux départements apportent tout ce qu'ils ont d'or et d'argent, quand c'est la peur que leur ins-

pirent les visites domiciliaires, les arrestations et
les menaces de la guillotine qui les force de se
soumettre aux exactions dont ils sont victimes.

« *Nevers, 22ᵉ jour du 1ᵉʳ mois de l'an II de*
» *la République.*

» LE REPRÉSENTANT DU PEUPLE, DÉPUTÉ, etc.,

» AU COMITÉ DE SALUT PUBLIC.

» Citoyens collègues,

» Ce n'est que par degré que le législateur
» peut opérer d'une manière durable le bien de
» son pays, le régénérer dans les mœurs et dans la
» raison. Vous pouvez juger si j'ai été fidèle à ce
» principe et si j'ai obtenu d'heureux succès ;
» vous avez eu successivement sous les yeux
» tous les arrêtés que j'ai pris, les nombreuses
» proclamations que j'ai publiées ; je vous ai mis
» à portée de suivre toutes mes opérations.

» C'est avec bien de la satisfaction que je me
» vois aujourd'hui arrivé à ce point où je peux
» tout entreprendre avec fruit.

» Vous jugerez de l'esprit et de la philosophie

» du peuple des départements de l'Allier et de la
» Nièvre, par l'empressement, j'ose dire *l'en-*
» *thousiasme* avec lequel il a reçu les deux pro-
» clamations que je vous envoie et dont l'exé-
» cution pourrait être dangereuse dans les dé-
» partements qui ne sont pas préparés à ces me-
» sures révolutionnaires. L'aristocratie en a été
» frappée *d'étonnement et d'épouvante* et *le*
» *fanatisme religieux foudroyé; ils sont*
» *anéantis. Vous recevrez dans peu tout l'or*
» *et tout l'argent de ces deux départements;*
» chaque citoyen s'empresse de les offrir pour les
» convertir en monnaie républicaine. *Tous* nos
» *coffres-forts sont déjà remplis; on rougit*
» *ici d'être riche et l'on s'honore d'être pauvre.*
» Vive la République.
  » Salut et fraternité,

» FOUCHÉ. »

(Autographe.)

Fouché, qui se regardait comme un bon patriote, ne s'oublia pas dans ces opérations financières, qui ne furent pas, de son propre aveu,
faites avec une grande régularité. Mais son *coffre-*

fort fut rempli, comme il le dit si bien; pour lui, c'était le principal.

Le 20 octobre, Fouché donna encore une preuve de son respect pour les lois. L'ex-duc de Nivernais, autrement dit le citoyen Mancini Mazarini, venait d'être arrêté comme suspect, pour n'avoir pas pu payer 50,000 livres auxquelles il avait été imposé dans la taxe sur *les riches*. Ses biens devaient seulement être mis *sous le séquestre* et *non confisqués;* malgré cela, Fouché donna l'usage de son parc à la ville de Nevers comme *sa chose propre*.

La pièce que l'on va lire est si drôlatique que je crois devoir la donner en entier. Elle est caractéristisque au point de vue des mœurs de cette époque :

FÊTE CIVIQUE

POUR HONORER

LA VALEUR ET LES MŒURS

Arrêtée par le citoyen FOUCHÉ, représentant du peuple

1er *jour de la* 1re *décade du* 2e *mois de l'an II de la République une et indivisible.*

« Il sera établi un camp dans la plaine de

Plagny, composé de 150 tentes; au milieu s'é-
lèvera *la montagne*, et au pied *quatre peupliers*,
auxquels pendront *le carquois*, *l'arc et le
brandon de l'amour*, groupés avec le *bonnet
de la liberté* et *le casque de Mars*, dans lequel
seront *deux tourterelles, symboles de l'amour*.

» A l'ombre de ces peupliers sera un autel antique, sur lequel brûlera *le feu sacré de Vesta*.

» Dans le haut du camp, sur la partie gauche,
s'élèvera la colonne de la liberté surmontée de sa
statue.

» Sur la partie droite, un autel à la valeur, sur
lequel seront des trophées d'armes de toute espèce
et sur une bannière on lira cette inscription :
aux martyrs de la liberté. Sur le front du camp,
à gauche, l'arche constitutionnelle, sur laquelle
seront *les tables de la loi gardées par un coq*
et ombragées par l'arbre de la liberté.

» Sur la droite, *le temple de l'Amour au milieu d'un petit bois*.

Ordre de marche des guerriers qui se rendent au camp.

« A cinq heures du matin, la fête sera annoncée

par cinq coups de canon tirés sur la place Brutus.
Aussitôt le rappel sera battu dans toute la ville.

» L'armée révolutionnaire et toute la garde
nationale se rassembleront sur la place Brutus et
se tiendront prêtes à partir à 6 heures précises
pour se rendre au camp, où il sera formé une
armée des deux corps réunis, ainsi qu'il suit :

» Le corps de bataille sera composé :

» Gardes nationaux	500	hommes.
» Armée révolutionnaire	100	—
» Canonniers	50	—
» Canons	4	pièces.
» Cavalerie	30	hommes.

» Sur chaque aile :

» Gardes nationaux	250	hommes.
» Armée révolutionnaire	50	—
» Canonniers	25	—
» Canons	2	pièces.
» Cavalerie	12	hommes.

» Des manœuvres auront lieu sous le com-
mandement *d'un général en chef*, qui sera *élu*
sur le champ par les états-majors rassemblés *et
confirmé par le représentant du peuple.*

» Chaque division, avant de partir du camp, se portera tour à tour vers la *colonne de la liberté*, et le commandant, dans *une attitude guerrière*, entonnera le premier couplet de l'hymne de la liberté, qui sera répété par sa division. Il s'avancera ensuite dans *un silence respectueux* vers la colonne, *y aiguisera son sabre*, et après un cri de vive la liberté il rejoindra *le corps d'armée* pour y reprendre *sa position naturelle*.

» Pendant les manœuvres, on dépêchera de temps à autre des courriers et quelques pelotons pour se porter vers la cité.

» A onze heures, il partira de l'armée un détachement de cavalerie pour aller au devant des citoyens qui *doivent s'unir par les liens de l'hyménée,* et de suite l'armée entière rentrera dans le camp et formera un bataillon carré *autour de la montagne.* Là *d'honorables vignerons*, appuyés sur *des tonneaux*, seront chargés de verser aux guerriers fatigués *le jus de la treille dans la coupe de l'égalité.*

» Des chants patriotiques et guerriers se feront entendre.

» Ensuite l'armée, par une évolution, se remet-

6*

tra en bataillons rompus par pelotons, et défilant par la droite, *fera le tour du camp*, passant près *le temple de l'amour*, devant lequel *chaque guerrier* BAISSERA *les armes*; de là à l'*arche constitutionnelle*, où le représentant *rappellera les droits de l'homme* et *présentera au peuple les tables de la loi*; ensuite, à la colonne de la liberté, pour se rendre à *l'autel de la valeur*, où elle se *reformera en bataillons pour y chanter des couplets*.

» Une salve de sept coups de canon annoncera en ce moment l'arrivée *des jeunes époux* accompagnés d'un groupe *de jeunes citoyennes vêtues de blanc et couronnées de fleurs*. *Des grâces, des jeux* et *des ris* représentés par de jeunes enfants des deux sexes, vêtus de blanc et ornés de rubans tricolores, tenant *de longues guirlandes* où sont les autorités constituées. Tous ensemble ils arrivent au camp dans l'ordre suivant :

» 1º Un peloton de cavalerie.

» 2º Un char où sont *les grâces, les jeux, les ris*. Autour du char, une musique guerrière.

» 3º *Les époux et épouses* dans deux chars

ornés de tout ce qui a rapport *à l'amour et à l'hyménée*, marchant de front.

» 4° Les jeunes citoyennes, compagnes des époux, dans plusieurs chars ornés de feuillages, marchant deux à deux.

» 5° Les citoyens et les citoyennes qui ont adopté des enfants ou des vieillards.

» 6° *Les femmes qui nourrissent leurs enfants.*

» 7° Des groupes de citoyens et de citoyennes.

» 8° Un second peloton de cavalerie.

» Le bataillon carré se rompt par un à droite et un à gauche et vient se former sur deux haies, perpendiculairement sur le front du camp, pour laisser passer le cortége. A mesure qu'il aura passé les rangs, *chaque guerrier baissera ses armes* et les mettra aux faisceaux; alors *l'image de la guerre* disparaît pour faire place *aux jeux et aux plaisirs de l'amour*. Les guerriers confondent *leur commune joie* avec celle des époux qui aspirent à l'heureux instant de voir couronner leur amour.

» Les époux et leur suite, arrivés au camp et descendus de leurs chars, *seront enveloppés par les guirlandes que tiennent les grâces, les jeux et les ris.*

» Le représentant du peuple s'avancera au milieu des autorités constituées ; *il s'asseoira sur la montagne*, et chacun rangé autour de lui avec ordre, les coriphées chanteront l'hymne dédié aux *fêtes nuptiales.*

» *L'amour*, que *les époux invoqueront*, les présentera à l'*officier public*, qui fera lecture de l'acte.

» Ensuite *le feu sacré*, attisé par de jeunes citoyennes, *brûlera.* Les époux prêteront le serment civique auquel ils ajouteront celui *de s'aimer éternellement comme Philémon et Baucis ;* et pour sceller ce serment, *ils seront conduits au temple de l'amour*, où ils se donneront de tendres embrassements.

» Là le représentant du peuple, *autour de la félicité des époux*, prononcera un discours.

» Pendant la cérémonie, *le plus grand silence* règnera dans le camp.

» La cérémonie de l'hyménée se terminera par le couplet « Amour sacré de la patrie » qui sera répété plusieurs fois. Ensuite *les époux, l'amour,*

le représentant du peuple, l'officier public,
les grâces, les jeux et les ris seront conduits
sous une tente où un repas frugal et républicain
sera servi pour tous les citoyens.

» Le repas fini, on tirera neuf coups de canon,
et alors citoyens et citoyennes reprendront le
chemin de la cité et y seront conduits au son de la
musique et à la lueur des flambeaux, jusqu'à la
salle de spectacle où l'on jouera des pièces ana-
logues à la fête qui seront suivies de chants et de
danses. »

Le succès de la fête ne fut pas complet, malgré
le danger qu'il y avait à ne pas admirer les conceptions lyriques et anacréontiques de l'ex-cuistre
de collége; il y eut de certaines parties de la cérémonie qui déterminèrent des accès d'une hila-
rité peu respectueuse. Le repas, entr'autres, fut,
pour une partie de la population, assez peu copieux
pour avoir laissé à Nevers un souvenir qui y existe
encore. La plaine de Plagny en a conservé le
nom du champ *de la Fringale,* qui lui fut donné
alors par ceux qui ne trouvèrent rien à manger.

Quelques jours après, Fouché fit partir des
commissaires pour aller, comme on disait alors,

républicaniser les petites villes et les campagnes
de l'Allier et la Nièvre. Il eut bien soin de les
faire accompagner par un détachement de l'armée
révolutionnaire.

Fouché prit également un arrêté pour se conformer à une des modes du temps, *tout changer*.
Il décida que Decize prendrait le nom de Rocher-
la-Montagne. Le nombre de villes dont les noms
furent changés, à cette époque, est très-considérable. Lyon devint Commune-Affranchie ; —
Saint-Étienne, Commune-d'Armes ; — Saint-
Malo, Port-Malo ; — Lorient, Port-Libre ; —
Dunkerque, Port-d'Eau, etc. Ces appellations
grotesques ne furent pas acceptées par les populations et, au bout de quelques mois, les villes
reprirent leurs anciens noms. Quand on lit de
sang-froid les étranges conceptions des idéologues
qui jouent un si grand rôle dans la Révolution,
on éprouve un sentiment bien étrange ; on en
arrive à se demander si, à force d'abuser des
grands mots avec lesquels ils ont la singulière
prétention de tout changer, bon nombre de ces
hommes ne finirent pas par être eux-mêmes victimes des illusions à l'aide desquelles ils rêvaient

la domination du monde entier. Nous ne plaçons pas, bien entendu, les Fouché ni tous les gens qui lui ressemblent dans cette catégorie. Ceux-là sont des fourbes et des intrigants qui savent parfaitement la portée des actes auxquels les poussent leur cupidité et leur ambition. Ils trompent et tromperont toujours sciemment les masses qui, de tout temps, ont été et seront leurs dupes et leurs victimes.

Grâce aux moyens de conviction énergiques que Fouché avait employés à l'égard des patriotes, la chasse à l'argent avait fini par produire quelque chose pour la République, ainsi qu'on pourra le voir par la lettre suivante. L'on a vu plus haut, par la lettre de Fouché et de Legendre, ce qu'il faut penser *de la joie, du bonheur* avec lesquels les paisibles habitants de la Nièvre et de l'Allier livraient leur or et leur argent. On verra également, par cette dépêche, que les pesées ne s'étaient pas faites avec beaucoup de soin, bagatelle.

« *Nevers, le 8e jour du 2e mois de l'an II.*

» AU COMITÉ DE SALUT PUBLIC.

» Citoyens, frères et amis, je vous envoie dix-

» sept malles remplies d'or et d'argenterie de toute
» espèce, provenant des églises, des châteaux et
». aussi des dons des sans-culottes.

» *L'or et l'argent ont fait plus de mal à la*
» *République que le fer et le feu des féroces*
» *Autrichiens et des lâches Anglais.* Je ne
» sais par quelle imbécile complaisance on laisse
» encore ces métaux entre les mains des hommes
» suspects. Empressons-nous d'ôter tout espoir
» à la malveillance et à la cupidité. *Avilissons*
» *l'or et l'argent; traînons dans la boue ces*
» *dieux de la Monarchie* si nous voulons faire
» adorer le dieu de la République et établir le
» culte des vertus et de la liberté.

» Je dois dire que dans le département de la
» Nièvre, *l'autel de la patrie est surchargé de*
» *trésors.* Chacun apporte son offrande, *avec*
» *empressement et avec joie,* aux cris pro-
» longés de vive la Montagne, vive la Convention
» nationale. Je vous enverrai dans peu un second
» chariot.

» Je vois avec satisfaction que ce département
» peut aussi fournir beaucoup de fer, mais il a
» grand besoin de pain. Vous savez qu'il est cou-

» vert d'usines et de bois, et qu'il peut à peine s'ali-
» menter la moitié de l'année. Je vous prie donc
» de presser le Ministre de l'intérieur à cet égard
» et de faire verser des fonds entre les mains des
» sans-culottes que je députe à Paris.

 » Salut et fraternité.

» FOUCHÉ.

 » *P.-S.* Je vous prie de donner des commis-
» saires pour assister à la pesée. *Il y a eu des*
» *erreurs dans celle faite à Nevers.*

 » *P.-S.* Je ne vous parle pas de l'épuisement
» de ma santé. *Le patriote ne doit se reposer*
» *que dans le tombeau.* »

(Autographe).

Le dernier *post-scriptum* est ravissant : « Le
patriote ne doit se reposer que dans le tombeau. »
Pour Fouché, il n'y a qu'un mot à changer, c'est
de mettre *l'intrigant* au lieu du patriote. C'est,
du reste, la destinée de tous les ambitieux que
possède le démon de l'intrigue.

Collot-d'Herbois, en partant pour régénérer
Lyon, se fit adjoindre Fouché qui, en réponse à

l'arrêté du comité qui lui donnait cette nouvelle mission, répondit :

> « *Nevers, 3e jour de la 2e décade du 2e mois*
> » *de l'an II.*

> » Citoyens collègues,

> » Je n'avais plus que *des jouissances* à re-
> » cueillir dans le département de la Nièvre.
> » Vous m'offrez des travaux pénibles à Ville-
> » Affranchie ; j'accepte avec courage cette
> » mission, je n'ai plus les mêmes forces, mais
> » mon cœur a toujours la même énergie.

> » *Les offrandes* continuent d'abonder à Ne-
> » vers sur l'autel de la patrie; je vous fais passer
> » un quatrième envoi d'or et d'argent qui *s'élève*
> » *à plusieurs millions. Le mépris pour le*
> » *surperflu* est tel ici que celui qui en possède
> » croit avoir *sur lui le sceau de la réprobation.*
> » Le goût des vertus républicaines et des formes
> » austères a pénétré toutes les âmes depuis
> » qu'elles ne sont plus corrompues par les
> » prêtres.

> » Quelques-uns de *ces imposteurs* s'avisent

» encore de *jouer leurs comédies religieuses,*
» mais les sans-culottes les surveillent, *ren-*
» *versent tous leurs théâtres* et plantent sur
» leurs débris l'arbre immortel de la liberté.

» Vive la République.

» FOUCHÉ. »

Cette lettre contient l'explication de toutes les vertus civiques qui se sont si instantanément développées dans la Nièvre : « Celui qui en possède croit avoir sur lui *le sceau de la réprobation.* » Il est impossible de mieux exprimer le résultat *de la terreur* qui existe dans les départements de la Nièvre et de l'Allier. C'est vraiment à se demander si Fouché, qui n'est rien moins qu'enthousiaste, n'a pas voulu faire une de ces plaisanteries méphistophéliques qui ont tant de charmes pour les gens de son espèce. Pour eux, ce n'est pas assez de spolier les gens, de les soumettre à tous leurs caprices, il faut encore s'en moquer. On voit encore, dans cette lettre, la preuve de sa haine contre les prêtres.

La lettre de Fouché lui valut une réponse très-

flatteuse du comité de salut public, qui donna une
pleine et entière approbation à ses actes, c'est-à-
dire aux principes communistes qu'il avait pra-
tiqués dans la Nièvre et dans l'Allier.

Malgré toutes les belles déclarations de Fouché,
on voit que *l'anarchie* existait dans la Nièvre
par la pièce suivante dans laquelle il défend de
maltraiter les habitants des campagnes qui apportaient des denrées sur les marchés. Par suite
de ses proclamations et des opérations auxquelles
ils se livraient dans les visites domiciliaires, les
braves sans-culottes avaient fini par se croire
tout permis. Aussi prenaient-ils sans payer aux
malheureux habitants des campagnes tout ce
qu'ils apportaient aux marchés. Quand ceux-ci
voulaient résister, on les maltraitait. Le résultat
fut que les marchés devinrent déserts. Sous peine
de mourir de faim, il fallut tâcher d'arrêter ces
excès. C'est le but de l'arrêté suivant (12 brumaire an II de la République) :

« Après avoir fait observer le silence; le citoyen représentant prend la parole et dit qu'il
existe des gens qui cherchent à diviser *les vrais
sans-culottes* et les apôtres de la liberté; *il tonne*

contre les faux-patriotes qui cherchent *à égarer le peuple;* il finit par inviter les corps constitués et les sociétés populaires à employer tous les moyens qui leur sont confiés pour achever de terrasser l'aristocratie, et après avoir tracé à l'administration supérieure la marche qu'elle avait à suivre dans les circonstances actuelles, il a arrêté : que tout citoyen qui *maltraiterait* les bons citoyens des campagnes qui apportent leurs denrées au marché serait mis en état d'arrestation pendant huit jours, et que *tout factionnaire* qui se mettrait dans le même cas encourrait la peine de la dégradation et de l'incarcération. »

Voici maintenant un spécimen de la justice qui présidait à toutes les mesures de Fouché. De son pouvoir autocratique, il avait décidé que les taxes sur *les riches* ne devaient porter que sur *les aristocrates et sur les modérés.* Quant aux bons patriotes, ils en furent complétement dispensés. Sans cela, à quoi eût-il servi d'être un brave sans-culotte; tandis que pouvoir prendre sans danger et ne rien donner, cela valait la peine de se faire républicain. A cette époque, le seul but que se proposent les chefs de la République est de se faire des partisans dans ce qu'il y avait de plus violent et de plus taré dans toute la France.

On peut juger de l'arbitraire qui devait exister dans des mesures qui laissaient tant de prise aux haines et aux vengeances privées.

« 13 *brumaire an II.*

» Le citoyen Arnault a dit aussi que lui et ses collègues, délégués du citoyen Fouché, avaient pris connaissance de la correspondance intime et particulière du citoyen Guillerault avec le procureur-syndic du district de Cosne, et qu'ils y ont reconnu les principes *du plus ardent et du meilleur patriote;* il a fini par demander au représentant du peuple d'ordonner *la radiation de cette taxe,* attendu que s'il avait eu, ainsi que ses collègues, le temps de le faire, en vertu des pouvoirs qu'il leur avait confiés, ils l'auraient fait sans hésiter.

» Le représentant du peuple arrête que le citoyen Guillerault, qu'il a connu *patriote,* puisqu'il l'a réélu au Directoire du département, sera rayé de la liste *des riches* de la Charité, et charge le procureur-syndic du district de la même ville *de faire effectuer sans délai sous ses yeux cette radiation.*

» Arrête en outre que le procureur général syndic écrira aux membres composant le comité de surveillance du district de la Charité, pour *qu'ils ayent à ne taxer que les aristocrates ou modérés, et non les sans-culottes,* lequel arrêté sera commun à tous les districts.

» Le citoyen Guillerault monte à la tribune et exprime sa sensibilité sur l'arrêté que vient de prendre le représentant du peuple à son égard, et fait hommage à la patrie d'un don de 6,000 livres.

» Le représentant du peuple arrête que mention honorable est faite au procès-verbal de l'offre généreuse du citoyen Guillerault de la somme de 6,000 livres, laquelle sera versée dans la caisse du receveur du district de Nevers.

» Et considérant que le citoyen Guillerault n'a *fait des échanges d'assignats considérables* à face royale que pour le service de l'administration et *à la requête du citoyen Fouché,* arrête que sur les 6,000 livres portées en sa contribution volontaire de l'autre part, sera réduite celle de 1,000 livres *qu'il a remise en faux-assignats et qui lui a été renvoyée en faux-assignats par la trésorerie nationale.*

Avant de partir, Fouché conféra à l'administration départementale qu'il avait composée des démagogues les plus violents, substitués par lui *aux membres élus par le peuple,* tous les pouvoirs dont il est investi. Dans les considérants de cet arrêté, on voit écrite, *de la main même de Fouché,* la preuve que tout ce qu'il écrivait à la Convention de *l'enthousiasme* pour la montagne de la Nièvre et de l'Allier *est faux.* La domination des démagogues ne se maintenait, dans ces deux départements, que par la terreur.

» Le représentant du peuple, député par la Convention nationale près les départements du centre et de l'ouest, considérant qu'un décret de la Convention nationale l'oblige de quitter le département de la Nièvre pour se rendre dans celui de Rhône-et-Loire ; considérant *que l'arbre des abus et des préjugés* qu'il a frappés de la hache révolutionnaire dans le département de la Nièvre *n'est que faiblement ébranlé,* et que, pour *l'extirper jusqu'à ses moindres racines,* il est de la plus grande importance *qu'il confère en son absence et jusqu'à ce qu'il soit remplacé les pouvoirs nécessaires à l'achèvement de son ouvrage,*

» Requiert l'administration du département de la Nièvre de mettre à exécution et de maintenir dans toutes leurs forces tous arrêtés et délibérations qu'il a pris jusqu'à ce jour; *donne à cette administration tous pouvoirs et toutes autorisations de prendre telles mesures révolutionnaires que les circonstances pourront exiger.* »

Dans la délibération du 15 brumaire, on voit que la caisse *des riches* de Nevers est sans fonds; on mandate sur les fonds des travaux publics 12,000 livres que Fouché avait données à l'Hôtel-Dieu sur la caisse *des riches.*

L'action délétère exercée sur les départements de la Nièvre et de l'Allier par Fouché ne saurait être mieux démontrée que par la pièce suivante, qui émane de ce comité central de surveillance de l'Allier, composé, ainsi qu'on l'a vu plus haut, de misérables tous plus vicieux les uns que les autres.

Les excès commis par les comités révolutionnaires, organisés pour assurer, par la terreur, la domination de la Convention sur la France entière, étaient devenus tellement intolérables que le comité de salut public dut les supprimer à la fin de 1793.

Avant de cesser leurs fonctions, les grands citoyens qui composaient le comité révolutionnaire de Moulins écrivirent à Fouché la lettre que l'on va lire. Les plaisanteries ignobles qu'ils se permettent sur des malheureux dont la tête devait tomber quelques jours plus tard sont dignes de ceux qui écrivent cette lettre et de celui à qui elle est adressée.

« Moulins, 23 frimaire an II.

» Le comité central de surveillance du dépar
    » tement de l'Allier au républicain Fouché,
    » représentant du peuple, commissaire envoyé
    » par la Convention nationale à Commune-
    » Affranchie.

. . . .

    » Nous te faisons également passer un arrêté
» pris aujourd'hui par le département seul, attendu

» que nous sommes supprimés par le nouveau
» décret d'organisation des corps constitués, con-
» formément au projet de Billaud-Varenne.

» Nous t'adressons cet arrêté, afin que tu
» daignes appuyer de la force de ton témoignage
» la vérité du fait qui y est énoncé relatif à la
» *pénurie des grains* qu'éprouve notre dépar-
» tement, pénurie qui est bien prochaine *de la*
» *famine* et qui peut nous jeter dans *des*
» *malheurs incalculables* si la Convention ne
» vient promptement à notre secours. Comme
» *notre état de disette* t'est connu, nous nous
» flattons que tu voudras bien le certifier au bas
» de l'arrêté que nous t'adressons et joindre une
» invitation à la Convention et à la commission
» des subsistances de nous aider dans notre
» infortune, en nous faisant passer, sans aucun
» retard, les grains dont nous manquons.

» Enfin nous t'adressons la liste des taxes révo-
» lutionnaires que nous avons levées sur *les*
» *gens suspects, sur les aristocrates* et *sur les*
» *riches égoïstes* dont nous sommes entourés,
» afin que tu veuilles bien l'approuver. La rentrée
» de ces taxes est le seul moyen que nous ayons,

» comme tu le sais, pour soutenir *ton ouvrage*
» et pour nous mettre en état de faire exécuter
» les excellentes mesures *révolutionnaires et*
» *philanthropiques* que tu as confiées à nos
» soins et à notre responsabilité. Nous devons te
» dire que quatre des plus riches de ceux qui ont
» été taxés n'ont rien voulu payer, quoique nous
» ayons cherché à vaincre leur résistance *en les*
» *exposant pendant quatre heures sur l'écha-*
» *faud, à côté de la guillotine que nous avons*
» *établie en permanence pour inspirer une*
» *terreur salutaire* à la malveillance et à l'ava-
» rice. Ces quatre monstres qui ont refusé de
» délier les cordons de leurs bourses et qui n'ont
» pas même déposé, en vertu de ton arrêté, une
» seule pièce d'argenterie, *sont au nombre des*
» *trente-deux* que nous avons envoyés à la
» commission temporaire de Commune-Affranchie,
» pour y subir la juste condamnation qu'ils mé-
» ritent; ils ont tous des entrailles de fer. Mais
» nous pensons *que leurs cols ne résisteront*
» *pas au tranchant du rasoir national* qui
» doit faire tomber à Commune-Affranchie les têtes
» des *scélérats sectionnaires, fédéralistes et*

» *aristocrates* incurables de tous les départe-
» ments environnants, pour y assurer le triomphe
» de la montagne et des droits sacrés de l'homme,
» la liberté et l'égalité.

» *Vive la sans-culotterie,* périssent à jamais
» la muscadinerie et l'aristocratie.

» Nous sommes, avec un attachement invio-
» lable et sans bornes, tes frères et amis. »

» Signé : ROLLANT, LAPORTE, DESMAZURES,
» Ant. SAULNIER, BUTELLE. »

Voici maintenant une pièce qui donnera une
idée de l'odieuse tyrannie à laquelle la France
était soumise.

Les comités révolutionnaires et autres autorités avaient fait tant d'arrestations qu'on évalue
généralement à près de deux cent mille le
nombre des personnes incarcérées. Pour bon
nombre de ces malheureux, on n'avait même pas
pris la peine de motiver les causes de leur détention. Aussi étaient-ils en prison sans qu'on pût
donner une seule explication des motifs pour lesquels ils y étaient retenus.

Le comité de salut public ordonna que les comités de surveillance révolutionnaire établiraient des tableaux contenant :

1° Les nom, prénoms, âge, domicile, etc., de chaque détenu ;

2° Le lieu où il est détenu, — depuis quelle époque, — par quel ordre, — pourquoi.

Voici textuellement quelques-unes des notes qui se trouvent sur ce tableau.

« Détenu à Nevers, depuis le 22 ventôse, par ordre du comité de surveillance de Nevers, comme célibataire, *riche, égoïste,* ne fréquentant que les aristocrates et ne donnant aucune preuve de son attachement à la Révolution ;

» *6,500* livres *avant* la Révolution, *réduit à 3,700* dont 1,200 de viager ;

» Liaisons avec les aristocrates ;

» N'ayant jamais montré ouvertement ses opinions politiques. »

Pour un autre (62 ans). « Détenu comme *riche, égoïste, fanatique* et *ne faisant rien pour la Révolution,* — *propriétaire,* — *500 livres de revenu,* — n'ayant de liaisons qu'avec les aristocrates, — n'ayant jamais manifesté d'opinions en faveur de la Révolution, étant dominé par le fanatisme. »

Pour un troisième (48 ans). Détenu comme destitué par le représentant Lefiot des fonctions de juge du tribunal du district, pour cause de fédération; — avant la Révolution avocat, puis juge du tribunal; — élu membre du directoire du département, maire de Nevers et président du tribunal du district; — sans revenu; — *ayant toujours fréquenté uniquement les patriotes;* — n'ayant jamais pu avoir de mauvaises opinions sur les différents événements de la Révolution, mais ayant voté et *soupçonné d'avoir signé une adresse présumée tendre au fédéralisme.* »

Un autre (47 ans). « *Ex-noble, riche, égoïste,* propriétaire, officier municipal, adjudant-major et capitaine de la garde nationale; — 15 à 18,000 livres de rentes; — *des relations indistinctement avec les patriotes et les aristocrates;* — d'un caractère à faire croire qu'il a été indifférent sur les événements de la Révolution. »

Une femme. « Jeanne Bertelou, veuve Chail-

loux, âgée de *80 ans*, — *riche, égoïste, fanatique*, ne faisant aucun sacrifice pour l'affermis-
sement de la Révolution ; — propriétaire ; — *6,000
liv. avant* et *4,000 après* ; — ayant toujours
fréquenté et retiré chez elle les aristocrates et
les prêtres non assermentés, ayant fait élever
une chapelle pour eux ; — ne pouvant avoir que
des opinions contraires aux intérêts du peuple. »

Un autre (60 ans). « Greffier ; — on ne peut
connaître ses opinions politiques sur les événements de la Révolution, *attendu qu'il est toujours pris de vin.* »

Un autre — « d'un caractère très-*froid* sur la
Révolution ; — ne s'étant jamais montré partisan
de la Révolution. »

D'autres, vieillards de 74 ans et de 79 ans —
« n'aimant pas la Révolution ; — comme juges, en
1792, s'étant prononcés violemment contre les
patriotes. »

« Rosalie Macé, femme Durand, 23 ans, 2 enfants de 2 et 3 ans, Marie Macé, 24 ans, sans
enfants, toutes les deux pour n'avoir fréquenté
que les aristocrates et avoir de tous temps *berné
les patriotes* ; — 1,500 fr. de revenu. »

Une autre « n'ayant manifesté aucune opinion sur les événements de la Révolution. Le comité ignore si elle a signé des pétitions ou arrêtés liberticides. »

Pour 5 autres — « n'aimant pas la Révolution. » Cela suffit.

Ainsi on était. détenu parce qu'on était *riche, égoïste*, qu'on ne faisait rien pour la Révolution, même *quand on n'avait jamais manifesté d'opinion*, etc.

Quant à la fortune, on porte comme *riche* un homme qui a 500 LIVRES DE RENTES.

On voit également que, par suite de la Révolution, les fortunes s'étaient singulièrement amoindries. *6,500 livres* de revenu, avant la Révolution, étaient réduites à *3,700 livres; 6,000 livres* n'en représentaient plus que *4,000*, etc.

On voit encore, parmi les détenus, une femme de *80 ans*, des vieillards de *74 et 79 ans*, etc. D'autres femmes, parce qu'elles s'étaient *moquées des patriotes*. Messieurs les républicains, qui ont si peu de respect pour les autorités de n'importe quel gouvernement que ce soit, tiennent à ce qu'on ait la plus humble soumission pour les leurs.

Voici encore une pièce sur laquelle nous appelons toute l'attention de nos lecteurs. Rien ne prouve mieux ce qu'était la liberté individuelle sous la République, en 1793. Personne n'échappe à la tyrannie exercée sur la France entière, pas plus *le pauvre* que *le riche*.

« *Extrait des registres du comité de salut public de la Convention nationale du 2ᵉ jour de prairial an II.*

» Le comité de salut public, chargé par le décret de la Convention nationale de ce jour de dresser et de faire publier les dispositions réglementaires nécessaires pour assurer l'exécution du décret qu'elle a rendu concernant les travaux de la prochaine récolte, arrête ce qui suit :

» Art. 1ᵉʳ. — Les JOURNALIERS, MANŒUVRIERS, *tous ceux qui s'occupent habituellement des travaux de la campagne*, ceux qui étaient obligés de suspendre l'exercice de leurs professions *pendant la récolte*, s'ils ne sont pas *en réquisition* par la commission des armes, *sont en réquisition* pour la prochaine récolte, pour tous les travaux qui la précèdent, l'accompagnent et la suivent, pour toutes les opérations relatives à la préparation, à la moisson et à la conservation des récoltes.

» Art. 2. — *Tous les ouvriers* qui étaient dans l'usage de quitter leurs communes, pour aller travailler dans d'autres, seront tenus de s'y rendre, suivant l'usage.

. » Art. 3. — Aussitôt la réception de l'arrêté, les municipalités dresseront l'état *des ouvriers* habitués à travailler à la terre, soit dans leur commune, soit dans d'autres. Elles notifieront la réquisition à tous en général. Ceux qui refuseront d'y obéir seront jugés et traités comme *suspects*.

» Art. 4. — Elles fixeront de suite l'époque du départ de ceux qui ont coutume d'aller travailler dans d'autres communes que celle de leur domicile, d'après la précocité des récoltes et des travaux.

» Art. 5. — Sont exemptés de la réquisition, les malades ou infirmes, ceux qui feraient sur leurs propriétés des opérations jugées indispensables et ceux qui seraient alors occupés à des

travaux semblables à ceux qu'exige la réquisition,
dans quelque lieu de la République que ce soit.

» Art. 6. — Les agents nationaux des communes seront tenus de dénoncer aux tribunaux
ceux qui refuseront d'obéir à la réquisition ; ils
adresseront *la liste motivée des citoyens qui
en auront été dispensés* à leurs districts respectifs, où les causes et *les motifs seront examinés et vérifiés.*

» Art. 7. — *Les journaliers* et *ouvriers en
réquisition,* qui se transporteront dans d'autres
districts, seront munis de passeports de leurs
communes, qu'ils feront viser dans chacune de
celles où il séjourneront plus de trois jours, sous
peine d'être déclarés *suspects.* Ces passeports
énonceront leur réquisition et les travaux auxquels ils se destineront.

» Art. 8.— *Le prix des journées* dans chaque
commune sera fixé dans les vingt-quatre heures
du présent arrêté, par le conseil général de la
commune, *au même taux qu'en 1790,* auquel
il sera ajouté la moitié du prix en sus.

» Art. 9. — Les conseils généraux des communes fixeront, dans les vingt-quatre heures

suivantes, de la même manière et sur la même base, *le prix des transports des récoltes, de la location journalière des animaux, voitures et instruments servant aux travaux de la campagne* ou *à ceux relatifs aux manufactures et arts,* et *aux besoins journaliers.*

» Art. 10. — L'agent national de chaque commune enverra sur-le-champ le tableau de la fixation de ces prix au directoire du district, qui sera tenu de l'approuver ou rectifier, et de le renvoyer aux communes pour y être proclamé, affiché et exécuté ; le tout dans le courant d'une décade à compter du jour de la réception de l'arrêté.

» Art. 11. — Les municipalités inviteront tous les bons citoyens, lorsqu'elles jugeront ce concours utile, à travailler aux récoltes, dans les lieux indiqués, suivant leurs facultés personnelles.

» Art. 12. — Les *journaliers* et *ouvriers* qui *se coaliseraient,* pour se refuser aux travaux exigés par la réquisition, ou *pour demander une augmentation de salaire* contraire à l'arrêté, *seront traduits au tribunal révolutionnaire.*

» Art. 13. — Le glanage, de telle nature qu'il soit, interdit dans les lieux clos, n'est permis, dans les lieux ouverts, que depuis le lever jusqu'au coucher du soleil, et seulement sur les propriétés dont les récoltes seront complétement enlevées.

. . . .

» Art. 16. — Toutes les autorités constituées rendront compte, sans délai, de l'exécution du présent; les municipalités aux districts, et les districts à la commission d'agriculture et des arts, à celle de commerce et à celle des administrations civiles de police; des tribunaux, qui informera le comité de salut public des obstacles que cette exécution éprouverait et des mesures prises pour les faire cesser.

» Art. 17. — *Les sociétés populaires surveilleront* les fonctionnaires publics, et les citoyens chargés de l'exécution ou de l'application du présent; *dénonceront* tous ceux qui en auront empêché ou retardé l'exécution, ou ne se seront pas conformés à la réquisition. »

Signé au registre :

« R. LINDET, C.-A. PRIEUR, CARNOT, BILLAUD-VARENNE, B. BARÈRE, COUTHON, COLLOT-D'HERBOIS, ROBESPIERRE. »

Un grand nombre d'ouvriers de tous les métiers avaient déjà été mis en réquisition pour divers travaux ; l'arrêté qu'on vient de lire met en réquisition toute la population des campagnes.

Ce décret n'est pas seulement une atteinte portée à la liberté individuelle et à la liberté industrielle, c'est encore la preuve de quelque chose de plus effrayant, une anarchie s'étendant à tout. Sans ces mesures draconiennes, il eût été impossible *d'obtenir aucun travail* des classes ouvrières soulevées par les prédications des démagogues. La terreur était devenue non pas seulement le seul moyen de *gouverner,* mais *d'exister.*

De semblables faits n'ont pas besoin de commentaires. Ils prouvent à quel état de désorganisation et de misère cinq années de révolution avaient réduit la France entière. Voilà ce qu'était, dans la pratique, l'âge d'or promis par les idéologues qui, en 1789, ont commencé la Révolution française.

Il y a également dans cet arrêté, en trois lignes, une législation entière sur les coalitions d'ouvriers qui, actuellement, serait peu du goût des classes laborieuses. Le comité de salut public, il faut le reconnaître, a des moyens de conviction d'une rare puissance et une justice qu'il était dangereux de braver. La résistance à des mesures de la nature de celles que nous venons de voir a été le motif pour lequel nombre *d'ouvriers* et de *manœuvriers* ont eu la tête tranchée, car le comité de salut public frappait impitoyablement tout ce qui ne se soumettait pas à ses décisions.

Pour terminer, dans les missions remplies par le futur duc d'Otrante, ce qui concerne l'Allier et la Nièvre, nous allons donner deux pièces adressées par les autorités constituées de ces départements à la Convention.

« *Moulins.*

» Les ténèbres de l'illusion sont enfin dissipées, le voile qui couvrait les mystères d'iniquités est déchiré, le masque de l'hypocrisie a été arraché, le faux patriote est à découvert.....

» Vers la fin de juin 1793, le représentant Fouché (de Nantes) organisa le comité révolutionnaire de Moulins. Ce fut l'époque des atrocités de tout genre.

» Le 27 juin, le comité prit un arrêté portant

qu'on s'emparerait des revenus des détenus qui seraient réduits, ainsi que leurs familles, au strict nécessaire jusqu'à la paix, et que ceux qui n'obéiraient pas aux réquisitions pécuniaires seraient déclarés suspects.

» Le 30, le même comité arrêta que ceux qui seraient opposants directement ou indirectement à l'exécution des décrets du représentant Fouché et de ceux du comité seraient mis sur l'échafaud pendant quatre heures.

» C'est ainsi qu'un comité s'érige en législateur et ajoute un article au Code pénal.

» Pour se procurer le cruel plaisir de l'exécution de sa loi, le comité révolutionnaire impose des taxes au dessus des facultés et impossibles à réaliser. On taxa arbitrairement et sans base les citoyens à 10, 20, 30, 50 et même 100.000 livres. Pour en rendre le paiement impossible, on en exigea le quart sous quinzaine et le surplus sous deux mois, sous peine de l'échafaud. Les arrêtés furent notifiés et les citoyens consternés obéirent tant qu'il fut possible.

» La plupart des détenus furent du nombre des imposés. Leur captivité et le séquestre de leurs revenus les privaient de toute faculté. On profita de cette fatale position pour les traiter comme réfractaires et leur imposer la peine de leur désobéissance. Les citoyens Saincy, Balorre, Heulard et Lavaleisse furent exposés, par la plus rigoureuse saison, sur l'échafaud, pendant six heures, quoique l'arrêté ne portât que quatre heures, avec un écriteau portant : *mauvais riche* qui n'a rien donné à la caisse de bienfaisance.

» Le 30 octobre, le comité prit un arrêté portant qu'il sera fait nocturnement des visites domiciliaires dans toutes les maisons suspectes de Moulins, pour y enlever l'or, l'argent et le cuivre.

» L'arrêté s'est exécuté. On se divise en onze bandes. Chaque bande est chargée de *visiter et piller* huit ou dix maisons. A la tête de chaque bande, un membre du comité et un officier municipal accompagnés de serruriers et de la garde révolutionnaire. On va dans les maisons des détenus et d'autres particuliers. On force les secrétaires et les armoires dont on ne trouve pas les clefs. *On pille l'or et l'argent monnayé.* On enlève l'argenterie, les bijoux, les ustensiles de cuivre et beaucoup d'autres effets, couvertures, pendules, voitures, etc. — On ne donne point de reconnaissance. *On ne constate pas ce qui est emporté.* On se contente *au bout d'un mois* de déclarer, dans une espèce de procès-verbal de séance du comité, que d'après le rapport des visites *il s'est trouvé peu d'argenterie, peu d'or et d'argent,* peu de denrées, le tout sans calcul ni énumération. (Pièces justificatives n° 19.)

» Il y eut de nombreuses arrestations. — *Une extréme dureté* contre les prisonniers, dont 25 *furent enlevés* par des maladies. Puis six des membres des plus violents des comités de l'Allier furent appelés par Fouché à Lyon et nommés membres de la commission temporaire. Ce furent eux qui firent venir à Lyon *les 32 prisonniers qui y furent exécutés aussitôt leur arrivée.* On les accusait de fédéralisme, de correspondance avec les émigrés. Arrivés à Lyon, ils adressèrent à Fouché une pétition pour lui offrir de faire des dons considérables à l'aide d'un emprunt solidaire. Cette pétition fut renvoyée par Fouché au comité de Moulins, qui se contenta de presser l'exécution des prisonniers.

Voici maintenant les plaintes adoptées, le 8 mai 1795, par l'administration centrale de la Nièvre, dans une délibération à laquelle prirent part toutes les autorités constituées et les fonctionnaires publics du département, contre Collot d'Herbois, Laplanche et Fouché. Ce fut à la suite de ces plaintes que Fouché fut mis en accusation et arrêté par décret de la Convention, le 9 août 1795.

Le 19 prairial an III, toutes les autorités constituées et fonctionnaires publics ayant été introduits, la rédaction de la dénonciation est adoptée ainsi qu'il suit :

« Citoyens représentants,

» La Convention nationale ayant chargé ses comités de gouvernement de lui faire un rapport sur la conduite des représentants qu'elle a envoyés, avant le 9 thermidor, dans les départements pour y maintenir l'ordre et faire respecter ses décrets, il est du devoir des autorités constituées de lui en présenter le tableau.

» Le département de la Nièvre, placé au centre de la République, *loin du tumulte et des fac-*

*tions, toujours fidèle et paisible, devait être
à l'abri des persécutions* qui ont désolé la
France, qui ont inondé son sol de sang et de
larmes, et cependant tous les fléaux l'ont accablé : *Collot d'Herbois, Laplanche, Fouché, Pointe,
Lefiot*, tous représentants jacobins et montagnards, ont *réduit ses habitants au désespoir,
renversé toutes les fortunes et organisé sur
son territoire, sous les noms d'armée révolutionnaire, comités de surveillance et sociétés
populaires, des hordes de brigands et d'assassins* qui ont fait de cette région, jadis fortunée, le séjour du crime et des plus grands
forfaits.

» Qui le croira! le plus coupable de ces farouches proconsuls n'est pas l'exécrable *Collot
d'Herbois,* dont les crimes font reculer d'horreur ; il eut un guide ; il fut dirigé par *Laplanche,
né dans cette cité, ci-devant moine bénédictin,
prêtre et vicaire de l'évêque constitutionnel,*
dont il convient d'abréger ici la moralité et la
conduite.

» *Sous les titres alors si imposants de religieux, de prêtre et de vicaire de l'évêque, il*

7°

se signala d'abord par le fanatisme le plus outré, par des refus de sépulture, par des persécutions, par des prédications furieuses, dans la vue de reprendre le sceptre tyrannique que la sottise de nos pères avait laissé usurper aux prêtres. Il se donna pour appui, dans ses travaux apostoliques, les êtres les plus immoraux et les plus vils de la cité, ceux enfin qui, par leur stupide ignorance et l'habitude de tous les vices, pouvaient céder plus facilement à la direction qu'il voulait leur donner.

» Plus tard, la législature appela une Convention, les assemblées primaires furent convoquées; Laplanche, secondé par la faction qu'il avait organisée, est nommé électeur, et, par l'assemblée électorale, représentant du peuple.

» Quels vont être les travaux de ce législateur? *Prêtre, il était intolérant et fanatique, artisan de troubles et fauteur de séditions; représentant du peuple, on va reconnaître un fougueux montagnard abandonné à tous les excès.*

» Des représentants sont envoyés dans les départements sous le spécieux prétexte d'y maintenir l'ordre et de faire observer les lois. La montagne ne confie ses plans qu'aux représentants de sa faction. Laplanche brigue le poste du département de la Nièvre ; il l'obtient, et on lui donne Collot d'Herbois pour collègue.

» *A son arrivée, il commande des visites domiciliaires et nocturnes ; elles sont faites avec la plus grande sévérité ; il n'en résulte aucun indice contre le civisme des citoyens qu'il a dessein d'opprimer.*

» Il dirige ensuite *les premiers actes de sa vengeance* contre un citoyen vertueux, ami de l'ordre, chéri de ses compatriotes, *le citoyen Gauthier*, commissaire national près le tribunal du district de Nevers. *On l'arrête dans sa campagne, on le promène dans les rues de Nevers au milieu d'une troupe nombreuse d'hommes armés et de femmes à piques, on le jette dans un cachot, on l'abreuve d'humiliations.*

» *Une liste est faite où sont inscrits tous ceux des deux sexes que Laplanche avait signalés pour ses ennemis ; ils sont arrêtés par son ordre, amenés sous ses fenêtres, où il se repaît en riant des larmes et du désespoir des infortunés qu'il opprime.*

» *Laplanche forme, avec son collègue Collot, le projet coupable de juger ces victimes; ils se constituent législateurs, plaignants et juges. Le premier essai de leur plan est dirigé contre le commissaire Gauthier. Les deux proconsuls prennent un arrêté, daté du 9 avril 1793, dans lequel ils déclarent que c'est un des hommes le plus suspect, ayant persécuté les patriotes lorsqu'il était fonctionnaire public, et ordonnent que son arrestation durera jusqu'à la paix, sans préjudice de la déportation, si la Convention, comme ils le désirent, adopte cette mesure.*

» *Au fléau des arrestations arbitraires se joignit encore la violation des propriétés, la dilapidation des fortunes.* Les deux proconsuls annoncèrent que la Convention allait établir une subvention de guerre.

» Et, en attendant, ils prirent un arrêté pour forcer les citoyens, *présumés riches*, à avancer un à-compte sur cette subvention, non entre les mains d'un receveur ordinaire et comptable, *mais en celles d'un particulier de leur choix, et non comptable.*

» *Le compte fourni par la cité de Nevers s'élève à 80,000 fr., dont l'emploi n'a jamais été justifié.* Le directoire du département, qu'ils maîtrisaient, fit annoncer aux cotisés qu'en ordonnant une avance sur la subvention de guerre, les représentants avaient eu l'intention *de contraindre l'égoïsme et l'impudeur des insolents aristocrates.*

» Ainsi, la taxe d'à-compte sur la subvention de guerre, qui n'a jamais été établie, *n'était qu'un tour de gibecière de ces histrions politiques pour mettre les citoyens honnêtes et crédules à contribution,* pour disposer arbitrairement de leur fortune.

» *Vol, pillage, oppression, voilà les travaux auxquels ils s'abandonnent; ils parcourent les districts; partout ils répandent la terreur et l'effroi, partout ils emprisonnent, partout ils dilapident.*

» *Ils désorganisent les autorités constituées dans les communes et les districts; ils en éloignent la probité et les lumières, et y subs-*

tituent l'immoralité et l'ignorance ; ils érigent en vertus républicaines la dissolution des mœurs et la prostitution. Dans des discours au peuple de Moulins-Engilbert, Saint-Pierre-le-Moûtier et Nevers, Laplanche, *ancien prêtre, invite les filles à l'abandon d'elles-mêmes, à l'oubli de la pudeur.* « *Faites des enfants, dit-il, la République en a besoin ; la continence est la vertu des sots.* »

» Enfin, ils partirent laissant dans la société, qu'ils avaient façonnée à leur manière, un foyer de corruption, entretenu par la horde nombreuse de scélérats dont ils s'étaient entourés. »

» *Forestier fut remplacé par Fouché, qui parut d'abord un Dieu de paix descendu parmi les administrés* pour y établir la concorde, pour y rappeler la justice, l'humanité, la bienveillance que les scélérats semblaient en avoir écartée sans espoir de retour. *Il se rendait accessible, il tendait une main protectrice aux malheureux, aux affligés; il répétait à chaque instant qu'il ne ferait incarcérer personne ; qu'il jugerait les détenus de Laplanche; qu'il les jugerait avec équité; qu'enfin il ne ferait sévir que contre le crime.*

» *Vaines promesses, Fouché renchérit encore sur les atrocités de ses prédécesseurs. Abusant bientôt de la confiance qu'une fausse et trompeuse douceur avait inspirée aux administrés, il fit inviter les citoyens aisés à venir au secours des indigents que la misère accablait,* par des dons volontaires. Les dons furent abondants; il devait être satisfait de la bienveillance des citoyens; mais bientôt après, *il prit contre eux le parti de les assujétir à des taxes arbitraires dont plusieurs surpassaient tous les moyens des imposés.*

» Les dons volontaires, *les taxes forcées, à Nevers et dans les districts, se sont élevés à des millions. Quel usage en a fait Fouché? C'est ce qui n'est encore connu de personne. On sait seulement qu'ils ont été dissipés en très-grande partie dans des réjouissances données à l'occasion d'une fille de Fouché,* qu'il fit nommer NIÈVRE; *dans des mariages de quatre prêtres, qu'il dota de 4,000 fr. chacun, et autres folies de cette espèce; dans* des dons abondants à ses protégés, dans des distributions exagérées à ceux qu'il voulait corrompre.

» Il était ami de Chaumette; ce monstre arrive à Nevers, il se concerte avec Fouché; ils organisent entre eux le plan de détruire toute moralité, tous principes, toute croyance, de fermer tout accès aux remords et d'ériger l'athéisme en principe.

» Il ordonne à tous les citoyens d'apporter leur numéraire, leur argenterie, leurs bijoux, sous peine d'être punis comme contre-révolutionnaires, c'est-à-dire sous peine de mort, et bientôt toute la richesse du département est fondue dans ses creusets.

» Il abolit ensuite tous les cultes; il ordonne la destruction des signes religieux, la chute des clochers, la démolition des églises, l'enlèvement des vases sacrés.

» Il crée une armée révolutionnaire qui pille et dévaste le pays.

» Enfin, Fouché est envoyé à Lyon, où, par l'intermédiaire de ses affidés, il continue à

*gouverner le département de la Nièvre et à
y maintenir l'anarchie et le pillage.*

» Le sang coule à Lyon à grands flots, écrivaient
» ces bêtes féroces aux clubistes de Nevers ; Cosne
» et Clamecy vous ont donné de grands exemples
» et vous ne les avez pas imités, vous n'êtes pas
» des patriotes. ».........

Ces deux pièces n'ont pas besoin de commentaires. Les faits qu'elles contiennent suffisent pour
faire apprécier Fouché et ses dignes acolytes.

Nous arrivons maintenant à la période la plus
sanglante de la Révolution française. Partout la
terreur règne et le sang coule à flots. A Lyon, à
Nantes, à Toulon, à Angers, à Paris, à Orange,
c'est par milliers qu'il faut compter le nombre des
victimes qui tombent sous les coups des bourreaux.
La guillotine ne suffit plus, on fusille, on noie, on
mitraille. C'est le véritable règne des sans-culottes
et de la TERREUR.

Partout la guillotine est en permanence; elle
constitue la représentation et l'incarnation de ce
gouvernement dont le premier ministre est le
bourreau.

Ce ne sont plus seulement les nobles, les prêtres et les royalistes qu'on frappe, ce sont les Girondins, les feuillants, les bourgeois, les modérés qui ont renversé la royauté, la noblesse et le clergé, dont les têtes tombent pêle-mêle avec celles des prêtres, des nobles, des Vendéens, des chouans, des négociants, des magistrats, de simples ouvriers, de journaliers, de manœuvres, de fermiers, de riches, à quelque classe de la société qu'ils appartiennent, enfin, de femmes et même d'enfants.

Dans cet effroyable holocauste périrent plus de dix-sept mille victimes, suivant M. Berryat Saint-Prix, et il ne compte que ceux qui ont subi des jugements ou de soi-disant jugements, car, pour les trois quarts, il n'y eut qu'un interrogatoire de quelques minutes.

A ce nombre déjà si considérable, il faut joindre ceux qui furent massacrés ou fusillés, au moment de leur arrestation, pour ne pas avoir la peine de les conduire en prison, et tous ceux qui moururent de misère et de privations dans les prisons où ils étaient entassés. A Nantes seulement, par suite du typhus, c'est par milliers qu'il faut compter ces malheureuses victimes de nos troubles civils. La majeure partie étaient des femmes et des enfants.

Un des hommes les plus cruels de la Révolution, Vaugeois, l'accusateur public de cette terrible commission présidée par Bignon, qui, en 13 séances, jugeait et condamnait à mort 1,583 hommes et 106 femmes, fut profondément ému par ce spectacle épouvantable. On évalue à près de deux mille le nombre de femmes et d'enfants qui périrent du typhus, à l'entrepôt seulement. Après s'être opposé, au risque de sa vie, avec la plus grande énergie, à ce que les prisonniers, parmi lesquels il y avait un grand nombre de femmes et d'enfants de moins de 15 ans, fussent noyés en masse, Vaugeois voulut faire mettre en liberté une partie de ces malheureuses victimes. Carrier, auquel il s'adressa, lui répondit avec fureur : « Tu es un contre-révolutionnaire ; ce sont des vipères qu'il faut étouffer, » et le menaça de le faire fusiller. Il s'adressa ensuite, sans plus de succès, à Prieur, de la Marne, membre du comité de salut public, alors en mission à Lorient, et au comité de sûreté générale.

Envoyé à Lyon avec Collot d'Herbois par la

partie la plus violente du comité de salut public,
Fouché justifia la confiance que ces hommes de
sang avaient en lui.

Fouché à Lyon et Carrier à Nantes ne firent
qu'exécuter les instructions de ce redoutable
comité de salut public sur lequel doit surtout retomber la responsabilité de tous les crimes commis à cette sinistre époque.

Fouché n'est pas sanguinaire par nature, il l'a
prouvé sous le Directoire et sous l'Empire. Il ne
l'a été, ce qui est plus impardonnable encore, que
par calcul et par intérêt.

Fouché est surtout cupide et ambitieux. Sa
conduite dans la Nièvre et sa vie entière sont là
pour le prouver. Dans la Nièvre, ce dont il s'occupe avant tout, c'est de ramasser tout l'or et
l'argent qui s'y trouvent. Une partie de ces vils
métaux resta entre les mains du vertueux représentant de la République qui, par mépris pour les
richesses, y réunit, encore plus qu'à Nantes, ce
qui devait être l'origine de cette fortune de 12 à
14 millions qu'il laissa à sa mort.

Mais si Fouché est plus cupide que sanguinaire,
le sang ne lui répugne pas plus qu'à tous les

hommes chez lesquels le sens moral n'existe pas. Quand leur ambition ou leurs intérêts sont en jeu, comme le dit de Fouché M. Thiers, qui connaît si bien les hommes de cette espèce, ils sont impitoyables. C'est ce que Fouché va prouver à Lyon.

Le comité de salut public avait trouvé en Fouché un instrument digne de lui, car, on ne saurait trop le répéter, c'est surtout le comité de salut public qui a imposé à la France *le régime* de la terreur.

Les pièces suivantes prouveront que c'est bien du comité de salut public qu'émanèrent les mesures les plus odieuses qui ont souillé la Révolution française. Fouché et Carrier ne furent que des instruments qui exécutèrent, chacun suivant son caractère, la mission infernale dont ils étaient chargés. On y verra que ce n'est pas Carrier qui, comme on le croit généralement, a inventé à Nantes les noyades. L'idée des noyades est née au sein du comité de salut public. Une lettre de Carrier, qu'on trouvera plus bas, prouve qu'en partant de Paris *il emportait* LE MOT D'ORDRE, en ce qui concerne *la déportation radicale,* c'était le mot convenu dont on se servait pour éviter *d'écrire* le mot de *noyades*.

On verra également, par la réponse que lui fit le comité de salut public, surtout par la note sommaire écrite de la main de l'un des membres du comité sur laquelle cette réponse fut rédigée, que le comité approuva implicitement les noyades, et formellement, l'intention annoncée par Carrier de faire fusiller les prisonniers sans jugement. « Il faut *purger* (c'est là le mot sacramentel) le sol de la République de tous ses ennemis, n'importe par quels moyens. »

Il est bon qu'on se rappelle quels étaient, à cette époque, les membres du comité de salut public qui prenaient part à la direction des affaires publiques.

C'étaient Robespierre, Collot d'Herbois, Billaud-Varenne, Couthon, Saint-Just, Carnot, Prieur, de la Côte-d'Or, Barère, Prieur, de la Marne, Robert Lindet, Jean-Bon Saint-André et Hérault de Séchelles dont, quelques mois plus tard, la tête devait rouler sur l'échafaud.

Comme la mission qu'avait reçu Carrier pour Nantes lui fut donnée à la même époque et sous

les mêmes inspirations que celle donnée à Collot
d'Herbois et à Fouché pour Lyon, les instructions
furent les mêmes; exterminer tout ce qui n'est
pas partisan de la République telle que la conce-
vait le comité de salut public au mois d'octobre
1793:

Les ennemis de Robespierre l'accusent d'être
l'auteur de tous les crimes commis pendant la
Révolution.

Les amis de Robespierre prétendent, au contraire, qu'il a toujours été un modérateur et qu'il
a voulu arrêter la terreur.

Je crois qu'il y a de l'exagération des deux
côtés. Dans ces appréciations, si contradictoires
en apparence, il y a du vrai. Il n'est pas douteux
que Robespierre, pendant quelque temps, a essayé
d'arrêter la terreur, mais il est également certain qu'il a notablement contribué à jeter la Révolution dans la voie sanglante qu'elle a suivie. S'il
n'est pas l'auteur de beaucoup des crimes commis
pendant la Révolution, il en est devenu véritablement le complice, en ne faisant réellement aucun
effort sérieux pour les empêcher, et même en les
facilitant, par la création du tribunal révolution-

naire d'Orange, par la loi odieuse du 22 prairial
et par beaucoup d'autres actes.

D'où viennent ces contradictions dans la conduite de Robespierre ? De causes multiples dont je
me contenterai d'indiquer les principales. D'abord
et avant toutes choses, la nature, l'organisation et
le fonctionnement du gouvernement révolutionnaire, puis le caractère de Robespierre ; enfin, la
nécessité, pour assurer sa domination, de s'appuyer
sur ce qu'il y avait de plus violent dans le parti
démagogique. Ce sont là, je crois, les causes les
plus graves, car ce sont des causes de violence
qui ont existé et qui existeront toujours en temps
de révolution. Pour le moment, je me contenterai de prouver ce que j'avance, que Robespierre
a été, non l'auteur, car je crois qu'il y avait
encore dans le comité de salut public des hommes
plus sanguinaires que lui, Collot-d'Herbois,
Billaud-Varenne, etc., mais le complice de tous
les crimes et de tous les excès de la Révolution.

Prenons quelques-uns des faits les plus monstrueux de la Révolution. Robespierre, par
exemple, a non seulement connu les noyades de
Carrier à Nantes, mais approuvé, comme membre

du comité de salut public, au moins en ne s'y opposant pas énergiquement, les actes de Carrier.

La lettre suivante de Carrier, adressée AU COMITÉ DE SALUT PUBLIC, prouve qu'il était parti de Paris avec des instructions du comité l'autorisant à faire procéder aux *noyades* qu'il exécuta à Nantes. Sa mission était de PURGER la République de ses ennemis. Les deux pièces suivantes ne laissent aucun doute possible à cet égard.

« *Nantes, octobre* 1793, *l'an II de*
» *la République française.*

» CARRIER, REPRÉSENTANT DU PEUPLE DANS LE
» DÉPARTEMENT DE LA LOIRE-INFÉRIEURE

» Au Comité de salut public de la Convention nationale.

» Citoyens, mes collègues,

» Nous avions appelé auprès de nous à Rennes
» le citoyen Hénon, officier de marine à Saint-
» Malo; notre intention était de lui confier la dé-
» portation des prêtres réfractaires, des antiques
» nones et de l'évêque, détenus à Rennes. Je
» connais ce brave officier, nous lui donnâmes

» LE MOT D'ORDRE avec mon collègue Pocholle;
» il l'eût très-bien exécuté, mais il nous observa
» qu'il lui était impossible de sortir de la rade
» de Saint-Malo sans s'exposer à être pris par
» les bâtiments anglais; quel dommage! Il
» a *fallu nous désister de notre salutaire*
» *projet*; nous en avons conçu un nouveau;
» nous faisons conduire tous les êtres malfai-
» sants que nous avions d'abord désignés A UNE
» DÉPORTATION RADICALE au Mont-Saint-Michel.
» — Là ils seront assujettis à une détention sûre,
» et toute communication leur étant interdite
» par la situation du fort, placé dans la mer, ils
» seront dans l'impuissance de corrompre l'esprit
» public par le poison du fanatisme. Nous avons
» arrêté d'enfermer dans le même fort les fédé-
» ralistes que nous ne croyons pas mériter des
» peines capitales. Quand nous aurons terminé
» nos opérations, nous irons visiter le fort, et
» *alors nous ferons en sorte d'effectuer les*
» *mesures dont nous sommes forcés de diffé-*
» *rer l'exécution.*

» Avant mon départ de Rennes, nous avons
» destitué tout ce qu'il y avait de royalistes, feuil-

» lants, aristocrates, fédéralistes et modérés en
» place, dont les vivres, fourrages, domaines et
» enregistrement sont purgés; nous les avons con-
» fiés à des patriotes très-prononcés. Une partie
» seule, celle des hôpitaux, a échappé à nos ré-
» formes, mais elle n'est qu'ajournée. Tous les
» vieux officiers de santé puent l'aristocratie, les
» jeunes sont des muscadins, mignons royalistes
» et fédéralistes, qui se sont glissés dans leurs
» places pour se dispenser de traîner leurs corps
» délicats et adonisés aux frontières; pour en
» écarter cette engeance détestable, nous avons
» confié la conduite au tribunal révolutionnaire
» de l'anglais Levingsthon et de trois ou quatre
» autres conspirateurs, à un commissaire de
» guerre parisien et excellent patriote que nous
» chargeons de nous faire un service à Paris de
» braves pères de famille médecins et chirurgiens
» jacobins et cordeliers, qui viendront à Rennes
» remplir les fonctions d'officiers de santé près
» les hôpitaux et ne contribueront pas peu à
» maintenir l'esprit public à la hauteur à laquelle
» nous l'avons élevé. Nous y avons vu nos col-
» lègues Jean-Bon-Saint-André et Prieur, de la

» Marne, qui ont été très-contents de l'énergie
» républicaine qui se développe dans Rennes.

» Le mouvement heureux et rapide que nous
» y avons imprimé se propage dans toute la ci-
» devant Bretagne. Quimper, Quimperlé, Lorient,
» Dinan, Vannes, tout nous a envoyé deux es-
» pèces de députations, celle des patriotes et celle
» des fédéralistes, la première pour demander la
» punition des derniers, celle-ci pour réclamer
» indulgence ; que je suis fâché d'être obligé
» de m'éloigner pour quelque temps de ces con-
» trées ! Comme les chefs, comme l'esprit public
» y prend une bonne tendance ! A Saint-Brieuc,
» par mes ordres, on a fait arrêter cent vingt
» personnes suspectes ; quel superbe exemple !
» Quel salutaire mouvement il va donner à toute
» la Basse-Bretagne ! A Dinan, quarante-cinq
» hommes et cinquante femmes sont en état d'ar-
» restation, le club fédéraliste et la chambre lit-
» téraire sont fermés. A Redon, tous les malveil-
» lants sont arrêtés ; à Châteaubriant une force
» armée arrête les contre-révolutionnaires. On
» y établit des sociétés populaires, on y organise
» les gardes nationales, mesures négligées jus-

» qu'au moment actuel. Les mêmes opérations se
» suivent à Montfort et à Vitré; elles sont toutes
» prêtes pour Fougères. »

« Arrivé hier à Nantes, mon premier soin eût
» été de saisir les autorités constituées, de dis-
» soudre le club fédéraliste, d'adjoindre au comité
» de salut public qui y est établi des commis-
». saires de chaque section, de renouveler tous les
» certificats de civisme, d'ordonner d'en prendre
» de nouveaux, donnés par la nouvelle munici-
» palité et approuvés par le comité de surveillance,
» de soumettre à l'arrestation tout individu qui
» n'en serait pas nanti, de faire faire des visites
». domiciliaires, de désarmer tous les gens sus-
» pects pour rassurer les patriotes, de faire faire
» toutes les arrestations nécessaires, de visiter
» tous les magasins, *en un mot, de danser ru-*
» *dement la carmagnole.* Mais l'arrivée de mes
» collègues Prieur, de la Côte-d'Or, et Hentz et
» du général Léchelle me force à différer ces sa-
» lutaires mesures. Ils m'ont délégué, ainsi que
» mes autres collègues qui sont ici, le soin d'aller
» présenter et installer le nouveau général à l'ar-
» mée. Je vais partir dans un moment et je serai

» peut-être obligé d'y mettre quelques jours pour
» effacer les impressions, malheureusement faites
» à cette armée, d'attachement à ses anciens gé-
» néraux. Mes collègues Prieur et Hentz vous
» rendront compte de la conférence que nous
» avons eue ici, de l'état actuel des choses et des
» mesures qui ont été résolues.

» Je dois vous prévenir qu'il y a dans les pri-
» sons de Nantes des gens arrêtés comme cham-
» pions de la Vendée. *Au lieu de m'amuser à*
» *leur faire leur procès, je les enverrai à*
» *l'endroit de leur résidence pour les y faire*
» *fusiller.* Ces exemples terribles intimideront
» les malveillants, contiendront ceux qui pour-
» raient avoir quelque envie d'aller grossir la co-
» horte des brigands. On les croit vivants tant
» qu'on n'en voit pas le supplice.

» Salut et fraternité.

» CARRIER. »

(Autographe.)

Le comité de salut public, dont *Robespierre*
est le membre le plus influent, *quoiqu'il n'en soit*
pas toujours le maître, approuva Carrier an-

nonçant, à mots couverts, qu'il va procéder aux
noyades, et *formellement* qu'il va faire fusiller
sans jugement. Si, pour les noyades, il emploie
des périphrases, comme il le fait encore les 17
brumaire et 20 frimaire, en annonçant les premières noyades à la Convention, il s'explique net-
tement et catégoriquement pour le fait de fusiller,
sans jugement, les prisonniers. « *Au lieu de m'a-*
» *muser à leur faire leur procès, je les en-*
» *verrai à l'endroit de leur résidence pour*
» *les y faire fusiller.* »

Carrier tenta d'exécuter, le 15 frimaire an II,
l'intention qu'il avait annoncée de faire fusiller
sans jugement tous les prisonniers détenus à
Nantes. La résistance si honorable du commandant de place Boivin et des membres du directoire Minée, Kermen et Renault empêcha seule
l'exécution de cette odieuse mesure.

« Le 28ᵉ jour du 1ᵉʳ mois, an II.

» Accuser la réception, le détail de ces opéra-
» tions est intéressant. *Les mesures rigou-*
» *reuses et* RÉVOLUTIONNAIRES sont très-utiles
» et doivent être employées ; ce n'est QU'EN PUR-

» GEANT ces contrées de tous les conspirateurs et
» fédéralistes que l'on fera goûter le bonheur
» d'avoir une *République*. »

(Cette note est écrite de la main d'un des membres
du comité de salut public.)

« Brumaire, 2ᵉ année républicaine, Paris.

» Les représentants du peuple, membres du
» comité de salut public, au citoyen Carrier, re-
» présentant du peuple, département de la Loire-
» Inférieure.

» Le comité a reçu, citoyen collègue, votre
» lettre datée du mois d'octobre, dans laquelle
» vous nous faites part du parti que vous avez
» pris de faire transférer au mont Saint-Michel
» les prêtres réfractaires et autres fanatiques qui,
» depuis trop longtemps, souillent le sol de la
» République. En continuant, comme vous faites,
» A PURGER le corps politique de toutes les mau-
» vaises humeurs qui y circulent, vous accélé-
» rerez l'heureuse époque où la liberté, assise
» sur les ruines du despotisme, fera goûter au
» peuple français le vrai bonheur, dont les sacri-

» fices multipliés qu'il fait tous les jours le rendent
» de plus en plus digne.

   » Salut et fraternité.

» *Les membres du comité de salut public.* »

Le comité de salut public, on le voit, approuva
complétement Carrier. Que Robespierre ait ignoré
ces décisions, comme le disent ses amis, c'est impossible. A la manière dont Carrier s'exprime en
ce qui concerne les prisonniers qu'il annonce qu'il
va faire fusiller sans jugement, on voit qu'il est
certain que le comité de salut public approuvera
ses actes ; sans cela il eût écrit, non au comité,
mais à un des membres du comité sur lequel il
eût pu compter. La réponse du comité ne prouve
que trop qu'il avait complétement raison de compter sur son approbation. Le comité ne fait pas la
moindre observation sur ce qu'il y a d'équivoque
par rapport aux noyades ; mais, en ce qui concerne les prisonniers que Carrier annonce qu'il
va faire fusiller sans jugement, il approuve complétement. La guerre civile dans l'Ouest, à cette
époque, avait trop d'importance pour que Robes-

pierre, qui était chargé de la correspondance avec
les représentants en mission, ne suivît pas, comme
tous les autres membres du comité, avec la plus
grande attention, tout ce qui s'y passait et igno-
rât des faits aussi graves que les instructions
données à Carrier.

Si, d'un côté, Robespierre a été le complice de
tous les crimes et de tous les excès de la Révolution, il n'en a pas moins, au commencement de
1794, essayé, au moins pendant quelque temps,
d'arrêter la terreur.

Les missions de Robespierre jeune, de Gouly,
etc., en sont la preuve matérielle.

On voit par la lettre de Carrier que c'était d'a-
bord à Saint-Malo que devaient être exécutées
les noyades, et que les victimes désignées étaient
l'évêque, les prêtres et les religieuses détenus à
Rennes.

Les expressions LE MOT D'ORDRE transmis à l'officier de marine et LA DÉPORTATION RADICALE,
terme qu'il devait encore employer à Nantes pour
désigner les noyades, ne laissent malheureusement aucun doute sur la nature de l'opération à
laquelle il voulait faire procéder.

La première de ces expressions a de plus une redoutable portée, car elle prouve que les personnes auxquelles Carrier écrivait savaient parfaitement en quoi *ce terrible* MOT D'ORDRE consistait. Or, ce n'est pas à un membre déterminé du comité de salut public que Carrier écrit. *Les mots « citoyens mes collègues, »* qui sont la formule habituelle, prouvent que c'est au comité de salut public entier qu'il s'adresse.

On voit de plus que les noyades à Saint-Malo ne sont qu'ajournées.

On voit également que Carrier n'a pas plus de tendresse pour les feuillants, les fédéralistes et les modérés que pour les royalistes et pour les aristocrates.

S'il y a une certaine pudeur qui empêche de se servir du mot propre, quand il s'agit des noyades, il n'en est pas de même de la fusillade.

« *Au lieu de m'amuser à leur faire leur* » *procès, je les enverrai à l'endroit de leur* » *résidence pour les y faire fusiller.* »

Carrier n'éprouve pas la moindre indécision à cet endroit; le comité de salut public n'en éprouve pas davantage.

Les expressions « *les mesures rigoureuses et révolutionnaires doivent être employées,* ce n'est QU'EN PURGEANT, » etc., sont l'approbation la plus complète de tout ce que Carrier propose.

Il y a entre la note écrite de la main d'un des membres du comité de salut public et la minute de la lettre expédiée à Carrier des différences qui méritent la plus grande attention. La note est, je crois, de Collot d'Herbois ou de Billaud-Varenne. Dans la lettre qui fut envoyée à Carrier, au nom du comité, on approuve, au fond, complétement tous ses actes et toutes ses propositions par les mots : « en continuant comme vous faites A PURGER le corps politique de toutes les mauvaises humeurs qui y circulent, » mais on apporte une prudence extrême dans la manière de minuter cette approbation. Il est évident que ce n'est plus Collot d'Herbois ni Billaud-Varenne qui écrivent ; c'est un de leurs collègues, bien plus retors et bien plus cauteleux qu'eux, qui rédige cette lettre. Elle diffère trop de la note pour qu'un simple commis ait osé modifier ainsi cette dépêche.

Mais ce n'est pas tout. Nous allons voir tout-
à-l'heure Collot d'Herbois et Fouché, eux aussi,
employer à Lyon la fusillade, c'est-à-dire le
moyen que Carrier voulait employer à Nantes.
Or, personne ne devait mieux connaître les intentions du comité de salut public que Collot
d'Herbois, qui, après Robespierre, en était, avec
Billaud-Varenne, certainement un des membres
les plus importants. Il y a cependant une nuance;
avant de les faire fusiller, Collot d'Herbois et
Fouché, moins bestialement brutaux que Carrier,
faisaient défiler toutes leurs victimes devant la
fameuse commission Parein, qui était censée les
juger, car on ne peut donner le nom de jugement
à des fournées de malheureux qui avaient à peine
le temps de décliner leurs noms. 5 à 6 minutes
suffisaient pour statuer sur le sort d'un homme.
Il est bien entendu qu'il n'y avait ni audition de
témoins, ni plaidoiries. Dans la pratique, on ap-
pliquait les principes que Robespierre devait insérer dans sa loi si odieuse du 22 prairial.

Maintenant que nous avons expliqué les conditions dans lesquelles Collot d'Herbois et
Fouché arrivèrent à Lyon, pour que nos lecteurs

comprennent bien tout cet épisode, nous remonterons un peu plus haut, aux derniers jours du siége de cette malheureuse ville, à l'époque où Couthon y arrive avec Maignet, le féroce proconsul d'Orange, et les 12 à 15,000 Auvergnats qu'ils avaient réunis en leur donnant 6 livres, soit aujourd'hui plus de 10 francs, par jour et en leur faisant promettre dans les clubs le pillage de Lyon.

Dans cette anarchie sanglante qui s'appelle à si juste titre la terreur, la Convention, dont le dixième des membres, grâce à l'insurrection de la démagogie armée de Paris, a été proscrit le 31 mai, n'est plus qu'un des pouvoirs de la République. Les autres sont les comités de salut public et de sûreté générale, la commune, c'est-à-dire les Hébert (le père Duchesne), les Henriot, des voleurs avérés, les Chaumette, les Pache, puis les clubs des jacobins et des cordeliers; ensuite les sections, c'est-à-dire les représentants de la force armée qui délibère, décrète, arrête, dispose des canons, des piques, des baïonnettes; l'armée révolutionnaire de Ronsin et de Maillard dont les séides à longues moustaches traînent bruyamment leurs grands sabres et assassinent

en pleine rue; c'est enfin le tribunal révolutionnaire, les Fouquier-Tinville, les Dumas, les
Coffinhal,. qui font tomber les têtes des malheureux qu'au nom de la liberté et de la fraternité
tous ces tyrans réunis entassent dans les prisons.
A Paris seulement, le nombre en atteignit 8,000.

En province, vous trouvez la même anarchie
sanglante, rendue encore plus effroyable par la
guerre civile, par les commissions militaires, par
les détachements de l'armée révolutionnaire qui
promènent la guillotine, enfin, par les représentants de la montagne, les féroces proconsuls dont
le nom appartient à l'histoire pour y être à jamais flétri et maudit, les Carrier, les Fouché,
les Collot d'Herbois, les Lebon, les Barras, les
Tallien, etc., etc.

C'est donc bien à tort qu'on proclame que la
Convention a sauvé la France; car, on ne saurait
trop le répéter, la Convention n'a été bien souvent qu'un instrument convertissant en décrets
ce que les misérables qui s'étaient emparés de la
direction de tous ces pouvoirs si multiples avaient
inventé. Loin d'être omnipotente, la Convention
n'est bien souvent que l'esclave de tous ces pou-

voirs tyranniques qui la dominent par la force et
par la terreur. C'est donc une très-grande erreur
de croire qu'elle a tout fait, tout dirigé. La
terreur existe contre la Convention au moins
autant que par la Convention ; le 31 mai et le
5 septembre 1793 ne le prouvent que trop.

Ce qui a véritablement dominé la France
pendant cette fatale période qu'on appelle la Terreur, ce n'est pas la Convention seule. C'est encore bien moins le peuple, quoique tout se fît en
son nom ; ce n'est pas la démocratie, c'est cette
aristocratie des malhonnêtes gens qu'on appelle
la démagogie. Partout où elle a dominé, elle a
détruit ; partout où elle dominera, elle détruira ;
car, que ce soit au nom d'un principe ou pour
satisfaire leurs passions personnelles, de certains
hommes, à quelque classe de la société qu'ils appartiennent, vivront toujours de rapines et verse-
ront toujours le sang. Il n'y a jamais eu ; il n'y
aura jamais pour eux d'autres limites que la
force dont ils disposent. Simples particuliers, ils
commettent des crimes isolés ; devenus gouvernement, par suite d'une révolution, ils frappent une
nation entière.

Rien ne permet de mieux comprendre l'anarchie absolue qui existe en France, à la fin de 1793, que la correspondance des représentants en mission avec le comité de salut public.

On croit généralement que le comité de salut public dirigeait la République, c'est l'erreur la plus complète. Le comité de salut public ne donnait presque jamais d'ordres ni même d'instructions qui méritâssent véritablement ce nom. Presque toutes les réponses qu'il adresse aux représentants en mission, et j'en ai eu des centaines entre les mains, ne sont que des accusés de réception approuvant leurs actes avec des tirades patriotiques plus ou moins ronflantes. Voici un spécimen de ces réponses :

« Paris, 28 nivôse an II.

» *Les représentants du peuple, membres du*
» *comité de salut public,*

» AUX AUTORITÉS CONSTITUÉES.

» La nation française vous a indiqué les bases
» du gouvernement révolutionnaire.

» Les autorités constituées en font partie; c'est
» à elles à en assurer la marche.

» Cette marche doit être active, sûre et rapide.

» ..... Les représentants du peuple qui sont ou
» qui vont être envoyés dans vos arrondisse-
» ments ont l'initiative de la solution de toutes
» les questions concernant le gouvernement révo-
» lutionnaire.

» *Le comité ne donne pas de solutions par-*
» *ticulières,*— il surveille les fourbes et les in-
» trigants et frappe les ennemis de la République.»

Tirade contre les menées religieuses que les
étrangers pratiquent — de grands mots.

Est-il possible de réunir un pathos plus vide
de sens à l'organisation de l'anarchie incarnée
dans cette pléiade d'hommes de caractère, d'origine, d'opinions au fond si diverses que forment
les représentants en mission ?

C'est pourtant eux qui doivent résoudre toutes
les questions, dit le comité, c'est-à-dire réellement *gouverner.*

Il était impossible qu'il en fût autrement. Comment Collot d'Herbois, un histrion, auteur dra-

matique de très-médiocre valeur; Billaud-Varenne, lui aussi, auteur dramatique sans succès,
quasi-moine défroqué comme Fouché, avocat sans
cause, démagogue violent; Robespierre lui-même,
un petit avocat de province, n'ayant jamais vécu
que de la vie des clubs depuis qu'il s'occupait de
politique; Saint-Just, un illuminé, etc., etc., au-
raient-ils pu devenir du jour au lendemain des
hommes d'Etat. Aussi, je le répète, ne donnaient-
ils presque aucun ordre, aucune instruction qui
mérite ce nom. Les lettres des représentants en
mission sont pleines de doléances à cet endroit. Ils
se plaignent continuellement de ne recevoir *ni
réponses à leurs demandes, ni instructions*.

Je vais plus loin, le comité de salut public bien
souvent n'osait pas donner d'ordre. En voici un
exemple bien curieux, dont on verra les détails
plus loin.

Javogues avait pris dans les départements de
Saône-et-Loire, de la Loire et de l'Ain une série
d'arrêtés tous plus violents les uns que les autres.
Il avait établi des commissions révolutionnaires
dans des départements où il n'existait pas de
troubles; il avait ordonné de démolir les maisons

de luxe, etc., etc., toutes mesures contraires aux instructions générales de la Convention. On croirait peut-être que le comité de salut public le blâme; pas le moindrement. *il ne l'ose pas*; il se contente d'envoyer Gouly en mission, avec pouvoir de *suspendre* les mesures ordonnées par Javogues. C'était le moment où la lutte s'engageait entre les hébertistes et le comité. Un ordre envoyé à Javogues eût été une pièce permettant d'accuser le comité de *modérantisme* ; aussi, je le répète, ainsi qu'on le verra plus loin, il n'osa pas envoyer d'ordre à Javogues.

Voici encore des faits qui prouveront à quel point l'anarchie était arrivée. Il existait des tribunaux révolutionnaires dont les condamnations à mort étaient exécutées dans les 24 heures, sans que la Convention et, ce qui est plus fort, le comité de salut public connûssent même leur existence. Cela peut paraître inconcevable, cela n'en est pas moins parfaitement exact. Les pièces que nous donnerons plus loin le prouveront.

Lorsque les abus des représentants en mission qui établissaient des tribunaux révolutionnaires partout où cela leur plaisait devinrent intolérables, la Convention fit la loi du 19 floréal qui abolissait tous les tribunaux révolutionnaires, à l'exception de celui de Paris. Le comité de salut public, pour assurer l'exécution de cette loi, que dans plusieurs départements on essaya d'éluder, demanda à tous les représentants en mission un rapport faisant connaître quels avaient été dans leurs départements les commissions militaires ou tribunaux révolutionnaires. L'un d'eux, Lambert, en mission dans la Côte-d'or, répondit d'abord qu'il n'en avait pas existé dans ce département, puis, quelques jours après, il fit savoir qu'il avait existé à Auxonne une commission militaire qui, venue de Wissembourg et n'ayant primitivement que des attributions militaires, avait été convertie en tribunal révolutionnaire par les représentants Probst et Bernard de Saintes. Depuis sa création, cette commission militaire, dont les condamnations à mort étaient exécutées dans les 24 heures, avait rendu 432 jugements. *La Convention et le comité de salut public ne connaissaient pas même son existence.*

Il faut avoir de semblables pièces sous les yeux pour pouvoir admettre l'existence de faits semblables.

Voici la seconde lettre de Lambert :

« *Toulon-port-la-Montagne, 7 fructidor an II.*

» AU COMITÉ DE SALUT PUBLIC.

» Citoyens collègues,

» N'ayant trouvé sur les registres du départe-
» ment de la Côte-d'Or aucun indice des établisse-
» ments dont vous voulez être informés, je vous
» ai marqué qu'il n'en avait pas existé, mais j'ai
» su depuis qu'il y avait une commission militaire
» établie à Auxonne, et ayant écrit à ce sujet à
» la municipalité de cette commune, voici les
» deux réponses que j'ai reçues.
    » Salut et fraternité,

» LAMBERT. »

Bon nombre de représentants en mission
étaient, du reste, très-peu disposés à obéir aux
ordres de la Convention. Ils étaient devenus de
véritables autocrates ne relevant que dè leurs
caprices. Quand leurs excès devenaient intolé-

rables ou que, dénoncés par leurs collègues, ils étaient rappelés à Paris, ils ne tenaient aucun compte des lettres qu'on leur adressait. Cela devint si fréquent que la Convention fut obligée de faire, le 10 prairial an II, une loi portant que tout représentant en mission qui, rappelé à Paris, n'obéirait pas immédiatement, serait réputé démissionnaire.

Rien, je crois, ne saurait mieux peindre l'anarchie sanglante qui existe dans toute la France que les quelques faits que nous venons de citer.

Nous allons maintenant aborder le sinistre épisode de Lyon, dans lequel Fouché joua un rôle si odieux.

La terreur révolutionnaire à Lyon peut se diviser en trois périodes bien distinctes.

La première période comprend les tentatives violentes de Châlier pour dominer Lyon par la terreur.

La deuxième période commence à la fin du siége, quand Couthon, Maignet et Châteauneuf-Randon arrivent avec les bataillons qu'ils ont levés en Auvergne et entrent dans cette malheureuse ville.

La troisième période suit l'arrivée de Collot

d'Herbois et finit au départ de Fouché; c'est la période de terreur par excellence.

Nous ne parlerons pas de la première période, celle de Châlier; elle est locale et nous entraînerait trop loin de notre sujet, auquel elle ne touche qu'indirectement.

Quant à la seconde et à la troisième période, nous leur donnerons le développement que méritent ces redoutables épisodes de la Révolution française.

La Convention, avec cette impatience fébrile qui est un des traits caractéristiques des révolutions, à la fois irritée et profondément inquiétée de la prolongation du siége de Lyon, avait envoyé Couthon, Maignet et Châteauneuf-Randon en Auvergne pour y lever des soi-disant volontaires. Je dis soi-disant volontaires, car nous y trouvons encore une preuve de ce que vaut le patriotisme désintéressé, qu'on exalte à si grand bruit.

Louis Blanc a écrit une page très-poétique sur le paralytique Couthon prenant « les rochers de » l'Auvergne pour aller les précipiter dans le » faubourg de Vaize. »

Il paraît avoir pris au sérieux les périodes déclamatoires de l'époque. La réalité est bien moins épique.

Pour déterminer la population de l'Auvergne à prendre les armes, Couthon, par un arrêté du 17 septembre 1793, promit 6 livres par jour à tout volontaire qui s'engagerait à marcher contre Lyon. Ses dignes acolytes, dans les clubs, promettaient en plus le pillage de cette ville.

Une solde de six livres de cette époque qui valent au moins dix francs actuellement et l'espérance du pillage de leurs riches voisins de Lyon, voilà à l'aide de quels moyens Couthon parvint à lever douze ou quinze bataillons. Qu'on se reporte à la misère qui existait à cette époque, et l'on concevra la séduction puissante qu'exercèrent de semblables promesses sur la rude population de l'Auvergne, qui alors ne trouvait de travail nulle part et avait été profondément démoralisée par les Couthon, les Carrier, les Maignet et leurs acolytes.

Les historiens qui ont pris au pied de la lettre les tirades déclamatoires des rapports et des discours lus à la tribune, ont porté à 30,000 le nombre des hommes amenés d'Auvergne par Couthon. Toutes les pièces, qui existent encore, prouvent que ce nombre est très-exagéré. Je ne crois pas que les bataillons amenés par Couthon comptassent sous les drapeaux, effectif présent, plus de 12 à 15,000 combattants. quoique la République payât pour un nombre d'hommes beaucoup plus considérable. Leur solde de six livres par jour, les rations beaucoup plus fortes que celles des troupes de ligne, qu'ils recevaient, une livre de viande. deux livres de pain et une bouteille de vin par homme. furent une cause d'irritation de la part des autres corps. Aussi, dès qu'il fut possible de les congédier, fit-on partir de Lyon tous les hommes au-dessus de vingt-cinq ans.

Les populations de la Loire se plaignirent amèrement de leur indiscipline et du pillage auquel ils se livrèrent dans beaucoup d'endroits.

Comme toutes les levées en masse, ils ne contribuèrent que bien peu à la prise de Lyon.

Dans le factum dirigé contre Couthon par Javogues, qui, dans cette lutte, n'est que le prête-nom de Fouché, on trouve de nombreuses traces des gaspillages qu'amena cette fameuse levée en masse. C'est, du reste, ce qui a lieu dans toutes les armées de la République. Les plaintes contenues dans le discours de Saint-Just ne sont que trop justifiées par la correspondance des représentants en mission avec le comité de salut public. C'est partout le désordre, le gaspillage et l'anarchie arrivés à un point qu'on ne pourrait pas croire, si n'étaient des témoins oculaires qui écrivaient ces lettres.

L'enthousiasme des volontaires, dont on parle tant, est cruellement démenti par les dépêches dans lesquelles les représentants en mission ne parlent que de déserteurs.

Voici quelques pièces qui donneront une idée de ce que valent les tirades que Barrère débite à la tribune et les centaines de milliers de volontaires dont la République se glorifie tant.

Dans le courant de messidor an III, Goupilleau écrit au comité de salut public que tous les volontaires de la Lozère sont rentrés et que le nombre des déserteurs est très-considérable.

Le 5 messidor, Réal écrit également de Grenoble au comité de salut public, qu'il y a à Lyon

un nombre énorme de déserteurs ; il en porte le
chiffre de 8 à 10 mille.

» Deux bataillons de l'Isère et de la Drôme,
dit-il, ont été quelques mois à Lyon. Chacun
d'eux était fort de 900 hommes. Envoyés, l'un
à Embrun, l'autre dans le Mont-Blanc, ils ne
comptaient plus chacun que 200 hommes d'effectif présent. »

Clausel fait également savoir que dans la
Haute-Garonne il y a des déserteurs en armes.

Quand on arrive à la réalité, on voit que ce
n'est qu'à grand'peine, par les moyens les plus
violents, que les armées de la République se
recrutent.

C'est par centaines que l'on trouve des arrêtés
pris par les représentants en mission pour forcer les soi-disant volontaires à rejoindre leurs
corps, sous les peines les plus sévères. La rigueur
des mesures prescrites par ces arrêtés prouve à
quels moyens extrêmes il fallait recourir pour
empêcher les volontaires et les jeunes gens de la
grande réquisition d'abandonner leurs drapeaux.
On voit, par le grand nombre de proclamations
et de décisions de toute nature, que l'effet de

toutes ces mesures était insuffisant dans beaucoup de départements.

L'arrivée de Couthon devant Lyon, le 2 octobre 1793, fut suivie de luttes très-violentes
entre lui, Châteauneuf-Randon, Maignet et
Javogues, d'un côté ; Dubois-Crancé et Gauthier,
de l'autre.

Dubois-Crancé voulait terminer le siége régu-
lièrement, en continuant le bombardement qui avait
déjà produit les effets les plus désastreux dans
Lyon. Couthon voulait, au contraire, enlever de
vive force la ville. Il dénonça Dubois-Crancé et
Gauthier au comité de salut public.

La lettre suivante de Couthon, qui est en entier écrite de sa main, prouvera la confiance que
mérite sa bonne foi quand il nia, comme il le fit
plus tard, avoir dénoncé Dubois-Crancé, qui fut
rappelé et mis en accusation, par un arrêté du
comité de salut public, daté du lendemain du
jour même où arriva à Paris la lettre qu'on va
lire.

« Au quartier général de Sainte-Foy-lès-Lyon,
» le 6 octobre 1793, l'an II de la République.

» GEORGES COUTHON, REPRÉSENTANT DU PEUPLE,

» AU COMITÉ DE SALUT PUBLIC.

» Salut, amitié et fraternité.

» Chers collègues et amis,

» Étonné comme vous, comme la France
» entière, des cruelles lenteurs qu'éprouve le
» siége de Lyon, je me suis rendu précipitam-
» ment, il y a 3 jours, à l'armée. Dès l'instant
» de mon arrivée à Sainte-Foy, j'ai vu tous mes
» collègues et les généraux, je leur ai fait part
» de ma surprise, de mes inquiétudes, de mes
» craintes. Je leur ai dit que, dans un grand mou-
» vement populaire, je ne connaissais *point de*
» *tactique*, et que *la vive force* était le seul
» moyen qui convenait au peuple tout-puissant.
» Peut-être mon langage fut-il trouvé un peu
» extraordinaire. Cependant on se rendit à la
» nécessité de remplacer les fusillades, les canon-
» nades éternelles par une attaque et un assaut

» en règle. Mais, auparavant, on crut devoir
» s'assurer du poste important de Fourvières
» qui domine la ville, et d'où l'on peut l'écraser
» sans exposer, pour ainsi dire, un seul homme,
» puisque le poste est hors de la portée du canon
» de l'ennemi. Ce parti préalable me parut bon,
» surtout après que j'eus pris connaissance du
» local. Mais je pensais que l'exécution allait
» s'ensuivre à la minute, et que le lendemain,
» au plus tard, ce poste serait à nous. *Le lende-*
» *main on ne parlait que des préparatifs*, et
» plusieurs jours semblaient être nécessaires à
» l'exécution. Je m'impatientai alors tout de
» bon. Châteauneuf et Maignet jurèrent avec
» moi, *et l'on se décida enfin à mettre*
» *sérieusement de tous côtés le fer au feu.*
» Nous en étions là lorsque vos lettres des 1er et
» 2 de ce mois me parvinrent. Ce fut pour nous
» un renfort bien salutaire. A peine furent-elles
» lues que la résolution fut prise de forcer, dès
» aujourd'hui même, sur plusieurs points à la
» fois, et la ville et Fourvières. J'ai tout lieu de
» croire, d'après l'ardeur indicible que montrent
» nos troupes, que le succès le plus complet cou-

» ronnera nos entreprises. Je vous en informerai

» sans perdre de temps par un courrier extraor-

» dinaire. Maintenant, je dois vous dire que, si

» j'ai remarqué, en arrivant ici, *une inactivité*

» *réelle* dans les mouvements, cette inactivité

» ne m'a point paru être la faute d'un système

» contraire à nos principes, mais seulement l'effet

» d'une erreur qui a fait croire que les mêmes

» moyens employés dans la troupe de ligne con-

» venaient également à l'armée du peuple. On

» veut toujours de la tactique et la tactique est

» l'*opium* des insurrections populaires. Châ-

» teauneuf, Maignet et le brave général sans-

» culotte Doppet m'ont paru les seuls qui con-

» nussent la *vraie méthode* et qui sussent l'em-

» ployer utilement. Vous me mandez que Châ-

» teauneuf est rappelé. J'en suis fâché! Je l'ai

» suivi et observé de plus près qu'un autre, parce

» qu'il avait la tache originelle, contre laquelle

» je suis fortement prévenu ; mais jamais je ne

» l'ai trouvé en faute. Au contraire, je l'ai vu

» constamment bien servir son pays. Nous l'a-

» vons engagé, quand nous étions à Clermont, à

» se charger de la direction des colonnes du

» Puy-de-Dôme. Il s'en est acquitté avec zèle et
» talent. Il a conduit les troupes à la victoire
» dans les journées des 22, 23 et 29 septembre.
» Vous connaissez tous les détails de cette der-
» nière, et vous savez qu'elle nous a valu plus
» que deux mois de siége. Il a voulu tout voir par
» lui-même. Il a tout dit et sans ménagement pour
» les personnes, et en faut-il davantage pour
» qu'il se soit fait autant d'ennemis qu'il y a ici
» d'intrigants et de gens méprisables. Je ne pé-
» nètre pas dans le cœur de cet homme ; mais,
» s'il faut le juger par ses paroles, par ses écrits
» et par ses actions, c'est un brave et utile répu-
» blicain. S'il est possible de le laisser ici, je
» vous y invite ; il nous aidera de bien des ma-
» nières. *Je n'ai pas encore eu le temps*
» *de juger tous mes alentours.* Il est *cer-*
» *taines figures muscadines* qui ne me re-
» viennent pas du tout. Je prends des rensei-
» gnements, et vous pouvez être sûrs que je
» ferai justice ici comme je l'ai faite dans mon
» département.

» Hommage et respect à la Convention nationale.

» Salut, amitié et fraternité à tous nos braves montagnards.

» COUTHON. »

(Autographe.)

Les opérations préconisées par Couthon, qui eussent été désastreuses au commencement du siége, réussirent, parce qu'à ce moment la garde soldée de Lyon, d'une dizaine de mille hommes dont elle était composée au commencement du siége, se trouvait réduite, par les combats et le bombardement, à trois mille et quelques cents hommes, nombre complétement insuffisant pour défendre, pour occuper même tous les ouvrages qui existaient autour de cette ville. Aussi, quand on dirigea des attaques de vive force sur plusieurs points à la fois, malgré une résistance désespérée, du côté de Perrache, le 29 septembre, les troupes républicaines pénétrèrent dans Lyon par le pont de la Mulatière et ne furent repoussées qu'à grand'peine.

Précy, avec ce qui lui restait de monde, dut tenter de sortir dans la nuit du 7 au 8 octobre. Presque tous les malheureux qui l'accompagnaient furent tués, avec M. de Virieu, dans des combats qui eurent lieu près de Saint-Cyr, de la Roche-Cardon et de Saint-Rambert, ou furent massacrés par les populations des campagnes soulevées au son du tocsin. Deux ou trois cents furent pris et fusillés à Lyon. Précy et une centaine d'hommes échappèrent seuls à cette boucherie.

Quant à Dubois de Crancé, à qui était réellement due la prise de Lyon, il fut d'abord rappelé, avec Gauthier, par un arrêté du comité de salut public du 1er octobre, au moment même où Lyon, réduit aux dernières extrémités par les opérations qu'ils avaient dirigées, ne pouvait plus être défendu.

Voici la minute de cet arrêté :

1er *octobre* 1793.

« Le comité de salut public de la Convention nationale arrête les mesures suivantes sur Lyon :

» 1° Retirer Dubois de Crancé, Châteauneuf-Randon, Gauthier;

» 2° Ecrire à Maignet et à Laporte qui y restent commissaires;

» 3° Attaquer de vive force;

» 4° Changer l'état-major;

» 5° Envoyer encore des munitions;

» 6° Envoyer un courrier.

» 7° Ecrire à Couthon.

» COLLOT-D'HERBOIS, HÉRAULT, BILLAUD-
VARENNE, C.-A. PRIEUR. »

(Hérault, *autogr.*)

Quelques jours plus tard, par suite de la lettre
de Couthon, Dubois de Crancé fut arrêté et
conduit à Paris sous l'escorte de la gendarmerie,
par suite de la décision suivante du comité de
salut public :

◄ RÉPUBLIQUE FRANÇAISE.

*Extrait du registre des arrêtés du comité de
salut public de la Convention nationale du
21ᵉ jour du 1ᵉʳ mois de l'an II.*

» Le comité de salut public arrête que les citoyens Dubois Crancé et Gauthier, représentants
du peuple près l'armée de la République, maintenant dans Lyon, seront mis en état d'arrestation

et amenés à Paris. Les scellés seront mis sur leurs
papiers.

> » Signé au registre : BILLAUD-VARENNE,
> BARRÈRE, HÉRAULT, SAINT-JUST,
> COLLOT-D'HERBOIS, ROBESPIERRE.

> » Pour extrait :

> » Signé : PRIEUR, SAINT-JUST, ROBESPIERRE
> et BARRÈRE. »

Il faut lire avec attention les deux mémoires
adressés à la Convention par Dubois Crancé pour
avoir une idée de l'anarchie qui existait dans ce
mélange d'avocats, de militaires, de clubistes, de
sans-culottes improvisés généraux. Aux militaires
expérimentés qui avaient réellement dirigé le
siége, Kellermann, qu'on avait destitué, et Dubois
Crancé, qu'on avait rappelé et arrêté, ce fameux
comité de salut public qu'on essaie de faire regarder comme si habile dans la direction des opérations militaires substitua Couthon, Maignet,
Laporte et Javogues, des démagogues sans valeur
militaire aucune.

Il existe une pièce que je donnerais en entier
si elle ne s'écartait trop du sujet que je traite,

c'est une lettre datée du 10 octobre, de Châteauneuf-Randon au comité de salut public, dans laquelle il dit que depuis 22 ans il suit la carrière militaire; qu'il a toujours été avec Couthon dans les luttes qui ont eu lieu entre les représentants, et que depuis qu'il était entré à Lyon et qu'il avait vu les effets terribles produits par le bombardement, il devait déclarer que ceux qui les avaient précédés, Dubois Crancé et Kellermann, avaient employé tout ce qu'on pouvait attendre de militaires expérimentés pour s'emparer de Lyon.

Plus tard, quand la lutte qui eut lieu entre Couthon et Dubois Crancé, qui s'accusaient devant la Convention, s'engagea avec violence, Châteauneuf-Randon tint un langage différent. Il accusa Dubois Crancé de vivre en sybarite; de rester dans sa chambre, à son quartier-général, avec sa maîtresse, en robe de chambre, jusqu'à midi; de refuser, jusqu'à cette heure, de recevoir qui que ce soit, etc., etc.

Châteauneuf-Randon accusa également avec la dernière violence Kellermann, qu'il prétendit qu'il fallait mettre en jugement.

Trois jours après avoir dénoncé Dubois de

Crancé au comité de salut public, le 9 octobre,
Couthon lui écrivait :

A *Dubois Crancé*,

« Tu nous fais injure, cher collègue et ami, en
» nous demandant la permission d'entrer un ins-
» tant à Lyon. Notre intention fut toujours d'y
» entrer tous ensemble, et je n'attendais que
» l'avis de Maignet et de Châteauneuf, qui
» avaient promis de m'indiquer le moment du
» départ, pour t'en instruire et t'engager à venir
» ici pour nous mettre en mesure. On m'annonce
» qu'ils arrivent. Viens donc au reçu de ce billet.
» Adieu, ton frère, ami et collègue.

» G. COUTHON.

> » 9 octobre. »

(Autographe.)

Malgré cette lettre en apparence si amicale ,
Dubois de Crancé, en entrant à Lyon, put s'a-
percevoir que, lui aussi, était un vaincu. C'est à
grand'peine qu'il pût trouver un logement. Il
fut relégué dans une mansarde de l'archevêché,
dont la toiture avait été défoncée pendant le bombardement.

La proclamation qu'on va lire prouve que
Couthon, qui connaissait les promesses que l'on
avait faites dans les clubs à ses bons Auvergnats,
craignait qu'il ne fût commis des excès.

« *Les représentants du peuple , députés par*
» *la Convention près l'armée des Alpes et*
» *divers départements.*

» Du 10 octobre 1793, l'an II de la République.

» Braves guerriers de toutes les armes ,

» Vous venez d'immortaliser votre courage
dans le champ de la victoire : la République re-
connaissante en transmettra le souvenir à la postérité.

» Avant d'entrer dans la ville de Lyon, vous
avez tous juré d'en faire respecter les personnes
et les propriétés, et ce serment solennel ne sera
pas vain, puisqu'il vous a été dicté par le sentiment de votre propre gloire.

» Il pourrait être cependant, hors de l'armée,
des malveillants qui se livrassent au pillage, dans
le dessein perfide d'en attribuer l'infamie aux
braves républicains qui la composent; nous re-
commandons ces scélérats à votre surveillance ;

arrêtez-les, dénoncez-les, et nous en ferons prompte justice. Quiconque sera pris à piller sera fusillé dans les 24 heures.

> » *Les représentants,*

> » COUTHON, DELAPORTE, MAIGNET. »

Le lendemain, les représentants ordonnèrent que, dans le jour, toutes les boutiques, ateliers et manufactures seraient ouverts et que les relations commerciales reprendraient leur cours ordinaire.

Il y a vraiment quelque chose de bien curieux dans cette manière de tout régir par arrêtés. C'est une singulière façon de pratiquer la liberté dont on parle tant.

La proclamation que l'on va lire donnera une idée du désordre et de l'anarchie qui régnaient à Lyon.

PROCLAMATION.

> « *Les Représentants du peuple envoyés près l'armée des Alpes et dans divers départements.*

> » Informés que plusieurs particuliers, sans missions ni caractère, profitent de l'état fâcheux

dans lequel une grande cité se trouve toujours
réduite lorsque les autorités constituées n'y sont
pas en pleine activité, pour *faire arrêter et
incarcérer* plusieurs citoyens, de leur autorité
privée et sans aucune forme légale, ce qui jette
l'alarme dans la ville et plonge tous les esprits
dans la terreur;

» Considérant qu'il n'appartient qu'aux autorités légitimement établies de prononcer des
arrestations,

» Arrêtent ce qui suit :

» Art. 1er. — Tout citoyen qui croira reconnaître un rebelle pourra bien le faire arrêter sur-
le-champ, mais la personne arrêtée ne pourra
être conduite en prison par qui que ce soit, avant
d'avoir comparu au comité de surveillance qui,
après avoir entendu et le dénonciateur et le dénoncé, prononcera s'il y a lieu à arrestation ou
non.

» Art. 2. — Il sera formé un comité central,
composé de deux commissaires de police et de
deux membres du comité de surveillance.

» Art. 3. — Ce comité visitera les prisons,
dressera l'état des prisonniers, s'informera des

causes de l'arrestation, et prononcera l'élargissement provisoire de tout citoyen détenu sans cause, sans dénonciation connue, à charge de se présenter, s'il y a lieu.

» Art. 4. — Lorsque le comité de surveillance aura confirmé l'arrestation d'un citoyen traduit devant lui, il sera conduit en prison et les scellés seront apposés sur ses papiers, ainsi que le séquestre sur ses biens, par mesure de sûreté.

» La municipalité tiendra la main à l'exécution du présent arrêté, et le fera lire, imprimer et afficher dans le jour même, s'il est possible, et partout où besoin sera.

» Fait à Lyon, le 12 octobre 1793, l'an II de la République.

> *Les représentants du peuple,*

> DELAPORTE, COUTHON, CHATEAUNEUF-
> RANDON. »

La violence des passions était tellement surexcitée que, malgré les forces dont ils disposaient, Couthon et ses collègues craignaient encore une résistance violente de la part des Lyonnais. Pour prévenir toute tentative de leur part, ils prirent

l'arrêté suivant. Aux menaces qu'il contient, on
peut juger des inquiétudes qu'ils paraissent
encore avoir.

« *Les Représentants du peuple Couthon,*
Châteauneuf-Randon et Maignet, dé-
putés par la Convention nationale dans
les départements du Rhône-et-Loire et
autres,

» Considérant qu'à la suite du siége que la
ville de Lyon vient d'essuyer, les passions individuelles des citoyens les uns contre les autres
doivent encore fermenter d'une manière préjudi-
ciable à l'ordre public ; qu'il importe de rétablir
promptement de nouvelles autorités à la place des
anciennes ; que les malveillants pourraient profiter du moment de stagnation qui est la suite
d'une désorganisation totale, pour souffler encore
dans les assemblées le feu de la discorde civile
dont elles ont été trop longtemps agitées.

» Arrêtent que, — jusqu'à ce qu'il en ait été
ordonné autrement, *il est défendu aux citoyens*
de s'assembler en sections ; en cas de contra-
vention, les assemblées seront dissoutes par
la force publique, et les présidents et secré-

taires mis en état d'arrestation et punis comme rebelles.

» Les comités particuliers desdites sections sont interdits, sous les mêmes peines, contre les membres qui ne cesseront pas leurs fonctions.

» La municipalité tiendra la main à l'exécution des présentes, qui seront transcrites sur les registres, imprimées et affichées partout où il appartiendra, pour que personne n'en prétende cause d'ignorance.

» Fait à Lyon, le 12 octobre 1793, l'an II de la République.

» *Les représentants du peuple,*

» Maignet. »

Il y avait eu un très-grand nombre d'arrestations faites par suite de vengeances particulières. Les représentants, accablés de réclamations sans nombre, sentirent qu'il fallait apaiser l'inquiétude de la population. Ils promirent de faire eux-mêmes une visite dans les prisons, pour mettre en liberté les victimes d'erreurs ou d'actes de malveillance:

PROCLAMATION.

« Les Représentants du peuple, envoyés près l'armée des Alpes et dans différents départements de la République, aux habitants de la ville de Lyon.

» De nombreuses arrestations ont été faites dans votre ville. Le sang des républicains avait coulé dans vos murs, la patrie y avait été outragée, la majesté nationale méconnue, la Convention proscrite, le peuple livré à toutes les horreurs qu'entraîne la guerre civile ; tant de crimes à expier demandaient de grandes mesures, elles ont été prises ; l'honneur national sera vengé, aucun traître n'échappera. Mais, au milieu de ce grand mouvement, des erreurs peuvent avoir été commises, des licences particulières peuvent avoir enfanté des crimes et avoir accumulé les victimes dans des maisons où le coupable doit seul se trouver !

» Citoyens, ces fautes, si elles ont été commises, sont étrangères aux représentants du peuple, mais il leur reste à les réparer.

» Déjà ils ont chargé la municipalité du soin

de visiter ces maisons, d'interroger ceux qui y sont détenus, de discerner l'innocent du coupable.

» Ce n'est point assez pour calmer leur sollicitude ; ils ne seront tranquilles que quand ils auront parcouru eux-mêmes ces différentes maisons.

» Demain, ils rempliront ce devoir ; ils examineront les délits qu'on impute à chacun de ceux qui y sont détenus ; le crime les trouvera inflexibles, mais l'innocent aura toujours en eux des protecteurs. Que le coupable tremble, mais que l'homme vertueux se rassure.

» Oh ! vous, mères de famille, enfants infortunés, qui venez chaque jour demander un mari, un père, apprenez enfin à bénir le régime sous lequel vous vivez ! Sous ces rois qu'on cherchait à vous faire regretter, un mot vous aurait enlevé pour toujours celui qui vous est cher ; aujourd'hui, la loi seule peut prononcer sur son sort, et la loi est juste, inflexible, mais impartiale.

» La présente proclamation sera imprimée, lue, publiée et affichée.

» Lyon, 15 octobre 1793, an II de la Républ.

» Signé : COUTHON, MAIGNET, CHATEAU-NEUF-RANDON, DELAPORTE. »

Couthon prit, quelques jours après son entrée à Lyon, l'arrêté qui suit :

« Considérant qu'il existe une grande quantité
» de rebelles *pris les armes à la main;* qu'il
» importe que *justice en soit faite prompte-*
» *ment;* que déjà une commission militaire est
» établie pour les juger, mais que l'embarras d'un
» renouvellement journalier rendra les opéra-
» tions interminables, si la même commission ne
» devait pas juger *tous les traîtres,* autorise la
» commission militaire, établie *pour le juge-*
» *ment des rebelles* pris les armes à la main, à
» continuer ses fonctions et à juger tous ceux
» qui seront traduits devant elle pour pareil fait.

» Fait à Lyon, le 12 octobre 1793, l'an II de
» la République une et indivisible.

» *Le représentant du peuple,*

» G. COUTHON. »

Tous les passages en italique sont soulignés de la main de Couthon dans l'exemplaire de l'affiche qui appartient à la ville de Lyon ; on y lit aussi ces lignes autographes : *par moi lu, approuvé*

conforme à mon ordonnance. Bon à imprimer.
Le cachet est au-dessous de la signature *Couthon.*

La pièce que l'on va lire est un des décrets les plus effrayants que la Convention ait rendus. Il est d'autant plus impardonnable que c'est au moment où la prise de Lyon assurait le triomphe du parti révolutionnaire qu'il fut voté.

On y remarquera que la Convention subit l'influence du communisme que le parti hébertiste représente et que Fouché avait appliqué dans la Nièvre. C'est contre le riche surtout que les terribles mesures de ce décret sont prises.

On trouve, du reste, un certain nombre de décrets de la Convention, à partir du mois de septembre 1793, dans lesquels on peut suivre l'action prédominante que le parti hébertiste exerce sur cette assemblée.

Je ne ferai aucune observation sur le décret par lequel la Convention ordonne la destruction d'une ville de 140,000 âmes, l'une des plus riches de France. Un acte aussi monstrueux, inspiré par la volonté de terrifier la France entière, n'a pas besoin de commentaires. En 1871, en tentant de brûler Paris, les dignes héritiers des Hébert et compagnie n'ont fait qu'appliquer les théories que la Convention formulait en décret.

« *Du 21, 1er mois de l'an II.*

» La Convention, après avoir entendu le rapport du comité de salut public, décrète :

» Art. 1er. — Il sera nommé, par la Convention nationale, sur la proposition du comité de salut public, une commission extraordinaire composée de cinq membres, pour faire punir militairement et sans délai les contre-révolutionnaires.

» Art. 2. — Tous les habitants de Lyon seront désarmés. Leurs armes seront sur-le-champ distribuées aux défenseurs de la République. Une partie sera remise aux patriotes de Lyon qui ont été opprimés *par les riches* et les contre-révolutionnaires.

» Art. 3. — *La ville de Lyon sera détruite.* Tout ce qui fut habité par *le riche* sera démoli. Il ne restera que la maison du pauvre, les habitations des patriotes égorgés ou proscrits, les édifices employés spécialement à l'industrie et les monuments consacrés à l'humanité et à l'instruction publique.

» Art. 4. — Le nom de Lyon sera effacé du tableau des villes de la République.

» La réunion des maisons conservées portera le nom de Ville-Affranchie.

» Art. 5. — Il sera élevé, sur les ruines de Lyon, une colonne qui attestera à la postérité les crimes et la punition des royalistes de cette ville, avec cette inscription :

> » LYON FIT LA GUERRE A LA LIBERTÉ,
> » LYON N'EST PLUS.
> » Le dix-huitième jour du premier mois,
> » L'an II de la République française
> » Une et indivisible.

» Art. 6. — Les représentants du peuple nommeront sur-le-champ des commissaires pour faire le tableau de toutes les propriétés qui ont appartenu *aux riches* et aux contre-révolutionnaires de Lyon, pour être statué incessamment, par la Convention, sur les moyens d'exécution du décret du   (*sic*) *qui a affecté ces biens à l'indemnité des patriotes.*

» Collationné conforme aux originaux remis » sur le bureau de la Convention nationale.

» Signé : Louis (du Bas-Rhin). »

Quand ils reçurent ce décret effroyable, les représentants du peuple Couthon, Maignet, Châteauneuf - Randon et Delaporte écrivirent, dans les termes suivants, le 16 octobre, au comité de salut public de la Convention nationale :

» Citoyens collègues, la lecture du décret de
» la Convention nationale et de votre lettre du
» 21 du premier mois nous a pénétrés d'admira-
» tion. Oui, il faut que la ville de Lyon perde
» son nom, qui ne peut être qu'en exécration
» aux amis de la liberté. Il faut que cette ville
» soit détruite et qu'elle serve d'un grand
» exemple à toutes les cités qui, comme elle,
» oseraient tenter de se révolter contre la patrie.
» De toutes les mesures grandes et vigoureuses
» que la Convention nationale vient de prendre,
» une seule nous avait échappé, c'est celle de la
» destruction totale. Mais déjà nous avions frappé
» les murs, les remparts, les places de défense
» intérieure et extérieure, et tous les monuments
» qui pouvaient rappeler le despotisme et favo-
» riser les rebelles. Déjà nous avions établi une
» commission militaire qui, tous les jours, depuis
» le surlendemain de notre entrée dans Lyon, a

» fait tomber des têtes coupables.... Citoyens
» collègues, rassurez la Convention nationale,
» ses principes sont les nôtres ; sa vigueur est
» dans nos âmes, son décret sera exécuté à la
» lettre. »

Malgré la violence de cette dépêche, Couthon
paraît avoir reculé, dans l'exécution, devant ce
qu'il y avait d'odieux dans ce terrible décret. Il
n'en fut pas de même de Collot-d'Herbois et de
Fouché. Ils se montrèrent dignes de la mission
qui leur fut donnée et ne s'arrêtèrent que devant
des impossibilités matérielles.

La lettre suivante, qui caractérise bien les
deux hommes qui la signèrent, explique le décret
par lequel la Convention avait ordonné la destruction de Lyon. Pour assurer leur domination,
de certaines gens ne reculent devant rien.

On voit également, dans cette lettre, quelques-
uns des moyens employés par les démagogues
pour assurer le pouvoir : le premier de tous est
le désarmement des populations que l'on peut
alors contenir par la terreur avec une minorité
violente qui, seule, reste armée et organisée.

« 22 Vendémiaire.

» *Aux représentants du peuple Isabeau*
» *et Tallien.*

» Nous vous adressons, citoyens collègues, le
» décret qui a motivé la reddition de Lyon. *C'est*
» *un exemple donné à toutes les villes*
» *rebelles et fédéralistes,* et qui doit devenir
» dans vos mains l'arme la plus puissante *pour*
» *faire rentrer Bordeaux dans le devoir.*
» Surtout, que la faute commise par les repré-
» sentants du peuple qui ont conduit si lente-
» ment le siége de Lyon ne devienne pas com-
» mune avec vous. Nous vous avouons avec
» franchise que nous trouvons que vous apportez
» beaucoup trop de retard dans vos mesures
» contre Bordeaux.

» Le moment est venu d'agir, au lieu de déli-
» bérer éternellement. Vous avez des forces à
» votre disposition et un général digne de votre
» confiance. Une rentrée prompte, à la tête d'une
» armée imposante, dans une ville plus qu'équi-
» voque, est le seul moyen de l'assurer à la
» République et de prévenir les dangers d'un

» siége, toujours à craindre tant que vous ne
» serez pas dans les murs de Bordeaux.

» Que votre première opération soit un *désar-*
» *mement général et l'épurement complet*
» de toutes les autorités constituées. Faites pro-
» clamer le décret relatif à Lyon; faites, en un
» mot, tout ce que l'énergie, le zèle et l'amour
» de la liberté doit inspirer à des républicains
» tels que vous.

» Salut et fraternité.

» Collot-d'Herbois, Billaud-Varenne. »

» *P. S.* — Faites punir vivement et promp-
» tement les traîtres et les royalistes, surtout les
» chefs et les principaux agents des intrigues
» girondines et contre-révolutionnaires; défiez-
» vous des masques de patriotisme dont ils sont
» couverts à l'exemple des traîtres de la Conven-
» tion, leurs guides et leurs modèles; ce n'est
» qu'en *purgeant* le repaire de la contre-révo-
» lution et de l'hypocrisie que vous pouvez
» épargner à la République les nouveaux désas-
» tres dont elle est toujours menacée dans le
» Midi. »

Les efforts que Couthon avait faits dans les premiers jours de l'occupation de Lyon, le 15 octobre, pour tâcher de mettre un terme aux excès de tous genres, arrestations arbitraires ou vols de toute nature, qui ont lieu à tout instant, ne paraissent pas avoir eu un grand succès ; car, dès le 19 octobre, il fut obligé de faire une nouvelle proclamation. On voit, par cette pièce, que tout le monde, riche ou pauvre, est menacé dans sa liberté et dans sa fortune. Partout c'est le pillage organisé :

» 9e jour de 3e décade du 1er mois de l'an II.

Les représentants du peuple, etc.,

» Informés que *dans les arrestations et les*
» *appositions des scellés qui ont eu lieu, il*
» *se commet des injustices et des prévarica-*
» *tions scandaleuses*; que *le pauvre et l'in-*
» *nocent sont opprimés et volés ;* que *le riche*
» et le grand coupable sont ménagés et relaxés ;
» que les causes et les auteurs de ces délits
» publics sont encore inconnus; mais, qu'en
» même temps que les mesures les plus promptes
» et les plus actives doivent être faites pour les

» découvrir, il est urgent de prévenir, pour la
» suite, de semblables crimes qui blessent et
» déshonorent également la cause de l'humanité
» et celle de la justice,

» Arrête :

» Art. 1er. — Nul ne pourra être privé de sa
» liberté qu'en vertu d'un arrêté des représen-
» tants du peuple ou d'un mandat d'arrêt d'une
» autorité constituée.

» Art. 2. — Il ne pourra être apposé de scellés
» qu'en vertu d'un ordre émané des représen-
» tants du peuple ou d'une autorité constituée.

» Art. 3. — Tout individu qui en aura fait
» emprisonner un autre ou qui *l'aura privé de*
» *la jouissance de sa propriété, par la voie*
» *des scellés ou autrement*, sans un ordre légi-
» time, sera considéré comme ennemi du peuple
» et mis de suite en état d'arrestation.

» Art. 4. — Le fonctionnaire public qui aura
» abusé de sa place pour opprimer des citoyens
» et pour *s'emparer de leurs propriétés* sera
» dégradé publiquement et exposé, pendant trois
» jours consécutifs, sur une des places publiques
» de cette ville, avec un écriteau portant son

» nom et sa qualité, et ces mots : PRÉVARICATEUR

» DANS SES FONCTIONS.

» Art. 5. — Les individus incarcérés jusqu'à
» ce jour ou ceux qui pourraient l'être également
» par la suite ne seront relaxés que par un
» arrêté des représentants du peuple, et qu'au-
» tant qu'ils seront acquittés par un jugement du
» tribunal.

» Art. 6. — Tous les bons citoyens sont invi-
» tés, au nom de la patrie, de la justice et de
» l'humanité, de dénoncer avec courage, aux
» représentants du peuple, les abus, les injus-
» tices, les prévarications dont ils seraient les
» victimes ou qui pourraient être à leur connais-
» sance.

» Art. 7. — Le présent arrêté sera pro-
» clamé, etc., etc.

» G. COUTHON, MAIGNET, SEB. DELAPORTE,
» CHATEAUNEUF-RANDON. »

Quelques arrêtés ne suffisent pas pour changer
les conditions d'existence d'une population placée
dans une situation aussi douloureuse que celle
dans laquelle se trouvait Lyon. Demander, dans

un semblable moment, au commerce et à l'industrie d'assurer aux populations ouvrières du travail, c'est exiger l'impossible ; aussi la misère
devint-elle de plus en plus terrible et contrastat-
t-elle singulièrement avec les promesses trompeuses faites par les représentants qui, en tête
de chacun de leurs arrêtés, proclamaient pompeu-
sement qu'ils étaient envoyés à Lyon pour y
ASSURER LE BONHEUR DU PEUPLE. Ils y apportaient
la guillotine, la fusillade, la mitraillade et la
famine. Voilà, malheureusement, ce qu'ont
toujours produit et produiront toujours les révolutions.

*Les Représentants du peuple députés par
la Convention, etc., etc.*

» Du 2ᵉ jour de la 1ʳᵉ décade du 2ᵉ mois de l'an II.

» Considérant que les travaux sont suspendus
» dans les ateliers et manufactures ; que cette
» stagnation, qui pourrait nuire aux subsistances
» nécessaires à la ville et aux fournitures des
» armées, qui prive le pauvre du produit de sa main-
» d'œuvre, provient des retards qui ont été mis
» jusqu'à ce jour dans la distinction du coupable

» et de l'innocent ; que *si la propriété de l'un*
» *doit appartenir à la nation*, l'autre doit être
» rendu et sans délai à l'industrie et au commerce.

» *Indignés des abus dans les appositions*
» *des scellés, de l'arbitraire et de l'illégalité*
» *dans les arrestations* ; convaincus qu'une
» nouvelle organisation du comité central de
» surveillance et des comités révolutionnaires
» de chaque section, une détermination précise
» de leurs fonctions, pénétreront les membres
» qui les composent de la dignité de leurs
» devoirs et préviendront *toutes les prévari-*
» *cations*,

» Arrêtent provisoirement :

» Art. 5. — Il sera établi, dans chaque can-
» ton, une maison d'arrêt où seront conduits les
» gens suspects ; cette maison sera indiquée,
» dans le jour, par le juge de paix de chaque
» canton, et la municipalité ordonnera les répar-
» titions nécessaires pour la sûreté et la commo-
» dité des prisonniers.

» Art. 6. — Dans quatre jours, la municipalité
» et le comité central achèveront de donner aux
» représentants du peuple la liste *des riches*

» contre-révolutionnaires dont les maisons doi-
» vent être démolies, les magasins, marchandises
» et propriétés mobilières séquestrés.

» Art. 11. — Dans le délai de quatre jours, à
» compter de la publication du présent arrêté,
» tous marchands, négociants, entrepreneurs,
» manufacturiers et autres, non compris dans la
» liste *des riches* contre-révolutionnaires et dont
» *les propriétés et les personnes sont encore*
» *libres*, qui désireront reprendre le cours de
» leurs affaires, rappeler l'industrie et le com-
» merce, en feront la déclaration au comité révo-
» lutionnaire de leurs sections, détermineront le
» nombre d'ouvriers qu'ils peuvent employer et
» le temps pendant lequel ils leur fourniront de
» l'ouvrage.

» Art. 14. — Les négociants ou manufactu-
» riers *autorisés à continuer leur commerce,*
» qui ne rempliront pas leurs soumissions rela-
» tivement au nombre d'ouvriers et au temps
» qu'ils doivent les occuper, *seront réputés*
» *contre-révolutionnaires, et leurs biens*
» *seront confisqués au profit de la nation.*

» Art. 15. — Chaque ouvrier sans travail se

» présentera, dans le délai de quatre jours, au
» comité révolutionnaire de sa section, y fera
» inscrire son nom et son état ; les comités en
» feront un tableau qu'ils déposeront, chaque
» jour, au bureau du maire, qui en fera dresser
» un état général pour être remis aux représen-
» tants du peuple, et, si les soumissions des en-
» trepreneurs, manufacturiers et marchands ne
» suffisent pas pour occuper tous les ouvriers,
» les représentants du peuple prendront les
» mesures les plus promptes *pour fournir du*
» *travail* et *des moyens de subsistance* à
» ceux qui en seront privés, et pour employer
» leurs bras d'une manière utile à leur famille
» et à la République.

» Couthon, Seb. Delaporte, Chateauneuf-
» Randon, Maignet. »

Voici maintenant quelques spécimens de la
manière de procéder du gouvernement démocratique et social de Lyon. La municipalité révolutionnaire, installée dans cette malheureuse cité,
était composée des éléments avec lesquels Châlier
avait voulu imposer à Lyon la domination san-

glante qui avait amené l'insurrection de cette
ville.

« *La municipalité de Ville-Affranchie au*
comité révolutionnaire des sections.

» Il est indispensable que vous envoyiez la liste
des riches, banquiers, agioteurs, négociants,
contre-révolutionnaires de votre section, au bureau du maire, dans ce jourd'hui (lundi), avant
huit heures du soir, parce que les représentants du
peuple demandent le tableau général avant minuit.

» Salut et fraternité.

» BERTRAND, *maire.*

» 7 brumaire. »

« 7 brumaire an II.

« *La municipalité de Ville-Affanchie au*
comité révolutionnaire des sections.

» Les listes que vous nous avez envoyées ne
désignant pas assez distinctement les différentes
classes de citoyens qu'il est urgent de connaître
en cet instant, vous êtes invités de remplir
promptement le tableau que nous vous faisons

passer ci-joint, et, pour faciliter cette opération, nous vous renvoyons vos listes. Mais il faut rapporter le tableau, que vous aurez rempli, au comité central de surveillance, à dix heures du matin, sans retard ; nous vous le demandons au nom du salut public.

» Salut et fraternité.

» BERTRAND, *maire.* »

« 8 brumaire an II.

« *La municipalité de Ville-Affranchie aux comités révolutionnaires des sections.*

» Il sera fait demain *une nouvelle visite domiciliaire* ; elle commencera à 7 heures précises du matin ; les comités s'adjoindront dix patriotes prononcés pour diriger la force armée, qui sera au même lieu que dans la dernière visite. Les comités recevront une liste des contre-révolutionnaires de leurs sections, qu'ils mettront en arrestation dans le cours des visites. Il faut que la visite soit achevée à 3 heures du soir, les portes devant s'ouvrir à 4 heures. Les comités révolutionnaires enverront cette nuit un membre de leur comité au bureau du maire.

» Salut et fraternité.

» BERTRAND, *maire.* »

Le décret ordonnant la destruction de Lyon, rendu le 12 octobre, arriva dans cette malheureuse ville le 15. Ce ne fut que le 26 octobre que Couthon, avec un certain cérémonial, armé d'un marteau d'argent, se fit porter sur la place Bellecour et fit commencer les démolitions en frappant lui-même un des édifices condamnés.

On doit cependant lui rendre justice et reconnaître qu'il n'apporta pas à cette œuvre de destruction la passion qui paraît avoir animé les meneurs qui firent voter cet odieux décret à la Convention. Comparée à celle de Collot-d'Herbois et de Fouché, sa conduite fut incontestablement modérée. Malgré cela, des mesures aussi violentes ne pouvaient manquer d'être la cause de graves désordres, ainsi qu'on le verra plus loin.

Voici en quels termes Couthon annonça cette œuvre de destruction : « On démolira immédiate-» ment les maisons de la place Bellecour, ce sont

» celles qui annoncent le plus de faste et qui of-
» fensent le plus la sévérité des mœurs républi-
» caines. La municipalité donnera les ordres les
» plus précis pour que, dans la journée de demain
» (26 octobre), toutes les maisons qui forment un
» des côtés de cette place soient évacuées par leurs
» habitants. Elle réunira dans ce lieu, à huit
» heures du matin, au moins six cents ouvriers
» munis de pioches, marteaux, haches et autres
» instruments de démolition : *au besoin, elle*
» *les mettra en réquisition et les fera venir*
» *des départements voisins.* Les représentants
» du peuple se rendront à huit heures du matin
» sur la place Bellecour et porteront, au nom de la
» République, les premiers coups à ces demeures
» orgueilleuses. Un pareil nombre d'ouvriers sera
» employé à la démolition des murs et remparts
» qui sont autour de la ville, et notamment du
» château de Pierre-Scise. »

Une contribution de six millions fut imposée
sur *les riches*, afin de pourvoir aux frais de ces
sinistres travaux.

Le 26 octobre, les représentants du peuple
G. Couthon, Maignet, Châteauneuf-Randon et

Delaporte, se rendirent à huit heures du matin sur la place Bellecour, où déjà grand nombre d'ouvriers armés de pioches, de marteaux et de haches, attendaient le signal. Paralysé des membres inférieurs, Couthon s'était fait porter par un jacobin nommé Letellier; il frappa d'un marteau qu'il tenait à la main la maison de M. de Cibeins, à l'angle de la rue des Deux-Maisons, en prononçant les paroles suivantes : « Au nom » de la souveraineté du peuple outragée dans » cette ville, dit-il à haute voix, en exécution » du décret de la Convention nationale et de nos » arrêtés, nous frappons de mort *ces habitations* » *du crime*, dont la royale magnificence in- » sultait à la misère du peuple et à la simplicité » des mœurs républicaines. Puisse cet exemple » terrible effrayer les nations futures et ap- » prendre à l'univers que, si la nation française, » toujours grande et juste, sait honorer et ré- » compenser la vertu, elle sait aussi abhorrer le » crime et punir les rebelles! » Puis Couthon s'écria trois fois :

« Vive la République! »

Voici quelques passages des instructions don-

nées par les représentants aux commissaires
chargés de procéder aux démolitions :

« Les commissaires ne doivent jamais perdre
» de vue que la Convention nationale, en ordon-
» nant cette démolition, a voulu imprimer un
» grand caractère à la vengeance nationale qu'elle
» exerçait contre cette ville, et *porter la terreur*
» dans l'âme de tous ceux qui voudraient imiter
» les habitants de Lyon. Ce n'est qu'en frappant
» avec force qu'on peut atteindre ce but. L'acti-
» vité la plus grande doit être employée dans
» l'exécution de cette mesure, et c'est à l'aug-
» menter sans cesse que les commissaires doivent
» s'attacher. Leur premier soin sera donc de se
» procurer le plus grand nombre d'ouvriers qu'ils
» pourront employer......................................

....

» Les représentants du peuple chargent en
» outre lesdits commissaires, aussitôt après l'en-
» tière démolition de tous les édifices qui com-
» posent la place Bellecour, de porter les ouvriers
» sur le quai Saint-Clair, le quai du Rhône et le
» quai de Saône, afin de poursuivre sans relâche,
» avec la même chaleur, tout ce qui porte avec

» soi le caractère du faste et de l'insolent orgueil
» *du riche*, et d'opérer la destruction totale de
» tout ce qui est sur ces quais, en n'exceptant,
» conformément au décret, que les maisons du
» pauvre, les habitations des patriotes égorgés ou
» proscrits, les édifices spécialement employés à
» l'industrie et les monuments consacrés à l'hu-
» manité et à l'instruction publique, et de porter
» successivement partout ailleurs la hache et le
» fer. »

C'était la mairie qui fournissait les pioches,
pelles, marteaux, paniers, cordes, tombereaux et
charrettes.

Il y eut *jusqu'à quinze mille ouvriers employés à la fois*. La dépense s'éleva à *quatre
cent mille francs* par décade. On évalue à plus
de seize cents le nombre des maisons qui tom-
bèrent sous les coups des démolisseurs.

Les principes prêchés dans les clubs avaient
porté leurs fruits. Les ouvriers, prenant au pied
de la lettre les théories sociales qu'on leur prê-
chait, s'emparaient de tout ce qui leur tombait
sous la main.

L'anarchie et le désordre devinrent si graves

que Couthon et ses collègues durent prendre l'arrêté suivant, pour tâcher d'arrêter le mal. Ils n'y
réussirent pas. L'on verra plus loin que la République ne tira presque aucun profit des confiscations qui furent prononcées. Fouché et quelques
soi-disant patriotes, seuls, profitèrent de ce gaspillage, dans lequel furent englouties des centaines
de millions de valeurs mobilières et immobilières.

« *Du 2ᵉ jour de la 2ᵉ décade du 2ᵉ mois de l'an II.*

» Citoyens,

» *De nombreuses dilapidations* se com-
» mettent dans les bâtiments condamnés à la démo-
» lition : à chaque instant, des meubles, des ma-
» tériaux disparaissent. L'on dirait, *à voir l'air*
» *d'assurance avec lequel ces délits se com-*
» *mettent,* que ceux qui s'en rendent coupables
» regardent tous ces objets comme *leur patri-*
» *moine exclusif.* Sans doute *ils sont le patri-*
» *moine des pauvres,* celui de la veuve et des
» enfants de ces malheureux patriotes égorgés
» ou réduits à la misère par ces infâmes contre-
» révolutionnaires qui ont si longtemps gou-

» verné cette ville; mais ils dédaignent tous ces
» objets de luxe auxquels le voleur s'attache, et
» ils savent que ce qui forme le gage de l'indem-
» dité commune n'appartient pas à tel ou tel in-
» dividu; que permettre à chacun de s'assurer
» ainsi la part qui lui reviendrait, ce serait tout
» accorder à la force, à la hardiesse ou à l'as-
» tuce et ne rien laisser à la timidité, à l'inno-
» cence ou à la faiblesse. Ils n'ont sans doute rien
» à prétendre *dans le partage que la nation*
» *fera du produit de ces dépouilles,* ceux qui
» osent recourir à des moyens aussi infâmes
» pour se les assurer. Ils font sans doute partie
» de ces scélérats à qui d'autres brigands ou-
» vrirent les portes des prisons qui les séparaient
» de la société, pour les employer aux travaux
» du siége. Ils étaient bien dignes de figurer en-
» semble dans une telle entreprise! *L'homme*
» HONNÊTE, *celui à qui la Convention a des-*
» *tiné le produit de ces démolitions,* rougirait
» de le partager avec celui que l'opinion pu-
» blique accuserait d'avoir pris part *à ces vols;*
» il attend que la nation lui offre elle-même
» l'indemnité qu'elle lui a promise. Elle lui

» sera payée avec exactitude, parce que ses
» malheurs la lui assurent et qu'il continuera à
» honorer la cause qu'il a défendue. L'échafaud
» sera l'unique partage de celui qui oserait en-
» lever le PATRIMOINE DES VRAIS SANS-CULOTTES.

» En conséquence, les représentants du peuple
» chargent leurs commissaires employés à la dé-
» molition de cette ville de dénoncer à l'accusa-
» teur public, par la commission de justice po-
» pulaire, tous les vols et enlèvements faits dans
» les maisons que l'on démolit ou qui sont dé-
» signées pour être démolies.

» L'accusateur public rendra plainte, et le
tribunal instruira *révolutionnairement* la pro-
cédure contre les auteurs de ce délit.

» Il est enjoint aux chefs de brigade de faire
arrêter et *dénoncer* de suite, à l'accusateur
public près la commission de justice populaire,
tous ceux qu'ils saisiront avec des meubles et
matériaux provenant de ces démolitions, quelle
que soit leur valeur. Dans le cas où ils néglige-
raient de le faire, ils seront destitués par les commissaires.

» Pour assurer leur arrestation, les chefs de

brigade sont autorisés à demander main-forte au corps-de-garde le plus voisin d'où ils trouveront les voleurs. Le commandant ne pourra, à peine de destitution, la leur refuser.

» Il sera formé, avec soin, des chantiers où seront déposés les débris des matériaux qui ne peuvent être employés qu'au chauffage. Toutes les semaines, ils seront partagés, par les commissaires, entre les citoyens de cette ville et ceux de la garnison. La portion destinée à la garnison sera d'un tiers. Les autres deux tiers appartiendront aux habitants de la ville. La municipalité fera verser dans chaque section la portion des matériaux qui lui reviendra, en raison de la population indigente qu'elle renferme. Le comité révolutionnaire de chaque section la répartira dans les familles indigentes.

» *Les représentants* : CHATEAUNEUF-RANDON, MAIGNET, DELAPORTE, ALBITTE. »

J'ai dit avec intention que, comparée à celle de Collot-d'Herbois et de Fouché, la conduite de Couthon fut relativement modérée. En effet, pendant les jours qu'il passa à Lyon, indépendam-

ment d'un nombre considérable de prisonniers
qui, pris les armes à la main, furent fusillés, il
y eut au moins une quarantaine d'exécutions.
Presque au moment de son départ eurent lieu
des visites domiciliaires dans toutes les sections
de la ville.   .

Ces visites domiciliaires *générales* sont incontestablement une des mesures les plus odieuses
de la révolution de 1793. Pendant des journées,
pendant des nuits entières, la liberté de tous les
habitants d'une ville était à la discrétion de
bandes d'hommes armés, violents, brutaux, presque toujours avinés, qui, pendant de longues
heures, souillaient les domiciles de tous les
citoyens, les pillaient souvent et les tenaient, eux,
leurs femmes et leurs enfants, à leur discrétion la
plus absolue. Ce que ces perquisitions ont permis
d'infamies de toutes espèces ne peut se dire.

» *Proclamation des Représentants du peuple,*
  » *du 3ᵉ jour de la 2ᵉ décade du 2ᵉ mois*
  » *de l'an II.*

  » Art. 1ᵉʳ. — Le commandant de la place est
» chargé de faire, avec le plus grand appareil et

» au même instant, dans toutes les sections, des
» visites domiciliaires.

» Art. 2. — Ces visites seront faites pendant
» le jour.

» Art. 3. — Des piquets seront placés aux
» issues de chaque rue, pour empêcher que per-
» sonne ne s'échappe pendant le temps que l'on
» fera des recherches dans les maisons.

» Art. 4. — Toutes personnes qui se présen-
» teront dans les rues pendant toute la durée de
» ces visites seront arrêtées par les piquets et
» seront obligées de présenter leur carte de sec-
» tion ou leur diplôme de sociétés populaires.

» Si elles ne peuvent les présenter, elles seront
» conduites momentanément en lieu de sûreté et
» seront examinées dans les comités des sections
» sur lesquelles elles seront arrêtées aussitôt
» après que les visites domiciliaires seront ter-
» minées.

» Art. 5. — Le procès sera instruit, avec la
» plus grande célérité, contre tous les prévenus. »

Après avoir subi toutes les horreurs de la
famine, d'un long siége et d'un bombardement
terrible, qui l'avaient déjà si cruellement atteinte,

la malheureuse ville de Lyon devait encore subir toutes les tortures que pouvait infliger le régime odieux qui a poussé le cynisme jusqu'à s'appeler de son véritable nom : LA TERREUR. Les bourreaux qui devaient infliger ce supplice atroce à cette malheureuse ville s'appellent Collot-d'Herbois et Fouché : un histrion féroce et un prêtre défroqué.

La mission de Collot-d'Herbois, quand on l'étudie sur les pièces originales, a quelque chose de vraiment sinistre. Presque toutes les pièces qui confèrent des *pouvoirs illimités* à ce misérable *sont écrites de sa propre main.* C'est la France livrée à un parti dont le représentant le plus éminent, à ce moment, est un ancien comédien, homme violent et brutal, qui puise souvent ses inspirations dans l'ivresse. Je dis à ce moment, car tout, dans cette anarchie sanglante dont le comité de salut public est la fidèle expression, *varie presque de jour en jour.*

Collot-d'Herbois, à cet instant, est omnipotent. On le voit réunir ses geôliers, ses coupe-jarrets, ses bourreaux, pour aller, *quand il n'y a plus de danger*, frapper sans pitié cette malheureuse

ville de Lyon qui était coupable d'un crime irrémissible : elle avait *fait peur* à tous les grands
citoyens qui tenaient la France sous un joug de
fer.

Ces hommes semblent comme affolés par la
peur que leur ont inspirée la guerre de la Vendée,
les insurrections de Lyon, de Bordeaux, de Marseille et de Toulon. Cette redoutable passion agit
sur chacun d'eux suivant son caractère. Qu'on
lise le rapport de Barrère déclarant que Lyon
n'est plus ; qu'on lise le rapport de Saint-Just
proclamant le gouvernement révolutionnaire ;
qu'on n'oublie pas les instructions atroces données
à Carrier ; qu'on jette les yeux sur les pièces
sinistres dans lesquelles Collot-d'Herbois, *de sa
propre main*, organise sa sanglante expédition
de Lyon, et on aura une idée exacte de ce que
les révolutions, vues *dans la réalité*, ont de
hideux et d'effrayant.

Les partisans les plus fanatiques de chacun de
ces hommes ont de la peine à concevoir eux-
mêmes leurs actes ; chacun d'eux en rejette la responsabilité sur ses adversaires. Qu'on lise Louis
Blanc, Quinet, Michelet, Hamel, chacun essaie

d'écarter de celui qui a ses prédilections la terrible responsabilité qui, à des degrés différents, doit peser sur tous.

Dans ce moment terrible, Collot-d'Herbois et Billaud-Varenne l'emportent dans le comité de salut public. Le départ de Couthon, qui quitte Lyon sans voir Collot-d'Herbois, les expressions de ce dernier aux jacobins, quand il revient à Paris : « Je ne vous reconnais plus, » ne permettent aucun doute. C'est, évidemment, le triomphe du parti démagogique dans sa plus violente expression. La révolution est devenue SOCIALE, au moins autant que politique. Partout, c'est la guerre aux *riches*. Les chefs du mouvement révolutionnaire cherchent, dans les plus mauvaises passions des bas-fonds de la société, un appui contre les dangers qui les menacent. Presque tous y trouveront un triomphe momentané, puis l'échafaud ou l'exil. A peine quelques-uns de ces hommes de sang, qui ont sacrifié la France entière à leurs rêves, à leurs passions ou à leurs intérêts personnels, ont échappé à ce châtiment de leur ambition ou de leurs extragavances. Nombre de ceux qui ont survécu à cette horrible épreuve devaient un jour, en devenant les agents d'un pouvoir absolu, donner une preuve par trop éclatante de ce que valaient les grands principes de fraternité, d'égalité et de liberté, au nom desquels ils avaient fait couler tant de sang.

Voici maintenant quelques-unes des pièces concernant la mission que Collot-d'Herbois se fit donner par le comité de salut public :

« Le comité de salut public arrête que le ci-
» toyen Collot-d'Herbois, un de ses membres,
» en mission à Ville-Affranchie, viendra lui en
» rendre compte, aussitôt qu'il aura concerté
» avec ses collègues les mesures qui doivent as-
» surer l'exécution des décrets de la Convention
» nationale; il prendra aussi touttes (*sic*) les
» mesures de salut public qu'il trouverait néces-
» saires, suivant les circonstances, dans les dé-
» partements qu'il traversera pour aller à Ville-
» Affranchie ou pour en revenir.

» Paris, le 9 du 2ᵉ mois de l'an II de la Répu-
» blique française.

» Collot-d'Herbois, B. Barère, Billaud-
» Varenne. »

(Autographe de Collot-d'Herbois.)

« Le comité de salut public, ayant reconnu la
» nécessité d'employer les moyens les plus effi-
» caces pour ranimer l'esprit public éteint. dans
» la réunion d'habitations qui doivent rester de.
» la ci-devant Lyon qui a pris le nom de Ville-
» Affranchie, et de pourvoir provisoirement à
» des secours nécessaires en argent pour indem-
» niser plusieurs patriotes, arrête qu'il sera déli-
» vré au citoyen Collot-d'Herbois , représentant
» du peuple en mission, qui se rend à Ville-Af-
» franchie, 50,000 livres, qui seront employées
» aux mesures ci-dessus indiquées par le repré-
» sentant du peuple, à la charge de rendre compte
» de ladite somme.

   » Paris, le 9 brumaire, l'an II.

     » COLLOT-D'HERBOIS, CARNOT, BILLAUD-
     » VARENNE, C.-A. PRIEUR, ROBES-
     » PIERRE, B. BARÈRE. »

    (Autographe de Collot-d'Herbois.)

                    « 9 *brumaire.*

   » Le comité de salut public arrête que le mi-
» nistre de la guerre donnera des ordres pour
» faire passer sans délai à Ville-Affranchie un

» détachement de l'armée révolutionnaire de
» douze cents fusiliers, six cents canonniers, cent
» cinquante hommes de cavalerie.

» Paris, nonidi, 1ʳᵉ décade, 2ᵉ année républi-
» caine.

» CARNOT, COLLOT-D'HERBOIS, B. B. »
(Autographe de Carnot.)

Voici encore quelques pièces concernant la
mission de Collot-d'Herbois; elles sont posté-
rieures à son départ de Paris et prouvent que
Robespierre et Carnot coopérèrent à cette expédition.

« 14 *brumaire an II.*

» Le comité de salut public arrête que les ci-
» toyens Marcelin et Paillardelle accompagne-
» ront, en qualité de commissaires civils, le dé-
» tachement de l'armée révolutionnaire envoyé
» à Ville-Affranchie.

» ROBESPIERRE. »
(Autographe.)

« Sur la proposition de Parein et de Ronsin,
» qui déclarent se porter garants de leurs prin-
» cipes révolutionnaires. »

« 14 *brumaire an II.*

» Fait remettre 300,000 livres au commissaire
» ordonnateur qui accompagne le détachement
» de l'armée révolutionnaire, pour que rien ne
» retarde sa marche.

» CARNOT. »

(Autographe.)

Sur les 50,000 livres que Collot-d'Herbois
s'était fait donner pour sa mission, il dépensa
4,000 livres pour son voyage proprement dit. Il
faut rendre justice à Messieurs les Représentants en mission, ils font largement les choses.
15,600 livres furent données aux jacobins allant
de Paris et de Moulins à Lyon, 3,600 livres
furent allouées aux agents de police, destinés à
servir de geôliers, que Collot-d'Herbois emme-
nait également de Paris. L'élément démagogique
était à Lyon en si infime minorité qu'il fallait
emmener de Paris de quoi organiser le gouvernement de la terreur ; c'est ce à quoi étaient destinés les quarante jacobins que Collot-d'Herbois
demandait, et la portion de l'armée révolutionnaire que Ronsin et Parein devaient lui con-

duire. *C'étaient les prétoriens de la démagogie.*
Les proconsuls de la République en avaient besoin
pour exécuter les terribles boucheries qu'ils méditaient.

Collot-d'Herbois arriva à Lyon le 4 novembre.

Le 7 novembre, il écrivait au comité la lettre
suivante, qui prouve que Couthon n'avait pas
voulu l'attendre à Lyon ; que les démolitions
avaient marché lentement, et que les exécutions
avaient été peu nombreuses pendant le temps que
ce dernier avait passé dans cette ville. On voit,
par cette lettre, que l'élément démagogique cons-
tituait à Lyon une infime minorité. On y voit encore que l'emploi de *la mine*, pour hâter les
démolitions, est de l'invention de Collot-d'Herbois ; que la *famine* est imminente et que *l'anarchie* est partout.

« Citoyens collègues, la précaution fut bonne
» d'envoyer à Laporte votre arrêté pour le faire
» rester à Ville-Affranchie. Il partait avec Maignet
» et Couthon, *que je n'ai plus retrouvés ici,*
» et la ville eût été sans représentants. Il y a trois
» jours que j'y suis avec lui. *Fouché n'est point
» arrivé, quoiqu'il m'ait donné parole de me*

» *suivre, à vingt-quatre heures de distance.*

» Vous allez juger si la présence de plusieurs

» est nécessaire.

» . . . . L'organisation, toute impar-
» faite qu'elle est, des autorités surveillantes et
» administrantes, est ce qui doit avoir donné le
» plus de peine à nos collègues, *les hommes*
» *sûrs étant excessivement rares. La démo-*
» *lition allait lentement, ils étaient beaucoup*
» *pour gagner leur journée et ne rien faire.*
» La commission militaire a trop souvent em-
» ployé à juger ceux contre lesquels elle n'a pas
» trouvé de preuve, et qu'elle a élargis, des mo-
» ments dont chacun devait être un jugement
» terrible prononcé contre les coupables. *Elle en*
» *a fait fusiller plusieurs.* Le tribunal va
» plus ferme ; mais sa marche est lente : il a en-
» core peu opéré.

» *La population actuelle de Lyon est de*
» *cent trente mille âmes au moins, il n'y a*
» *pas de subsistances pour trois jours.*

» . . . . *Pressez le départ du*
» *détachement de l'armée révolutionnaire.*
» *L'esprit public est nul et toujours prêt à*

» *tourner au sens contraire de la Révolution.*
» *Les exécutions même ne font pas tout l'ef-*
» *fet qu'on en devait attendre.*

, ...

   » *De nouvelles visites domiciliaires ont*
» *fini ce soir. Il en est résulté de nouvelles*
» *arrestations et trois mille fusils de plus.*
» . . . . . . LA MINE *va accélérer les démoli-*
» *tions, les mineurs ont commencé à travailler*
» *aujourd'hui. Sous deux jours les bâtiments*
» *de Bellecour sauteront. . . . . Les accu-*
» *sateurs publics vont marcher plus rapide-*
» *ment, le tribunal a commencé hier à aller*
» *par trois dans un jour.* Les jacobins arrivés
» seront employés utilement.

   » . . . . . . J'ai pris envers les départements
» voisins des arrêtés pressans, comme membre
» et d'après les intentions du comité de salut
» public, *pour ne pas être gêné par les autres*
» *réquisitions, qui toutes se croisant,* nous
» font périr au milieu de nos ressources ; je
» compte sur votre approbation.

                    » COLLOT-D'HERBOIS. »

Le 9 novembre, Collot-d'Herbois écrivait en-

core au comité de salut public que la famine
allait éclater. Rien ne peint mieux l'état d'anarchie et de misère dans lequel est plongée la
France que les détails que contient cette lettre.
On y voit que les luttes entre les autocrates à
qui la Convention a livré la France, sont telles
que Collot-d'Herbois, qui pourtant à ce moment
est un des représentants les plus violents et les
plus influents de la démagogie, en est réduit à
redouter des collisions à main armée avec ses
chers collègues. Comme il le dit si bien, chacun
d'eux ne pense qu'à exercer un pouvoir absolu
sur tout ce qu'il touche. Quant à l'intérêt général, nul ne s'en préoccupe.

« Citoyens collègues, je vous fais part de notre
» *désespérante* (*sic*) situation relativement aux
» subsistances. J'ai observé que le débat croisé
» des réquisitions de nos collègues causait les
» plus grands embarras. *Vous avez fait dé-*
» *créter que les représentants devaient user*
» *du droit de préhension pour soutenir leurs*
» *réquisitions.* Il n'en résultera pas le bien que
» vous espérez. *Tout ce qui est requis et con-*
» *testé par plusieurs va être pris par celui*

» *qui se trouvera le plus près : c'est celui-là*
» *qui souvent a le moins de besoins, et qui,*
» *écartant la vue de ceux des autres, fait*
» souvent les demandes les plus démesurées. S'il
» arrive que *ses autres collègues envoient la*
» *force armée pour soutenir leurs réquisi-*
» *tions et le droit de préhension, qui leur*
» *est commun, ne craignez-vous pas que la*
» *querelle des réquisitions, déjà bien vive et*
» *bien animée dans plusieurs départements,*
» *ne se tourne en* COMBATS ! . . . .

» . . . . *Si vous n'approuvez pas les*
» *mesures que j'ai prises comme membre du*
» *comité, l'armée des Alpes n'aura pas de*
» *pain dans huit jours.* . . . .

» . . . . . . *Hier, six coupables ont reçu*
» *la mort. Un nouveau tribunal va se mettre*
» *en activité à Feurs ; la guillotine,* néces-
» saire pour consommer ses jugements, a été
» commandée hier et partira sans délai : *la mine*
» *hâtera les démolitions. Mais les subsis-*
» *tances !* vous ne pouvez comprendre combien
» cet objet fait perdre de temps. Il énerve, il dis-
'» sipe les forces qui doivent être réservées pour

» les plus énergiques mesures. Je me sers de
» toutes les miennes sans relâche. *On nous a dit*
» *que Montaut ne partirait pas ; faites-le*
» *expliquer ou nommez-en un autre.* Il le
» faut, soyez-en certains, il sera même souvent
» nécessaire de se séparer. *Faites décréter aussi*
» *que les pouvoirs de Javogues s'étendent*
» *dans le département de l'Ain ; il y aura*
» *beaucoup à faire.*

> » Collot-d'Herbois.

» *P.-S. — Que le détachement de l'armée*
» *révolutionnaire arrive le plus tôt pos-*
» *sible.* »

Collot-d'Herbois, pour tâcher de réunir les
grains nécessaires pour assurer l'alimentation,
prenait le 7 novembre un arrêté ordonnant de
battre tous les grains dans l'espace d'un mois, à
peine de confiscation. On y trouve encore la
preuve des résistances opposées par les populations dans l'art. 6, qui porte que les commissaires
chargés de vérifier les déclarations des propriétaires seront étrangers aux départements dans
lesquels ils opèrent.

On pourra juger, par un arrêté pris dans ce but, quels étaient les moyens employés par les ·dictateurs républicains.

« Les représentants du peuple arrêtent :

» Art. 1er. — Il sera formé, dans le délai de
» quinzaine, à compter du jour de la réception
» du présent arrêté, dans chacun des départe-
» ments de l'Ain, Jura, Côte-d'Or, Haute-Saône,
» Saône-et-Loire, Rhône-et-Loire, Isère, Mont-
» blanc et Drôme, une armée révolutionnaire
» composée de mille hommes.

» Art. 2. — Sur ces mille hommes, quatre
» cents seront organisés en compagnies de bat-
» teurs et employés à battre les grains, jusqu'à
» ce que cette opération ait été consommée ; alors
» ils se réuniront à leurs autres frères d'armes.

» Art. 3. — Cette armée sera composée de ré-
» publicains *bien prononcés* ; ils seront nommés
» par les administrateurs des départements, sur
» les listes qui leur seront envoyées par les so-
» ciétés populaires.

» Ils seront choisis dans la seconde classe de
» la réquisition, si le registre qui sera ouvert dans
» chaque société populaire n'offre pas un nombre
» suffisant de volontaires.

» Art. 6. — Les commissaires *seront étran-*
» *gers* au département où ils seront envoyés ; *il*
» *en sera de même de l'armée qui les accom-*
» *pagnera.*

» Art. 7. — Il sera fait par eux des visites
» domiciliaires chez tous les citoyens, afin de
» vérifier l'exactitude des déclarations et s'assu-
» rer si les grains sont battus. »

Un des premiers actes des représentants en
mission, aussitôt qu'ils arrivaient dans un département, était d'y organiser une armée révolutionnaire. C'était du reste pour eux une nécessité ;
ne s'appuyant que *sur une minorité violente,*
il était indispensable de l'armer et de l'organiser
pour dominer par *la terreur* la masse des populations.

Quoique composée des patriotes les plus violents de chaque département, l'armée révolutionnaire n'offrait pas encore des garanties suffisantes
aux représentants. En présence de leurs concitoyens, bon nombre de gens pouvaient reculer devant de certains actes. Aussi les remplaçait-on
par des étrangers complétement inconnus dans les
localités où on les conduisait et qui n'avaient de

ménagements pour personne, parce qu'ils pouvaient compter sur une impunité presque certaine, quoi qu'ils pussent faire.

C'est du reste par là que débutaient toujours
les despotes imposés par la Convention aux malheureux départements : à des tyrans, il faut des
séïdes.

On remarquera le soin avec lequel on choisit
des étrangers pour accomplir, dans toute leur
rigueur, les décisions des terribles représentants
de la démagogie.

Pour Lyon, on voit par les lettres de Collot-
d'Herbois que cela ne lui suffisait pas. Il demande
avec instance qu'on lui envoie deux mille sept
cent cinquante hommes de l'armée révolutionnaire, formée à Paris par Ronsin et composée
de tout ce qu'il avait pu réunir de plus violent
dans les bas-fonds de la démagogie parisienne.

Le 8 novembre, Collot-d'Herbois et Fouché,
qui vient d'arriver, prirent un arrêté que nous
donnerons en entier, car on y reconnaît l'emphase et l'hypocrisie de Fouché. Les représentant, inquiets de l'agitation qui se manifestait à
Lyon, par suite des nombreuses exécutions qu'ils y

avaient fait faire, avaient autour d'eux une garde
nombreuse qui ne laissait pénétrer près d'eux
que les frères et amis. Ils devinrent presque inaccessibles. Cette mesure souleva de nombreuses
récriminations. C'est pour l'expliquer qu'ils firent
afficher l'arrêté suivant :

> » *Les Représentants du peuple envoyés*
> » *dans Commune, etc., etc., 18 bru-*
> » *maire, an II de la République.*

> » Considérant que leur temps doit être entière-
> » ment consacré au succès rapide de leur mis-
> » sion et qu'on ne peut leur en dérober un ins-
> » tant sans en retarder les salutaires effets;
> » Considérant qu'avant d'écouter les nom-
> » breuses pétitions qui leur sont faites et qui,
> » pour la plupart, ne semblent destinées qu'à
> » épuiser leurs forces et leur énergie *sur des*
> » *intérêts individuels,* leur premier devoir est
> » de répondre à la volonté du peuple français
> » qui attend, avec une juste impatience, l'exécu-
> » tion prompte et sévère des mesures terribles
> » décrétées par la Convention nationale;
> » Considérant que les autorités constituées

» sont créées pour recevoir les diverses pétitions
» et rendre justice aux réclamants,   .

> » Arrêtent ce qui suit :

> » Art. 1er. — La maison où la représentation
» nationale a établi pour le moment son loge-
» ment et ses bureaux n'est ouverte qu'aux
» citoyens qui sont munis d'une carte civique.

> » Art. 2. — Les autorités constituées et la
» société populaire seulement pourront communi-
» quer directement avec les représentants du
» peuple, en faisant annoncer l'objet de leur de-
» mande par écrit.

> » Art. 3. — Un secrétariat est établi au pre-
» mier pour recevoir les lettres et les pétitions
» dont chaque jour un secrétaire fera l'analyse
» aux représentants.

> » COLLOT-D'HERBOIS, FOUCHÉ, DELAPORTE. »

Fouché et Collot-d'Herbois, à Lyon, un prêtre
défroqué et un histrion, étaient les dignes représentants du gouvernement de sang et de boue qui
dominait la France.

Ils débutèrent par cette fête, plutôt cette parade,
du 10 novembre 1793 qui mérite de passer à la
postérité. C'est aussi odieux que grotesque. Cela

représente fidèlement cette époque de dévergondage.

On peut s'y convaincre que le prêtre défroqué
et l'histrion n'ont oublié ni leurs métiers, ni
leurs rancunes.

« Trois jours après l'arrivée de Fouché à Lyon,
le 20 brumaire (10 novembre), les proconsuls
donnèrent au peuple le spectacle d'une fête en
l'honneur de Châlier. Le buste de cet ami des
pauvres fut placé, couronné de fleurs, sur un pa-
lanquin que recouvrait un tapis tricolore ; à côté
de l'urne où avaient été déposées ses cendres, on
voyait, non sans attendrissement, la colombe qui
consola le prisonnier. Au milieu de la place des
Terreaux où son sang avait coulé, s'élevait un
autel de gazon. Ce fut vers ce lieu consacré qu'au
bruit d'une musique funéraire, interrompue de
temps en temps par des cris de vengeance, le
cortége se dirigea... Commémoration touchante
et terrible à la fois, s'il n'y avait eu là pour la
rendre scandaleusement burlesque deux des
grands prêtres de l'hébertisme, Collot-d'Herbois
et Fouché ! C'était le moment où l'orgie hébertiste étourdissait Paris de ses éclats et Robes-

pierre n'avait pas encore invoqué la raison contre cette déesse de la raison qu'on promenait ornée des grelots de la folie. On fit donc, à l'ombre de Châlier, l'injure d'encadrer dans la cérémonie qui devait la satisfaire de véritables mascarades, et Baigue put écrire aux jacobins de Paris : « Le plus beau personnage de la fête était un âne décoré des harnais pontificaux et portant la mitre sur la tête. L'âne était revêtu de tous les insignes épiscopaux ; à sa queue étaient attachés la Bible et l'Évangile. »

» Après une parodie sans nom des cérémonies de la religion catholique, on brûla les livres saints devant un autel sur lequel était placé le buste de Châlier, on y fit boire l'âne dans les vases sacrés, etc. »

(Louis BLANC, tome 10, page 165.)

Plus tard, le 21 décembre, une nouvelle cérémonie fut célébrée à Paris en l'honneur de Châlier.

Ses cendres furent promenées triomphalement sur un char, de la Bastille à la Convention. Autour du char marchaient les députés de Lyon et tout le conseil de la Commune de Paris. Ce fut une grande démonstration du parti hébertiste, alors tout-puissant.

A Lyon, les démagogues instituèrent un véritable culte en l'honneur de Châlier.

Dans leur impuissance à créer quelque chose de nouveau, ils firent de Châlier une espèce de saint démagogique. Dans les lieux publics et dans beaucoup de maisons particulières, le buste ou la statuette de ce nouveau martyr étaient exposés à la vénération des patriotes fervents. Un grand nombre d'hommes et de femmes, par peur ou par sympathie, portèrent suspendue à leur cou une médaille en plomb octogone frappée en l'honneur de Châlier. On voit sur cette médaille une allusion à la grotesque cérémonie dont nous avons rendu compte plus haut, un âne coiffé d'une mitre, habillé en prêtre, foulant aux pieds une croix et une crosse ; à sa queue sont attachés les vases sacrés, un Évangile et une Bible ; au-dessus flamboie le fameux triangle égalitaire.

Le 10 novembre 1793, Fouché de Nantes et Collot-d'Herbois écrivaient de Lyon, à la Convention, une lettre reçue le 15, dont voici l'extrait:

« L'ombre de Châlier est satisfaite ; ceux qui

» dictèrent l'arrêt atroce de son supplice sont
» frappés de la foudre, et ses précieux restes,
» religieusement recueillis par les républicains,
» viennent d'être portés en triomphe dans toutes
» les rues de Commune-Affranchie; c'est au
» milieu même de la place où ce martyr intré-
» pide fut immolé à la rage effrénée de ses bour-
» reaux que ses cendres ont été exposées à la
» vénération publique et à la religion du pa-
» triotisme.

» Aux sentiments profonds et énergiques qui
» remplissaient toutes les âmes, a succédé un
» sentiment plus doux, plus touchant : des
» larmes ont coulé de tous.les yeux, à la vue de
» la colombe qui l'avait accompagné et consolé
» dans son affreuse prison, et qui semblait gémir
» auprès de son simulacre. Tous les cœurs se
» sont dilatés; le silence de la douleur a été in-
» terrompu par des cris mille fois répétés :
» *Vengeance! vengeance!*

» Nous le jurons, le peuple sera vengé; notre
» courage sévère répondra à sa juste impatience ;
» le sol qui fut rougi du sang des patriotes sera
» bouleversé; tout ce que le vice et le crime

» avaient élevé sera anéanti, et sur les débris de
» cette ville superbe et rebelle, qui fut assez
» corrompue pour demander un maître, le
» voyageur verra avec satisfaction quelques mo-
» numents simples, élevés à la mémoire des amis
» de la liberté, et des chaumières éparses que les
» amis de l'égalité s'empresseront de venir ha-
» biter pour y vivre des heureux bienfaits de la
» nature. »

Collot-d'Herbois et Fouché de Nantes conti-
nuèrent dans la malheureuse ville de Lyon leurs
exploits dévastateurs. Ils écrivaient, en date du
16 novembre, une lettre lue à la Convention le
22 du même mois (2 frimaire) :

« Citoyens-collègues, nous poursuivons notre
» mission avec l'énergie de républicains qui ont
» le sentiment profond de leur caractère; nous
» ne le déposerons point, nous ne descendrons
» pas de la hauteur où le peuple nous a placés
» pour nous occuper des misérables intérêts de
» quelques hommes *plus ou moins coupables*
» envers la patrie. Nous avons éloigné de nous
» tous les individus, parce que nous n'avons
» point de temps à perdre, point de faveurs à

» accorder ; nous ne devons voir et nous ne
» voyons que la République, que vos décrets qui
» nous commandent de donner un grand exemple,
» une leçon éclatante ; nous n'écoutons que le
» cri du peuple, qui veut que tout le sang des
» patriotes soit vengé une fois d'une manière
» éclatante et terrible, pour que l'humanité n'ait
» plus à pleurer de le voir couler de nouveau.

» Convaincus qu'il n'y a d'innocent dans cette
» infâme cité que celui qui fut opprimé ou chargé
» de fers par les assassins du peuple, nous sommes
» en défiance contre les larmes du repentir ;
» rien ne peut désarmer notre sévérité. Ils
» l'ont bien senti ceux qui cherchent à vous
» surprendre, ceux qui viennent de vous arra-
» cher un décret de sursis en faveur d'un détenu :
» nous sommes sur les lieux, vous nous avez
» investis de votre confiance, et nous n'avons
» pas été consultés.

» Nous devons vous le dire, citoyens collègues,
» l'indulgence est une faiblesse dangereuse,
» propre à rallumer les espérances criminelles
» au moment où il faut les détruire : on l'a pro-
» voquée envers un individu, on l'a provoquée

» envers tous ceux de son espèce, afin de rendre
» illusoire l'effet de votre justice ; on n'ose pas
» encore vous demander le rapport de votre pre-
» mier décret sur l'anéantissement de la ville de
» Lyon ; mais *on n'a presque rien fait jus-*
» *qu'ici pour l'exécuter.* Les démolitions sont
» trop lentes ; il faut des moyens plus rapides à
» l'impatience républicaine. *L'explosion de la*
» *mine et l'activité dévorante de la flamme*
» peuvent seules exprimer la toute-puissance du
» peuple ; sa volonté ne peut être arrêtée, comme
» celle des tyrans ; elle doit avoir l'effet du ton-
» nerre.

» Collot-d'Herbois, Fouché. »

Les actes de Fouché et de Collot-d'Herbois
furent en parfaite harmonie avec les lettres qu'ils
écrivaient à la Convention.

Pour faire exécuter les mesures qu'ils voulaient
prendre contre la malheureuse ville de Lyon, les
représentants créèrent une commission temporaire de surveillance : Duhamel en fut le président ;
Duviquet, le secrétaire général, et Verd, le procureur général. Supérieur aux autres autorités

constituées, ce conseil, dans lequel on voit figurer les *Andrieux*, les *Lecanu*, etc., était spécialement chargé de la recherche des suspects, de l'extirpation de ce qu'on appelait le fanatisme, de la taxe révolutionnaire des *riches* et de l'approvisionnement des marchés. Son objet particulier, c'était d'imprimer le mouvement révolutionnaire aux autorités régénérées et de prendre toutes les mesures de salut public que les circonstances pouvaient nécessiter ou que leur inspiraient les intérêts du parti *démagogique*. Presque tous les membres de la commission temporaire étaient des Jacobins venus de Paris ou de Moulins. Etrangers à la ville de Lyon, ils devaient être inaccessibles à tout sentiment de pitié. Ce conseil supérieur dirigeait les poursuites de la commission révolutionnaire ; c'est lui qui, sous la direction de Collot-d'Herbois et de Fouché, présidait à tous les actes sanguinaires que chaque jour voyait commettre. Il tenait un registre sur lequel on inscrivait les dénonciations portées contre les habitants de Lyon. Les accusations les plus ordinaires étaient d'être *riche* et ennemi de l'égalité, d'avoir été vu avec *un chapeau sans cocarde*, de *mépriser* les sans

culottes, d'aimer les prêtres, d'être fanatique, et
surtout d'avoir porté les armes pendant le siége.
C'était la commission temporaire qui fournissait
les éléments des actes d'accusation. La commission révolutionnaire frappait les victimes que la
commission temporaire lui désignait. Un comité
de séquestres, un comité de démolitions et un
comité de dénonciations avaient été établis par la
commission temporaire, puissance tyrannique devant laquelle tout tremblait.

La pièce suivante donnera une idée de la manière de procéder de ce nouveau conseil des dix:

« Frimaire, l'an II de la République fran-
» çaise, une, indivisible et DÉMOCRATIQUE.

» *La commission temporaire aux citoyens*
    » *composant le comité révolutionnaire*
    » *de la section de la Juiverie.*

» Nous vous adressons un tableau à colonnes,
» pour l'exécution de la taxe révolutionnaire sur
» *les riches :* ne perdez pas un moment pour le
» remplir ; *frappez fort et juste* sur ces hommes
» qui, depuis 1789, conspirent contre le peuple ;
» ôtez-leur la faculté d'arrêter plus longtemps la

» marche du char révolutionnaire ; *écrasez vos*
» *ennemis*, en leur arrachant les moyens de
» vous nuire ; *ne leur laissez que le strict*
» *nécessaire.* Point de pitié pour les ennemis de
» la République ; il y a cinq années que nous par-
» donnons, il y a cinq années que LES MODÉRÉS
» et *les hypocrites* nous endorment ; *plus de*
» *quartier;* que dans trois jours vos états soient
» formés, afin que la commission puisse travail-
» ler activement ; le moindre délai serait cri-
» minel ; *opérez révolutionnairement;* ne vous
» laissez circonvenir par aucune considération,
» et regardez comme *suspect* celui de vos
» membres qui oserait vous proposer quelques
» mesures dilatoires.

» Nous vous invitons à remplir les colonnes
» avec exactitude, et à laisser en blanc celle inti-
» tulée observations.

» DUHAMEL, *président ;* PERROTIN, *vice-prési-*
» *dent;* LAFAYE, AGAR, BOISSIÈRE, MARCILLAT,
» ANDRIEUX, LECANU, BRIÈRE, VERD, *procu-*
» *cureur général ;* DUVIQUET, *secrétaire*
» *général.* »

Un des premiers actes de Collot-d'Herbois et de Fouché, aussitôt après l'arrivée de ce dernier, fut encore d'annuler les décisions par lesquelles Couthon, Maignet et Châteauneuf-Randon avaient ordonné de lever le séquestre mis sur les biens d'un certain nombre de Lyonnais.

« 20 *brumaire an II de la République.*

» Considérant que ce ne peut être que par une » surprise faite à la conscience des représentants » qui les ont précédés dans Commune-Affran- » chie, qu'on a accordé des main-levées sur les » séquestres des biens des rebelles ou de leurs » complices ;

» Considérant que des comités de surveillance » se sont arrogé le droit de lever des séquestres, » en donnant aux prévenus la liberté,

» Enjoignent aux municipalités, sous leur res- » ponsabilité individuelle et collective, de mettre » le séquestre de nouveau sur tous les biens, » meubles ou immeubles, des rebelles, dont une » autorité quelconque aurait ordonné la main- » levée ;

» Chargent la commission temporaire de faire

» un nouvel examen de toutes les mesures prises
» à cet égard.

» Collot-d'Herbois, Fouché, Delaporte. »

On peut juger par la pièce suivante, affichée
par les autorités établies par les représentants,
des moyens employés par Collot-d'Herbois, Fouché et autres, pour entraîner les classes ouvrières
dans le mouvement révolutionnaire. Leurs actes,
du reste, sont en parfaite harmonie avec les
principes *communistes* et *terroristes* qui s'y
trouvent à chaque ligne.

« Votre premier devoir, ô patriotes, si vous
» méritez ce nom, c'est de *dénoncer* les jurés et
» les juges par qui les martyrs de notre cause ont
» péri ; dans les circonstances où nous sommes,
» le patriotisme ne serait pas satisfait si *les dé-*
» *nonciations connaissaient quelque borne* et
» quelque ménagement. Eh ! quels hommes,
» hors de cette enceinte, peuvent être épargnés !
» Vouez donc, vouez au dernier supplice tous
» ceux qui composèrent vos autorités constituées,
» depuis le jour de votre oppression ; vouez à la
» mort tous ceux qui portèrent les armes contre

11

» la liberté. *Dénoncez*. . . . . . *dénoncez* LES

» RICHES *et ceux qui recèlent leurs effets*. . .

» *dénoncez* LES PRÊTRES, LES GENS DE LOI. . .

» DÉNONCER, OUI, DÉNONCER SON PÈRE est une

» vertu d'obligation pour un républicain. Et que

» faites-vous, pusillanimes ouvriers, dans ces

» travaux de l'industrie où l'opulence vous tient

» avilis? Sortez de cette servitude pour en de-

» mander raison AU RICHE qui vous y comprime

» avec *des biens dont il est le ravisseur* et

» qui sont LE PATRIMOINE MÊME DES SANS-CU-

» LOTTES. Renversez la fortune, renversez les

» édifices, LES DÉBRIS VOUS APPARTIENNENT; c'est

» par là que vous vous élèverez à cette égalité

» sublime, base de la vraie liberté, principe de

» vigueur chez un peuple guerrier A QUI LE

» COMMERCE ET LES ARTS *doivent être inutiles.* »

Trois jours après la grotesque cérémonie célébrée en l'honneur de Châlier, Collot-d'Herbois et
Fouché prenaient l'arrêté suivant. On y voit la
preuve du génie de destruction dont ces deux
grands citoyens sont animés, ainsi que des désordres de toute nature engendrés par les principes prêchés dans les clubs.

« Informés que les mesures prises pour hâter la démolition des édifices proscrits comme foyer de contre-révolution, comme repaires de l'orgueil, de la férocité, de la trahison et *de tous les crimes inséparables des égoïstes* et DES RICHES, loin de remplir l'intention des décrets de la Convention nationale et des représentants du peuple, semblent être dirigés en sens contraire,

» En ce sens que, loin de faire tomber ces bâtiments infâmes à coups redoublés et avec des bras robustes, les plus faibles bras, des femmes et des enfants, semblent avoir été choisis exprès pour opérer ces démolitions, ce qui n'exprime point la forte résolution et la puissance du peuple français qui veut les anéantir,

» En ce que, loin d'attaquer chaque jour à la fois un grand nombre de ces bâtiments, avec des pelotons de travailleurs animés de ce ressentiment républicain qui fait toujours promptement disparaître ce que la loi a condamné, on rassemble, vers quelques démolitions éloignées, une quantité innombrable d'individus qui s'embarrassent les uns et les autres et semblent plutôt prolonger la conservation des édifices proscrits que se hâter de les détruire. Enfin, parce qu'il est notoire *qu'un grand nombre de travailleurs se rendent chaque jour coupables du vol de plusieurs effets ou matériaux* appartenant à la nation et qu'ils ont osé *se soulever*, menacer et *maltraiter* les inspecteurs qui voulaient les forcer à restitution.....

Art. 1er. — Tous ceux des édifices proscrits qui peuvent être détruits par l'effet de LA MINE ou par LES FLAMMES, seront incessamment désignés, et on procédera de suite à leur destruction.

» Ceux à démolir étant indiqués aux inspecteurs commis à cet effet, ils feront la **répartition** des individus nécessaires, et les **distribueront** de manière qu'on attaque à la fois le plus grand nombre de bâtiments qu'il sera possible.

» Art. 2. — ..... Dans la liste pour les démolitions seront portés, de préférence, tous les ouvriers maçons, charpentiers et couvreurs, *qui ne pourront refuser* d'y être employés.

» Art. 3. — *Le travailleur qui ne remplira pas sa journée*, ou sera reconnu *négligent* ou *inhabile*, sera renvoyé et ne pourra jamais être employé.

» Celui qu'on reconnaîtra coupable de vol sera conduit de suite au tribunal criminel du département, pour être jugé conformément à la loi. Lorsqu'il sera exposé au poteau, avant d'être envoyé aux fers, il aura le mot *muscadin* pour écriteau, sur la poitrine, afin de consacrer son entier avilissement.

» Celui qui excitera la moindre émeute ou la propagera par des cris et des menaces *sera déclaré contre-révolutionnaire*, et traduit à l'instant comme tel au tribunal criminel populaire pour être jugé.

» Ville-Affranchie, le 23e jour de brumaire an II.

» *Les représentants du peuple,*

» COLLOT-D'HERBOIS, FOUCHÉ, DELAPORTE. »

Il faut avoir sous les yeux les pièces qu'on va lire pour comprendre jusqu'où peut aller la tyrannie démagogique.

Que les représentants du peuple, dans l'intérêt de la défense du pays, missent en réquisition les manteaux, les habits d'uniformes, les souliers dont les troupes avaient besoin, cela est juste et légitime ; qu'ils imposassent de fortes amendes, même quelques jours de prison à ceux qui ne se soumettaient pas à leurs arrêtés, cela se conçoit. Mais que le seul fait de posséder un manteau, un habit bleu, une seule paire de souliers, fût *un crime d'État* puni *de la prison* pendant un temps indéfini, par *la séquestration* et même par *la confiscation* de toute la fortune d'un citoyen, c'est vraiment ce que l'on ne peut croire que quand on en a la preuve matérielle entre les mains. Les républicains, qui avaient tant crié contre les abus de l'ancien régime, trouvèrent en 1793, dans toutes leurs mesures, le moyen non seulement de les atteindre, mais, ce qui pourtant était bien difficile, de les dépasser.

La République a des moyens de conviction à nuls autres pareils pour réunir les objets d'habillement et d'équipement nécessaires pour l'armée.

Voici une série d'arrêtés concernant cet objet. On peut juger de l'indiscipline et du gaspillage qui existaient, par les moyens employés pour faire rentrer dans les magasins de l'Etat les objets d'équipements vendus par les soldats. L'arrêté

portant que les chaussures en bois, lisez *les sabots,* suffisent pour les bons citadins, est assez pi-
quant. Les peines employées pour décider les récalcitrants à s'exécuter prouvent le peu de cas
qu'on faisait de la vie et de la liberté des citoyens,
à cette triste époque.

« Considérant qu'il importe de s'occuper sans
relâche des besoins de l'armée ; que déjà, par
arrêté du 7ᵉ jour de la 1ʳᵉ décade du second mois,
les habits, vestes et culottes en uniforme, exis-
tant dans cette commune, ont été mis en réquisition, ainsi que plusieurs objets propres à l'usage
du soldat, mais que les manteaux de drap n'ont
pas été compris dans la réquisition,

» Arrêtent que les manteaux de drap exis-
tants dans Ville-Affranchie font partie de la réquisition du 7ᵉ jour de la 1ʳᵉ décade du second
mois ; en conséquence, il est enjoint aux citoyens
de Ville-Affranchie de faire remettre à la municipalité, *dans les 24 heures,* à dater de la publication, tous les manteaux de drap qu'ils ont en
leur possession, *sous peine d'être réputés* RE-
BELLES et punis ainsi qu'il est porté en l'art. 5 de

l'arrêté dudit jour, 7ᵉ de la 1ʳᵉ décade du 2ᵉ mois.

> » COLLOT-D'HERBOIS, SEB. DELAPORTE,
> FOUCHÉ. »

(Ville-Affranchie), le 19 brumaire an II.

« Considérant que les besoins des défenseurs de la liberté doivent fixer leur première attention;

» Considérant que les armées de la République doivent être approvisionnées par des moyens rapides et *dignes de la générosité républicaine ;*

» Considérant que la plupart des braves soldats ne peuvent manquer de chaussures à l'entrée d'une saison rigoureuse, lorsqu'une multitude de gens oisifs ont du superflu en ce genre ;

» Considérant que si les guerriers ont besoin d'une chaussure souple pour la facilité de la marche, *des chaussures de bois* suffisent à ceux qui restent dans leurs foyers,

» Arrêtent ce qui suit :

» Art. 1ᵉʳ. — Tous les citoyens qui ne sont pas employés au service des armées sont tenus, dans la huitaine, *d'apporter leurs souliers* à leur municipalité respective, qui leur en délivrera un reçu.

» Art. 2. — Celui qui n'aura pas obéi sera déclaré mauvais citoyen et puni comme tel.

Art. 3. — Il est enjoint à tous les cordonniers de ne recevoir, de n'acheter aucune espèce de souliers d'homme et de n'en délivrer que pour les armées et sur des réquisitions légalement autorisées, sous peine d'être poursuivis comme rebelles à la loi.

Art. 4. — Seront poursuivis avec la même activité, tous ceux qui recevront, *achèteront* des manteaux ou autres objets mis en réquisition par les représentants du peuple.

» Commune-Affranchie, 21 brumaire an II.

» *Les représentants,*

» COLLOT-D'HERBOIS, FOUCHÉ, DELAPORTE. »

« La commission temporaire de surveillance,

» Considérant que les *aristocrates* sont *indignes* de porter l'habit de la couleur nationale, et que *les amis de la liberté* regarderont *comme une jouissance* de concourir à habiller, dans une saison rigoureuse, ceux qui versent leur sang pour elle,

» Arrête ce qui suit :

Art. 1ᵉʳ. — Tout citoyen qui aura chez lui *un vêtement* d'une étoffe bleu national sera tenu, dans la décade, à dater de la publication de l'arrêté dans chaque commune, de l'apporter à sa municipalité ou au comité de sa section.

» Art. 3. — Tout homme qui, à l'expiration de la décade, n'aurait pas satisfait aux dispositions du présent arrêté et chez qui on trouverait un vêtement bleu, sera regardé comme suspect et puni comme tel.

» Le 5 frimaire an II.

> » DUHAMEL, *président ;* PERROTIN, *vice-président ;* SCÉVOLA GUYON, BOISSIÈRE, AGAR, MARCILLAT, FUSIL, ANDRIEUX, LE-CANU, LAFAYE, VERD, *procureur général.* »

Mais ce n'est pas tout ; il y avait encore quelque chose qui rendait plus vexatoires ces mesures, c'est qu'elles étaient essentiellement arbitraires. Les *aristocrates* ou *soi-disant tels*, car on voit figurer *un grand nombre d'ouvriers* parmi ceux à qui s'appliquaient ces mesures, étaient seuls soumis à ces réquisitions. Les bons patriotes en étaient dispensés; aussi, malgré ce qu'il y avait de lyrique dans le libellé de Fouché qui fait de très-peu poétiques SABOTS, des chaussures de bois, ceux que ces mesures atteignaient en étaient très-irrités, d'autant plus que les procédés employés contre eux étaient quelque peu draconiens. C'étaient ou de simples soldats qui, au milieu de la rue, troquaient leur chaussure, quelle qu'elle fût, avec les souliers des passants, quand cela leur convenait; ou des visites domiciliaires faites, ainsi qu'on ne saurait trop le répéter, par des gens grossiers, violents, armés, très-souvent avinés, qui, à la moindre observation, maltraitaient et arrêtaient, hommes ou femmes, ceux dont ils envahissaient les domiciles. Qu'on joigne à cela que la tête de quiconque était mis en prison n'était plus très-solide sur ses épaules, et on pourra concevoir la terreur qu'inspiraient à tout le monde ces visites domiciliaires.

Mais ce n'est pas encore tout. Comme le gaspillage et l'indiscipline étaient autant en bas qu'en haut dans l'administration et dans l'armée, les soldats, les agents de l'administration, les grands

citoyens mêmes qui étaient chargés de procéder à ces réquisitions, *vendaient* à beaux
deniers comptant les souliers qu'on leur livrait
ou qu'ils prenaient. En voici la preuve, signée
Fouché, Laporte et Albitte :

« 1er nivôse.

. . . .

» Art. 8. — Tous les souliers fabriqués pour
» les soldats seront carrés, conformément à la
» dernière loi.

» Art. 9. — Le soldat seul portera désormais
» des souliers carrés. Tout citoyen qui en por-
» terait de pareils serait réputé avoir volé ou
» acheté les souliers du soldat, et, en consé-
» quence, il serait arrêté et puni selon la rigueur
» de la loi.

» Fouché, Laporte, Albitte. »

Voici encore une pièce qui donne la preuve
matérielle que la révolution, au mois d'octobre 1793, avait complétement pris le caractère
social. C'est une tentative d'organiser le communisme dans la pratique. L'on verra qu'au lieu
d'établir l'égalité et la fraternité, dont Collot-

d'Herbois et Fouché parlent tant, les mesures qu'ils imposèrent à la malheureuse population lyonnaise eurent pour résultat de faciliter les gaspillages les plus honteux de la part des quelques soi-disant patriotes, et d'augmenter *la misère terrible* à laquelle était soumise la masse de la population.

» AU NOM DU PEUPLE FRANÇAIS,

» *Les Représentants envoyés dans Commune-*
 » *Affranchie pour y* assurer le bonheur du
 » peuple *avec le triomphe de la Répu-*
 » *blique, etc.,*

 » Considérant que toutes leurs opérations
» doivent tendre à établir promptement les droits
». du peuple, à faire respecter sa souveraineté
» et à manifester sa toute-puissance ;
 » Considérant que l'égalité qu'il réclame et
» pour laquelle il verse son sang depuis la révo-
» lution, ne doit pas être pour lui une illusion
» trompeuse ;
 » Considérant que tous les citoyens ont un droit
» *égal* aux avantages de la société ; que *leurs*

» *jouissances* doivent être *en proportion* de
» *leurs travaux*, de *leur industrie* et de *l'ar-*
» *deur* avec laquelle ils se dévouent au service
» de la patrie;

» Considérant que là où il y a des hommes
» qui souffrent, *il y a des oppresseurs*, il y a
. » des ennemis de l'humanité ;

» Considérant que la Commune-Affranchie
» *offre partout le spectacle de la* MISÈRE et de
» l'OPULENCE, de l'oppression et du malheur, des
» priviléges et de la souffrance; que les droits
» du peuple y sont foulés aux pieds ;

» Considérant qu'il est instant de prendre des
» mesures de justice et de les étendre à tous les
» départements environnants,

» Arrêtent ce qui suit :

» Art. 1er. — Tous les citoyens infirmes,
» vieillards, orphelins indigents seront logés,
» nourris et vêtus aux dépens de leurs cantons
» respectifs; les signes de la misère seront
» anéantis.

» Art. 2. — La mendicité et l'oisiveté sont
» également proscrites; tout mendiant ou oisif
» sera incarcéré.

» Art. 3. — *Il sera fourni aux citoyens*
» *valides du travail et les objets nécessaires*
» *à l'exercice de leurs métiers et de leur*
» *industrie.*

» Art. 4. — Pour cet effet, les autorités con-
» stituées, de concert avec les comités de surveil-
» lance, lèveront dans chaque commune, *sur les*
» *riches*, une taxe révolutionnaire *propor-*
» *tionnée à leur fortune et à leur incivisme,*
» jusqu'à la concurrence des frais nécessaires
» pour l'exécution des articles ci-dessus.

» Art. 6. — Ceux qui, dans le délai qui sera
» fixé, n'auront pas obéi aux réquisitions pécu-
» niaires qui leur sont faites *seront déclarés*
» *suspects.*

» Art. 7. — Les biens de ceux qui sont
» reconnus suspects ne pouvant qu'être dange-
» reux entre leurs mains, *seront séquestrés*
» *jusqu'à la paix*, et il ne leur sera laissé que
» *le strict nécessaire* pour eux et *leur famille.*
» Les scellés seront mis sur leurs papiers ; inven-
» taire sera fait dans tous leurs domaines.

» Art. 8. — *La* RICHESSE *et la* PAUVRETÉ
» *devant également disparaître du régime*

» *de l'égalité*, il ne sera plus composé un pain
» de fleur de farine pour le *riche* et un pain de
» son pour le pauvre.

» Art. 9. — Tous les boulangers sont tenus,
» sous peine d'incarcération, de fabriquer une
» seule et bonne espèce de pain, *le pain de l'é-*
» *galité.*

» Art. 10. — Le présent arrêté sera imprimé,
» lu, publié et affiché dans toute l'étendue du
» département du Rhône, de la Loire, de la
» Haute-Loire, de l'Ardèche, de l'Allier, de la
» Nièvre, de Saône-et-Loire, de l'Ain, de l'Isère,
» de la Drôme, du Mont-Blanc, adressé à tous
» les districts de ces départements, qui les feront
» parvenir, par des exprès, à tous les conseils
» généraux des communes, à tous les comités de
» surveillance, à toutes les sociétés populaires.

» Art. 11. — L'exécution de cet arrêté est
» confiée au patriotisme et recommandée à l'hu-
» manité des administrations des départements
» dénommés ci-dessus qui, sous *leur responsa-*
» *bilité personnelle et collective*, rendront
» compte, sans délai, des moyens qu'elles ont
» pris pour le prompt succès de leurs opérations.

» A la Commune-Affranchie, le 24ᵉ jour de
» brumaire, l'an II de la République française
» une et indivisible.

» COLLOT-d'HERBOIS, FOUCHÉ, de Nantes,
» ALBITTE. »

Collot-d'Herbois et Fouché ne trouvant pas
que ce fût assez de la commission militaire sié-
geant à Lyon, établirent, par un arrêté du 25 brumaire, encore une autre commission militaire à
Feurs, dans le département de la Loire.

Cette commission devait, comme celle de Lyon,
juger militairement, *sans appel* ni *recours*.

L'anarchie était si grande à Lyon que les personnes mêmes qui venaient d'être acquittées
étaient, à tout instant, arrêtées de nouveau. Il
fallut des *arrêtés répétés* des représentants, pris
sur la demande de la commission temporaire
elle-même, pour diminuer un peu ces abus. Ils
étaient tels que *les démagogues les plus violents* se plaignaient de ce que *les meilleurs
patriotes étaient menacés*, « que l'on faisait
ainsi détester la République. » Ils déclaraient que

ces iniquités étaient *le résultat de haines et de vengeances particulières.*

Le 26 brumaire, *la Convention* avait décrété :
» que les personnes détenues dans toutes les mai-
» sons d'arrêt de la République auront la même
» nourriture, qui sera frugale. Les *riches* dé-
» tenus paieront pour les pauvres. »

Voici ce que fut à Lyon le résultat du décret de la Convention :

Pendant tout le mois d'octobre et la première quinzaine de novembre, les communications des détenus avec leurs parents et avec leurs amis étaient faciles : ceux qui jouissaient de quelque aisance se faisaient apporter, sans empêchement, les vins et les comestibles qu'ils désiraient ; mais cette liberté leur fut ôtée, et le 18 novembre, le Directoire du département du Rhône prit l'arrêté suivant :

« Considérant que l'aristocratie montre son front radieux comme sous l'ancien régime et qu'elle ose insulter à l'égalité jusqu'au *fond des cachots* où elle jouit de *toutes les délices* d'une vie qui n'annonce aucun remords, décide que tous les détenus seront nourris et couchés de la même manière ; *pour tout aliment*, il sera fourni à chacun d'eux *de l'eau fraîche, deux livres de pain par jour,* et pour le coucher, *quinze livres de paille* par décade. »

On voit que la décision de la Convention était appliquée à Lyon, par Collot-d'Herbois, Fouché et leurs acolytes, de la manière la plus rigoureuse.

Si le comité de salut public ne donnait guère d'instructions aux représentants en mission pour les guider dans les mesures qu'ils devaient prendre, il n'en était pas de même quand il s'agissait d'arrestations ou de confiscations. Voici une décision du comité de sûreté générale, comme les deux comités en expédiaient continuellement :

« Je vous fais passer ci-joint, citoyens col-
» lègues, l'arrêté du comité du 25 de ce mois, qui
» vous mettra à même de faire une découverte
» importante dans les caves du ci-devant inten-
» dant de Lyon, *Tolozan dit Montfort.* L'on
» dit que sa femme de charge, qu'on désigne
» comme très-rousse, doit habiter encore sa mai-
» son et savoir le lieu de la cachette. Veuillez
» bien prendre toutes les précautions possibles

» dans les opérations qui nécessitent l'ordre du
» comité porté sur une dénonciation certaine.

> *Les représentants du peuple, membres*
> *du comité de salut public,*

> VOULLAND, LOUIS (du Bas-Rhin), PANIS. »

« Les représentants du peuple chargent la com-
» mission temporaire de recevoir, de relever les
» déclarations de la femme de charge de Tolozan,
» qu'ils ont déjà interrogée et qui a fait des
» aveux, et de faire toutes les diligences néces-
» saires.

> FOUCHÉ, COLLOT-d'HERBOIS. (Autog.)

> (Lyon.) 27 brumaire an II. »

Les réquisitions étaient une cause de luttes
incessantes entre les représentants du peuple en
mission. Ainsi qu'on l'a déjà vu par une lettre
de Collot-d'Herbois, ces conflits de pouvoirs en
arrivaient presque à des luttes à main armée.
Les deux pièces qui suivent donneront encore
une fois une idée de L'ANARCHIE qui régnait partout :

« Aux administrateurs du département
» de la Côte-d'Or.

» Nous vous faisons passer un arrêté du
» comité de salut public, qui invite notre col-
» lègue Prost à retirer toutes les réquisitions à
» la faveur desquelles vous avez cherché à vous
» soustraire à nos réquisitions pour l'armée des
» Alpes.

» Vous y obéirez donc, puisqu'il ne reste au-
» cun prétexte, ou vous subirez la peine réservée
» *aux conspirateurs* qui combinent tous les
» moyens de détruire par la famine les armées
» républicaines, dans l'intention, sans doute, de
» servir la cause des tyrans.

» Commune-Affranchie, le 30 brumaire, l'an II
» de la République française, une, indivisible et
» démocratique.

» COLLOT-D'HERBOIS, FOUCHÉ, ALBITTE. »

. . . .

» Arrêtent ce qui suit :

» Art. 1er. — Tous arrêtés pris par les corps
» administratifs ou municipalités portant défense,

» même provisoire, de laisser sortir les grains
» et farines pour la subvention des communes,
» districts ou départements, sont déclarés nuls
» et attentatoires à la loi.

» Art. 2. — Les administrateurs ou officiers
» municipaux qui en prendront de pareils sont
» déclarés *traîtres à la patrie* ; en conséquence,
» ils seront punis comme tels et leurs biens con-
» fisqués au profit de la République.

» FOUCHÉ, ALBITTE. »

On peut juger, par ces pièces, des conditions
dans lesquelles se trouvaient les administrations
locales. Despotes, par rapport à leurs concitoyens,
tous ces fonctionnaires publics étaient eux-
mêmes condamnés à subir le régime de terreur
qui pesait sur la France entière.

Le 3 frimaire, Collot-d'Herbois et Fouché rap-
portèrent l'arrêté qui mettait la ville de Lyon en
état de siége, déclarèrent que Commune-Affranchie était EN ÉTAT DE GUERRE RÉVOLUTIONNAIRE,
et arrêtèrent que la force armée serait désormais
employée pour la défense de la République, l'exé-

cution des lois et *des mesures révolutionnaires*,
d'après les ordres des représentants et des autorités constituées.

On verra plus loin dans quel but était prise
cette redoutable décision. Comme la guillotine ne
marchait pas assez vite au gré des proconsuls, ils
étaient décidés à employer la mitraille et les
fusillades.

Le 25 novembre (5 frimaire), Ronsin, Parein
et l'armée révolutionnaire étaient arrivés à Lyon.
Aussitôt Collot-d'Herbois et Fouché, que le peu
de forces dont ils disposaient avaient condamnés à
une certaine réserve, prirent, à l'égard de la malheureuse ville de Lyon, les mesures les plus redoutables. Le 27 novembre, ils nommèrent une
commission militaire présidée par Parein, ancien
clerc de procureur à qui, sans qu'il eût en réalité
de services militaires, son métier de juge ou plutôt de bourreau, valut le grade de *général de
division*. Fouché, par un arrêté en date du
29 ventôse, attacha même un adjudant-général à
l'état-major de cet étrange général de division.
Nous verrons plus loin la manière de fonctionner
de ce tribunal de sang, qui, en quatre mois, pro-

nonça mille six cent quatre-vingt-quatre condamnations à mort.

« Au nom du peuple français,

» *Les représentants du peuple envoyés
dans Commune-Affranchie pour y
assurer le bonheur du peuple, avec le
triomphe de la République, etc.,*

» Considérant que *la justice* est *le plus fort
lien de l'humanité* ; que son bras terrible doit
venger subitement tous les attentats commis
contre la souveraineté du peuple ; que chaque
moment de délai est un outrage à sa toute-
puissance ;

» Considérant que l'exercice de *la justice* n'a
besoin *d'autre forme* que l'expression de la
volonté du peuple ; que cette volonté énergiquement manifestée doit être la conscience des
juges ;

» Considérant que presque tous ceux qui remplissent les prisons de cette commune, ont cons-
piré l'anéantissement de la République, médité le massacre des patriotes, et que, par con-

séquent, ils sont *hors la loi,* que leur arrêt de mort soit prononcé ou non ?

» Considérant que leurs complices ; que les plus grands coupables ; que Précy, qui a donné l'affreux signal du meurtre et du brigandage, et qui respire encore dans quelque antre ténébreux, pourraient concevoir le projet insensé d'exciter des mouvements sanguinaires et rallumer des passions liberticides, si, par une pitié aussi mal conçue que dénaturée, on apportait quelque délai à la punition du crime ;

» Considérant qu'à l'apparence d'un nouveau complot ; qu'à la vue d'une seule goutte de sang d'un patriote, *le peuple, irrité d'une justice trop tardive,* pourrait en diriger lui-même les effets, lancer aveuglément les foudres de sa colère, et laisser, par une méprise funeste, d'éternels regrets aux amis de la liberté ;

» Considérant que le seul point que réclame *l'humanité* de la justice, la seule pensée qui doit pénétrer l'âme est de sauver, du milieu de ces repaires de brigands, le patriotisme, qu'un excès de scélératesse pourrait avoir confondu avec le crime,

11*

» Les représentants du peuple, inébranlables dans l'accomplissement de leur devoir, fidèles à leur mission,

» Arrêtent ce qui suit :

» Art. 1er. — Il sera établi dans le jour une commission révolutionnaire composée de sept membres.

» Art. 2. — Les membres sont : Parein, président ; Brunière, Lafaye, Fernex, Marcelin, Vauquoi et Andrieux (l'aîné).

» Art. 3. — Cette commission fera traduire successivement devant elle tous les prisonniers, pour y subir un dernier interrogatoire.

» Art. 4. — L'innocent reconnu sera, sur-le-champ, mis en liberté et les coupables envoyés au supplice.

» Art. 5. — Tous les condamnés seront envoyés en plein jour, en face du lieu même où les patriotes furent assassinés, pour y expier, sous le feu de la foudre, une vie trop longtemps criminelle.

» Commune–Affranchie, 7 frimaire an II de la République française une et indivisible et DÉMO-CRATIQUE.

» COLLOT-D'HERBOIS, FOUCHÉ, ALBITTE,
» DELAPORTE. »

Je ne sais pas s'il est possible d'accumuler, dans une pièce de quelques lignes, plus de mauvaise foi, plus d'hypocrisie et de profonde scélératesse. C'est bien du Collot-d'Herbois et du Fouché réunis. A toutes les lignes on trouve les mots de bonheur du peuple, d'humanité, de justice. Tout ce verbiage, tous ces sophismes n'ont qu'un but, tâcher de couvrir des mesures de sang.

Fouché n'oublie jamais ses petits intérêts. Malgré le profond mépris qu'il affecte pour l'or et l'argent, partout où il va il s'occupe de ces vils métaux. C'est à l'aide des mesures qu'il fit prendre dans la Nièvre et à Lyon qu'il commença, on ne saurait trop le répéter, cette fortune de 12 à 14 millions qu'il laissa à sa mort.

« Considérant que la cupidité et la malveillance pourraient faire tourner, au profit des ennemis de la liberté, le mouvement salutaire qui a été imprimé à la circulation de l'or et de l'argent ;

» Considérant que la baisse de ces métaux, le mépris dont ils sont justement couverts dans plusieurs départements de la République, ne ser-

viraient que les passions viles et méprisables *de
l'agiotage*, si on n'exerçait une surveillance con-
tinuelle et active, si un châtiment prompt et terrible ne frappait celui qui ferait, à cet égard, des
spéculations criminelles ;

» Considérant que le commerce de l'or et de
l'argent avec l'étranger, ne peut être qu'un
moyen puissant de seconder les ennemis de la
République, de soutenir encore quelques instants
la coalition des conspirateurs,

» Arrêtent ce qui suit :

» Art. 1er.—Toutes les autorités constituées, tous
les chefs de la force armée, donneront à tous les
postes des frontières les ordres les plus sévères
de veiller à ce qu'il ne sorte de la République ni
or ni argent, sous quelque prétexte que ce puisse
être, sans une autorisation expresse de la Convention nationale ou du comité de salut public
ou des représentants du peuple, qui sera visée par
ceux qui sont sur les frontières.

» Art. 2. — Celui qui sera convaincu d'avoir
cherché à faire passer ces métaux à l'étranger,
sera traduit sur le champ au tribunal révolutionnaire le plus voisin ou devant une commission

militaire, pour être puni suivant la loi contre les conspirateurs.

» Art. 3. — Conformément au *décret de la Convention nationale*, la vingtième partie de la somme d'or et d'argent sera payée sans délai, en assignats républicains, à celui qui l'aura saisie.

» Commune-Affranchie, le 7ᵉ frimaire an II de la République française une et indivisible et DÉMOCRATIQUE.

» COLLOT-D'HERBOIS, FOUCHÉ, ALBITTE, LAPORTE. »

» Considérant que les fonds qui, pour la plupart, sont le produit du superflu du *riche*, ou qui proviennent des dépouilles des conspirateurs, de tous ceux qui ont attiré le fer ou la flamme, qui ont appelé la vengeance populaire sur la ville de Lyon, *sont destinés au soulagement de la misère et aux indemnités du malheur,*

» Arrêtent ce qui suit :

» Article 1ᵉʳ. — Tous les effets en or, en argent et en assignats qui ont été déposés dans les comités, dans les sections, dans les bureaux des commissions et des autorités constituées du dé-

partement de Rhône-et-Loire, seront apportés,
sans délai, au ci-devant hôtel des Monnaies, où
il sera établi un corps-de-garde.

» Art. 4. — Le receveur sera responsable ; *il
payera, sur les mandats qui lui seront présentés, les sommes qui seront jugées devoir
être accordées par les représentants du
peuple.*

> » COLLOT-D'HERBOIS, FOUCHÉ, ALBITTE,
> LAPORTE. »

Partout où va Fouché, il n'oublie jamais l'or et
l'argent. Ces vils métaux, pour lesquels il professe un si profond dédain, ont le don d'appeler
toujours son attention. Il a soin de les réunir
de manière à pouvoir en disposer. On voit, par
l'arrêté qui précède, que les représentants du
peuple se réservent le droit de délivrer des mandats
sur les caisses dans lesquelles on concentre les
dépouilles des vaincus. Fouché ne s'oublia pas
plus à Lyon qu'à Nevers et à Moulins.

D'après l'arrêté dont on va lire quelques
extraits, tout l'or et l'argent provenant des
dépouilles des condamnés et des taxes révolu-

tionnaires imposées sur *les riches*, devaient
servir à *soulager les malheureux*. Bien peu de
ces fonds reçurent cette destination. La majeure
partie fut gaspillée par les divers agents chargés
de les percevoir et de les garder. Ces dilapidations
sont signalées à tout instant, par des actes
émanant des autorités révolutionnaires de tous
les degrés.

« 10 *frimaire an* II.

» Considérant qu'il est instant pour les intérêts de la chose publique, que les effets en or et
en argent et en assignats qui ont été ou qui seront
déposés aux diverses commissions des séquestres,
dans tous les comités des autorités constituées du
département de Rhône-et-Loire, soient recueillis
et réunis le plus promptement possible dans un
seul dépôt.

» Art. 3. — Les membres de la commission
seront chargés, sous leur responsabilité individuelle et collective, de tenir *un compte exact*
de tous les effets qui parviendront au dépôt; de
les classer selon leur valeur; *d'exercer une vigilance sévère sur tous les comités qui sont ou
qui seront dépositaires;* dé correspondre avec

eux; de prendre les moyens les plus sûrs et les
plus prompts; de détacher un de leurs membres
pour *presser* la rentrée des différentes sommes
qui sont éparses dans les deux départements; de
rendre compte, chaque décade, de leurs opérations, aux représentants du peuple en commission à la Commune-Affranchie.

. . . .

» COLLOT-D'HERBOIS, FOUCHÉ, ALBITTE,
      LAPORTE. »

La pièce suivante prouve combien était précaire la liberté et l'existence des citoyens. Un
sauf-conduit délivré par un représentant en
mission ne vous mettait pas à l'abri des mesures
les plus rigoureuses. Un autre représentant
pouvait annuler cette pièce qui, en tout autre
temps, eût été une garantie suffisante.

» La commission temporaire, considérant que
la bonne foi du citoyen *Petit-Jean*, représentant
du peuple, a pu être surprise,

» Arrête, d'après *l'autorisation* des représentants du peuple à Ville-Affranchie,

» Que le comité révolutionnaire de Condrieux

est chargé de faire conduire par devant la commission temporaire les dits Breton et Lemontey, pour y être entendus sur les faits contenus dans la dénonciation.

» ˙ Le 9 frimaire de l'an II. »

« Dès le 10 octobre, toutes les prisons étaient encombrées ; on y jetait par masses les citoyens accusés d'avoir pris les armes, les citoyens suspects, les membres de l'ancienne municipalité, les juges et les jurés qui avaient pris part au procès de Châlier, les Lyonnais ramenés de Saint-Romain ou arrêtés dans les campagnes voisines, après la malheureuse sortie de Précy ; enfin, les *riches,* les. nobles et les prêtres réfractaires, saisis partout où on avait pu les découvrir. Rien n'était plus terrible que la manière dont étaient exécutées les visites domiciliaires ; on y procédait souvent pendant la nuit, à la clarté des flambeaux. Ces perquisitions sinistres étaient faites par des hommes aux paroles et aux manières grossières, espions impitoyables à qui rien n'échappait, ni un geste, ni la moindre hésitation, et qui avaient acquis par l'habitude une sorte d'habileté dans leur métier. Des soldats ou des jacobins à piques les accompagnaient, tandis que des détachements de la force armée occupaient la rue et en gardaient les abords. Chaque maison était fouillée de fond en comble, de la cave au grenier, et rien n'échappait aux pourvoyeurs du bourreau. Un écriteau placé par le propriétaire, dans la rue, au-devant de chaque porte, indiquait le nom, l'âge, le sexe, la profession et le nombre des locataires; défense était faite, sous les peines les plus sévères, de donner l'hospitalité, même pour une seule nuit, à un parent ou à un ami dont le nom ne se trouverait pas sur le tableau. »

Au moment où l'armée républicaine entra dans Lyon, un nombre considérable d'hommes pris les armes à la main furent fusillés.

Depuis cette époque, 9 novembre 1793, une centaine de personnes avaient péri sur l'échafaud. Le 4 décembre, Collot-d'Herbois et Fouché firent mitrailler 64 malheureux qui avaient défilé devant le tribunal révolutionnaire. Voici le récit de cette boucherie, telle que la raconte Louis Blanc:

« Le 14 frimaire (4 décembre), dans la plaine des Brotteaux, sur une levée d'environ trois pieds de large, entre deux fossés parallèles, propres à servir de sépulture, et que bordait en dehors, le sabre à la main, une double haie de soldats, vous eussiez vu, garottés deux à deux, et à la suite les uns des autres, soixante jeunes gens qu'on venait d'extraire de la prison de Roanne. Derrière eux, dans la direction du plan horizontal qu'ils couvraient, des canons chargés à boulets.

» Au moment de mourir, les soixante condamnés avaient entonné le chant girondin : le bruit du canon les interrompit... Les uns tombent pour ne plus se relever ; les autres, blessés, tombent et se relèvent à demi ; quelques-uns sont restés debout. O spectacle sans nom ! Les soldats franchissent les fossés et réparent à coups de sabre les erreurs commises par le canon. Ces soldats étaient des novices : l'égorgement dura... »

La sanglante exécution, la boucherie, il faut se servir du mot propre, dont on vient de lire le récit, souleva l'indignation de tout ce qui restait à Lyon d'honnêtes gens, à quelque parti ou à quelque classe de la société qu'ils appartînssent. Les troupes même exprimèrent le plus vif mécontentement de la sale besogne à laquelle on les condamnait.

C'est pour répondre à cette réprobation presque universelle que Collot-d'Herbois et Fouché publièrent la proclamation qu'on va lire. On reconnaîtra, dans cette œuvre sinistre, le style hypocritement féroce de Fouché. Nulle part l'abus des mots, le renversement de tout sentiment moral et juste, n'est poussé plus loin que dans cette pièce, bien digne du prêtre apostat devenu un tyran.

« Républicains, lorsque tous les hommes énergiques sont impatients d'arriver *au terme heureux de la révolution*; lorsqu'ils travaillent sans relâche au moyen d'entraîner tous les esprits dans son orbite, vos perfides ennemis, vos hypocrites amis, cherchent à vous imprimer de faux mouvements, à égarer votre raison, à briser le ressort de vos âmes et à donner le change à votre sensibilité. Les ombres des conspirateurs, des traîtres, semblent sortir *du néant* pour exercer sur vous leur sinistre influence.

» On veut arrêter *la volonté du peuple* dans ses effets, par des considérations, par des calculs

plus ou moins pusillanimes, plus ou moins méprisables, plus ou moins funestes à la liberté. *On
ose insulter à sa toute-puissance, circonscrire
sa justice éternelle dans les limites des tribunaux ordinaires, où trop souvent les
formalités ne servirent qu'à couvrir la scélératesse,* d'autant plus profonde qu'elle ne laisse
aucune trace après elle. On conspire contre l'humanité entière; on veut dérober au glaive de la
vengeance nationale quelques assassins privilégiés qu'on a intérêt d'épargner, parce qu'eux
seuls, peut-être, auraient l'affreux courage de
combiner de nouvelles conjurations, de nouveaux
attentats. On ne songe plus aux flots de sang qui
ont coulé des veines généreuses des patriotes; la
République est oubliée, et Lyon, que *le peuple*
a condamné à l'anéantissement, est conservé dans
la pensée, pour devenir encore le foyer du brigandage royal et l'asile de la corruption et du
crime.

» Mais quels sont donc ces hommes qui ont
conçu le téméraire projet d'enchaîner la sévère
justice du *peuple* et de briser dans ses mains la
foudre vengeresse? Quels sont ces hommes qui

s'efforcent de prendre le masque de la plus sainte
des vertus, de *la touchante humanité !*

» Républicains, ce sont ceux-là même que
vous avez vus naguère orgueilleux et inhumains,
riches et *avares*, se plaignant amèrement du
plus léger sacrifice que la patrie imposait à leur
surperflu, prodiguant l'or aux tyrans et à leurs
infâmes suppôts, refusant avec dureté le nécessaire à l'indigent et traînant honteusement dans
la boue le malheureux qu'ils voulaient avilir pour
l'opprimer, livrant aux angoisses dévorantes des
premiers besoins, aux atteintes poignantes de
l'inquiétude, à tout ce qui sert de cortége au
désespoir, les familles honorables des vertueux
défenseurs de la patrie. Ce sont, enfin, ces mêmes
hommes qui ont immolé, à leur féroce amour pour
la domination, des milliers de victimes, et en qui
il n'existe qu'un sentiment, celui de la rage de
n'en avoir pas immolé un plus grand nombre.

» *Hypocrites, audacieux,* ils se disent les
amis de l'humanité, et ils l'ont consternée ; ils
ont fait gémir la nature, couvert de sang la statue de la liberté, et ils l'outragent chaque jour
jusqu'à l'échafaud, en offrant leur dernier souffle

impur au maître qu'ils appellent dans leur délire insensé. Ce sont là les seuls tableaux qui doivent fixer vos yeux et absorber votre pensée tout entière. *On effraie votre imagination de quelques décombres, de quelques cadavres* qui n'étaient plus dans l'ordre de la nature et qui vont y rentrer ; on l'embrase à la flamme d'une maison incendiée, parce qu'on craint qu'elle ne s'allume au feu de la liberté.

» Républicains, *quelques destructions individuelles, quelques ruines* ne doivent pas être aperçues de celui qui, dans la révolution, ne voit que l'affranchissement des peuples de la terre et *le bonheur universel* de la postérité. De faibles rayons s'éclipsent devant l'astre du jour.

» Eh ! n'est-ce pas sur les ruines de tout ce que le vice et le crime avaient élevé que nous devons établir LA PROSPÉRITÉ GÉNÉRALE? N'est-ce pas sur les débris de la monarchie que nous avons fondé la République? n'est-ce pas avec les débris de l'erreur et de la superstition que nous formons des autels à la raison et à la philosophie? N'est-ce pas également avec les ruines, avec les destructions des édifices de l'orgueil et de la cupi-

dité que nous devons élever aux amis de l'égalité,
à tous ceux qui auront bien servi la cause de la
liberté, aux braves guerriers retirés des combats,
d'humbles demeures pour le repos de leur vieillesse ou de leurs malheurs? N'est-ce pas sur les
cendres des ennemis du peuple, de ses assassins,
de tout ce qu'il y a d'impur, qu'il faut établir
l'harmonie SOCIALE, *la paix et la félicité
publiques?*

» Les représentants du peuple resteront impassibles dans l'accomplissement de la mission qui
leur a été confiée; *le peuple* leur a mis entre les
mains le tonnerre de sa vengeance ; ils ne le
quitteront que lorsque tous ses ennemis seront
foudroyés; ils auront le courage énergique de
traverser *les immenses tombeaux des conspirateurs et de marcher sur des ruines, pour
arriver au bonheur des nations et à la régénération du monde.*

» 15 frimaire an II.

» COLLOT-D'HERBOIS, FOUCHÉ, LAPORTE,
» ALBITTE. »

Il est difficile d'entasser des sophismes plus

monstrueux, de montrer un cynisme plus effrayant. C'est bien là le pathos humanitaire de Fouché : « *le terme heureux* de la révolution, » « *on ose insulter* à la toute-puissance DU PEUPLE, circonscrire *sa justice* dans les limites des tribunaux ordinaires, » « LA TOUCHANTE HUMANITÉ, » « on effraie votre imagination de *quelques décombres, de quelques cadavres,* » « LE BONHEUR UNIVERSEL, » « LA PROSPÉRITÉ GÉNÉRALE, » « *l'harmonie* SOCIALE, *la paix et la félicité publiques,* » « *le bonheur des nations et la régénération du monde.* »

Jamais on n'a plus audacieusement calomnié LE PEUPLE.

Ce n'était pas LE VRAI PEUPLE, c'est-à-dire la totalité de la nation, qui commandait tous ces crimes, mais *une infime minorité de sansculottes,* réunion de tout ce qu'il y avait de plus abject et de plus vicieux dans la population. Quant au VÉRITABLE PEUPLE, il était la victime de ces excès et de ces crimes qui atteignaient tout le monde, depuis le noble et le prêtre jusqu'au SIMPLE OUVRIER.

De grands mots, toujours de grands mots, et

puis après *la misère, la famine, des ruines* et
du sang.

Malgré le grand nombre des condamnations et
des supplices, la commission de justice populaire faisait couler le sang avec trop de lenteur ;
il y avait encore quelque apparence de formes,
quoique bien légères, et les prisons ne se vidaient
point avec assez de rapidité. Collot-d'Herbois,
Fouché, Albitte et Delaporte instituèrent, ainsi
que nous l'avons déjà dit, le 7 frimaire an II, une
commission révolutionnaire composée de sept
membres (il n'y en eut jamais que cinq) ; c'est
devant elle que les prévenus devaient être
traduits successivement pour y subir un dernier
interrogatoire. Parein fut nommé président de
ce sinistre tribunal.

Un des prisonniers, M. Nolhac, a raconté l'interrogatoire que la commission fit subir à son père
et à lui : « C'est le soir que nous fûmes appelés,
» dit-il ; mon père me précéda' : il avait été
» introduit dans la salle lorsque j'arrivai à la
» porte. Un gardien me fouilla soigneusement,
» pour s'assurer que je ne portais point quelque
» instrument offensif. Le jugement de mon père

» ne fut pas long : je le vis sortir pâle, la figure
» altérée ; mes yeux l'interrogèrent en vain, il fut
» muet, et c'est tout au plus si j'eus le temps,
» avant d'être poussé dans la salle, de remar-
» quer qu'on ne lui faisait pas prendre la direc-
» tion de la cave des condamnés. J'entrai donc,
» et voici ce qui se présenta à mes regards :

» Une longue table, couverte d'un tapis vert,
» était placée à droite près de la cheminée ; elle
» portait un certain nombre de bougies. Autour
» de cette table et tournant le dos à la cheminée,
» les juges étaient assis ; je crois me rappeler
» qu'ils étaient cinq. Au milieu d'eux était le ci-
» toyen Parein, homme à la taille haute, à l'œil
» farouche. Tous étaient vêtus d'un habit-bleu,
» coiffés d'un chapeau militaire surmonté d'un
» panache rouge ; une petite hache, emblême de
» leurs horribles fonctions, était suspendue à leur
» cou par un ruban tricolore. De l'autre côté de
» la table était un escabeau sur lequel le prison-
» nier devait s'asseoir, et, à un pas de distance,
» un rang de soldats portant l'arme au bras, for-
» mait un demi-cercle derrière lui. L'interroga-
» toire était court, du moins il le fut pour moi :

» Assieds-toi, me fut-il dit d'abord; comment
» t'appelles-tu ? Quelle est ta profession ? Qu'as-tu
» fait pendant le siége? On dit que les questions
» faites, les juges se regardaient èt exprimaient
» leur opinion, en étendant la main sur la table,
» pour désigner l'élargissement ou le renvoi à un
» plus ample informé; en portant la main au
» front, pour condamner à la fusillade; en tou-
» chant la hache pendue au cou, pour indiquer
» la mort par le supplice de la guillotine. Je ne
» m'aperçus d'aucun de ces signes, qui fut sans
» doute celui de la fusillade. »

» L'interrogatoire terminé, un guichetier frappait de sa main un coup sur l'épaule du condamné
en lui disant : « Suis-moi. » Tous deux descen-
daient en silence par le petit escalier tournant qui
conduit sous le grand vestibule, et on arrivait
aux caves, dont le choix, par le geôlier, était fort
significatif. A gauche était la bonne cave, située
sur la place des Terreaux, en regard de la rue
Puits-Gaillot; les accusés qu'on y amenait, et
qui devaient être examinés de nouveau, étaient
d'ordinaire acquittés. C'était à droite, et du côté
de la rue Lafont, qu'existait la mauvaise. Rien

de plus lugubre que son aspect; une lampe, placée au milieu de la voûte, répandait d'obscures clartés sur les murailles noircies : on ne sortait de ce souterrain que pour mourir.

» L'arrêt était quelquefois prononcé du haut du perron aux condamnés rassemblés dans la petite cour de l'Hôtel-de-Ville; c'était un jugement collectif, que devait suivre une exécution en masse.

» La commission révolutionnaire se réunissait deux fois par jour, le matin de neuf heures à midi, et le soir de sept à neuf. *Un quart d'heure* (en moyenne) suffisait pour *interroger et juger sept accusés*. On dit qu'il y avait un peu plus de chances d'acquittement le matin que le soir. Les juges étaient alors souvent dans un état d'ébriété redoutable pour les malheureux qui comparaissaient devant eux. »

Par les noms que l'on voit figurer sur les listes des malheureux dont les têtes roulent sur l'échafaud, qui sont fusillés ou noyés, on peut s'assurer que l'*immense majorité* est composée d'hommes ou de femmes appartenant *aux classes les moins riches* de la société, *de prolétaires,* si on pre-

nait le vocabulaire de ces messieurs. A Lyon, ce
sont des OUVRIERS de tous les états; à Nantes,
surtout des CULTIVATEURS.

La proclamation faite, le 5 décembre, par Collot-
d'Herbois, Fouché, Laporte et Albitte, avait un
motif très-grave, c'est que, ce jour-là même, devait
avoir lieu une exécution plus sanglante encore que
celle de la veille. Ce n'étaient plus 64 victimes,
mais 209, qu'il s'agissait d'exterminer. Le canon,
on vient de le voir, n'avait pas bien fonctionné,
on lui substitua la fusillade. On verra par le récit
suivant, de Louis Blanc, que ce fut encore une
boucherie hideuse.

« Il était resté dans les prisons de Roanne
209 Lyonnais. Le 15 frimaire (5 décembre), on
les va chercher et on les traîne devant la commission révolutionnaire. Ordre avait été donné au
tribunal de juger vite : il eut peur et obéit. Cette
fois, les condamnés furent conduits dans une
prairie longeant le chemin de la grange de la
Part-Dieu. Ils avaient les mains liées derrière
le dos : les cordes sont attachées à un long câble
fixé, de distance en distance, à chaque arbre d'une
rangée de saules, un piquet de soldats est placé à

quatre pas de chacun des condamnés, et l'on donne le signal. Ce fut une horrible boucherie. Les uns ont le bras emporté, les autres la mâchoire fracassée, les plus heureux furent les morts. Les agonisants criaient d'une voix lamentable, qui retentit longtemps jusque sur la rive opposée du Rhône : « Achevez-moi, mes amis, ne m'épargnez pas! » Une balle, en emportant le poignet à Merle, ex-constituant, l'avait débarrassé de ses liens et il fuyait ; un détachement de la cavalerie de Ronsin le poursuivit, l'atteignit, le tua. Le nombre de ceux qui imploraient le dernier coup prolongea cette affreuse exécution. Les corps furent dépouillés, couverts de chaux et jetés dans de larges fosses. En les comptant, l'on s'étonna d'en trouver 210, au lieu de 209, ou plutôt de 208, car un des prisonniers s'était échappé. On se souvint alors que, dans la cour de la prison de Roanne, deux malheureux prétendant n'être que des commissionnaires venus aüprès des prisonniers pour les servir, on avait refusé de les croire... Est-il vrai que *Fouché était à sa fenêtre* pendant l'exécution et dirigeait de ce côté une lunette à longue-vue? »

Nous n'ajouterons rien, quoique ce serait très-facile, au récit d'un écrivain que ses opinions ne portent certainement pas à exagérer les faits. On n'a qu'à voir les considérations dont il les accompagne pour avoir la preuve qu'il les a plutôt atténués, mais, comme il les donne assez complétement pour en donner une idée exacte, nous nous contenterons de ce récit.

Le lendemain de cette boucherie, Fouché, au nom de Collot-d'Herbois et de ses autres collègues, écrivit à la Convention la lettre suivante : C'est toujours la même hypocrisie et le même cynisme. Lui et ses collègues ne sont que les exécuteurs de la volonté DU PEUPLE. Des mots, puis des mots, pour couvrir des crimes. On voit, par cette lettre, que les réclamations soulevées par les actes de cruauté de Collot-d'Herbois et de Fouché étaient si générales qu'ils sentirent qu'il fallait se justifier. Ils écrivirent, le 6 décembre, au comité de salut public, une lettre dans laquelle ils déclarent que les autorités de Lyon sont composées d'hommes profondément irrités contre leurs ennemis. Ils se défendent ensuite des accusations de tyrannie et finissent par l'annonce de nouvelles exécutions destinées à terrifier les ennemis de la République.

« Citoyens collègues,

» On ne connaît pas aisément jusqu'à quel
» point la mission que vous nous avez confiée est
» pénible et difficile. D'une part, les subsistances
» n'arrivent qu'à force de réquisitions réitérées,
» dans une ville qui n'inspire que de l'indigna-
» tion et qu'on ne veut plus compter qu'au rang
» des ruines de la monarchie ; d'autre part, des
» administrations composées d'hommes intéres-
» sants, sans doute, puisqu'ils furent opprimés
» par les rebelles qui, par cela même, sont trop
» disposés à se dépouiller de leur caractère public,
» à oublier l'outrage sanglant fait à la liberté
» pour céder au devoir personnel de pardonner
» à leurs ennemis ; *une population immense à*
» *licencier* et à répartir dans les divers dépar-
» tements de la République ; des patriotes à con-
» soler, à soulager et à démêler du milieu de
» ces ramas de coupables, parmi lesquels on les
» a confondus, soit par un excès de scélératesse,
» soit dans l'espoir de couvrir le crime du respect

» religieux pour le patriotisme. Enfin, citoyens
» collègues, on emploie tous les moyens imagi-
» nables pour jeter les semences *d'une cruelle*
» *pitié* dans tous les cœurs et pour nous peindre
» comme *des tyrans avides de sang et de des-*
» *truction*, comme si toutes nos mesures ne nous
» étaient pas impérieusement dictées *par la*
» *volonté du peuple.*

» Quelques efforts qu'on fasse, nous demeure-
» rons ses fidèles organes, ses mandataires im-
» passibles. Notre courage et notre énergie crois-
» sent sous les difficultés. Vous en jugerez par
» la proclamation et l'arrêté que nous vous fai-
» sons passer et que nous avons déjà envoyés au
» comité de salut public.

» Nos ennemis ont besoin d'un grand exemple,
» d'une leçon terrible, pour les forcer à respec-
» ter la cause de la justice et de la liberté. Eh
» bien ! nous allons les leur donner ; la partie
» méridionale de la République est enveloppée,
» par leur perfidie, d'un tourbillon destructeur ;
» il faut en former le tonnerre pour les écraser ;
» il faut que tous les correspondants, tous les
» alliés qu'ils avaient à Commune-Affranchie

» *tombent sous les foudres de la justice et*
» *que leurs cadavres ensanglantés, précipi-*
» *tés dans le Rhône, offrent sur ses deux*
» *rives,* à son embouchure, sous les murailles
» de l'infâme Toulon, aux yeux des lâches et
» féroces Anglais, l'impression de l'épouvante et
» l'image de *la toute-puissance du peuple*
» *français.*

    » ALBITTE, COLLOT-D'HERBOIS, FOUCHÉ,
      » LAPORTE. »

Le 23 frimaire (13 décembre 1793), il y eut
encore une exécution en masse, contenant un
nombre assez considérable de prisonniers.

Voici le texte du jugement prononcé contre ces
malheureux. Le soi-disant interrogatoire, men-
tionné dans le jugement, se réduisit à des questions sommaires destinées *à constater l'identité*
des personnes traduites devant la commission
militaire.

« La commission révolutionnaire établie à
Commune-Affranchie par les représentants du
peuple,

Considérant qu'il est urgent de PURGER la

France des rebelles à la volonté nationale, de ces
hommes qui convoquèrent et protégèrent à main
armée le congrès départemental de Rhône-et-
Loire; de ces hommes qui portèrent les armes
contre leur patrie, égorgèrent ses défenseurs;
de ces hommes qui, complices des tyrans, fédé-
ralisaient la République, pour, à l'exemple de
Toulon, la livrer à ses ennemis et lui donner
des fers;

Ouï les réponses aux interrogatoires subis par
les ci-après nommés, et attendu que la commission
révolutionnaire est intimement convaincue qu'ils
ont tous porté les armes contre leur patrie ou
conspire contre le peuple et sa liberté, et qu'ils
sont reconnus pour être contre-révolutionnaires,

La commission révolutionnaire condamne à
mort :

Les nommés, etc. (ici les noms de 44 personnes).

Toutes les propriétés des sus-nommés sont con-
fisquées au profit de la République, conformément
à la loi.

En conséquence, la commission révolutionnaire charge de l'exécution du présent jugement
le commandant de la place de Commune-Affran-

chie. Ainsi prononcé d'après les opinions de Pierre-Mathieu Parein, président, et d'Antoine Lafaye aîné, Pierre-Aimé Brunière, Joseph Fernex et André Corchand, tous membres de la commission. »

Mais ce n'était pas seulement les hommes que la République soumettait à son régime de fer, les femmes elles-mêmes n'étaient pas épargnées. Je donne en entier les considérants du jugement rendu par la commission militaire présidée par Parein. Les motifs invoqués pour faire tomber les têtes des douze malheureuses femmes comprises dans cette sanglante exécution sont vraiment ravissants. C'est pour avoir nui à la marche rapide de la révolution et avoir ainsi retardé *le bonheur* commun, que ces malheureuses sont livrées au bourreau.

Parler *de bonheur* à des populations décimées par la guerre, les exécutions et la famine, c'est vraiment pousser trop loin le cynisme et l'impudence.

Le bonheur, dont on parle tant, se réduisait alors à *la terreur* et à *la famine*. Jusqu'à la fin de la République, *le bonheur* se réduisit à *la fa-*

mine qui est presque permanente, *à la guerre étrangère et à la guerre civile.*

« La commission révolutionnaire établie à Commune-Affranchie par les représentants du peuple,

» Considérant qu'il est urgent de PURGER la France des rebelles à la volonté nationale ;

» Considérant que les *femmes*, par leur incivisme, ont le plus contribué au progrès des mouvements contre-révolutionnaires qui ont agité le département de Rhône-et-Loire lors de la rébellion de l'infâme ville de Lyon ; que ce sexe, pour qui la révolution est pour ainsi dire complète, puisqu'elle a brisé ses chaînes et que déjà il jouit des grands avantages de la liberté, abuse des droits que lui a donnés la nature sur les hommes, pour les égarer par tous les moyens de séduction, afin de plonger les plus faibles dans l'abîme de l'esclavage et leur faire détester les biens précieux de la liberté et de l'égalité ;

» Considérant qu'il importe aux grands intérêts de la chose publique de punir les coupables de contre-révolution, et de rappeler aux femmes, par un grand exemple de justice, de sévérité, que, loin de nuire à la marche rapide de la révolution, elles doivent, au contraire, par leurs vertus civiques et un sentiment profond de reconnaissance, la précipiter avec le point où elle doit arriver pour LE BONHEUR COMMUN ;

» Considérant enfin que l'intérêt général de la société commande impérieusement d'en soustraire les individus qui nuisent à SON BONHEUR ; que, sous ce rapport, celle des femmes qui ont favorisé les projets des contre-révolutionnaires qui, par leurs manœuvres fanatiques, ont allumé le feu de la guerre civile, en sont les ennemis les plus actifs et les plus dangereux ;

» Ouï les réponses aux interrogatoires subis par les ci-après nommées ;

» La commission révolutionnaire condamne à mort, » etc.

Suivent les noms de douze femmes livrées au bourreau. On remarque parmi elles deux femmes âgées de plus de soixante ans, une ex-religieuse de vingt-six ans, des revendeuses, des marchandes, des rentières et des ci-devant nobles.

Voici deux pièces qui prouvent que les habitudes que l'on reproche à Messieurs de la commune en 1871 existaient chez leurs prédécesseurs de 1793. Il paraît même que ce n'était pas chose facile que de recouvrer les vins *saisis* par les bons patriotes, car, pour les leur arracher, il ne fallait rien moins qu'un arrêté des représentants en mission.

21 frimaire an II.

« Nous, procureur syndic du district de Commune-Affranchie, requérons le comité révolutionnaire de l'arrondissement de Saône de faire enlever de chez le citoyen Chalmar, rue de la Barre, *deux grands paniers de vins étrangers* pour être portés *à l'administration du district*.

» FONTENELLE. »

« *Les représentants envoyés dans Commune-Affranchie, etc., etc.*

» Prenant en considération la demande de la citoyenne Pavy, à laquelle le comité de sa section avait saisi huit caisses de bouteilles de vin, à l'instant qu'elle les faisait transférer dans la cave de ses tantes, Rose et Pierrette Pavy, desquelles caisses cinq sont déposées chez ses tantes, et les trois autres en dépôt *au lieu des séances du comité révolutionnaire* ;

» Ensuite du certificat des membres de la commission du séquestre, portant qu'attendu qu'il n'y a point *jusqu'à ce jour* de séquestre sur la requérante, les vins qu'elle réclame doivent lui être délivrés, »

» Arrêtent que les vins saisis à la citoyenne Pavy *par le comité révolutionnaire de sa section* seront remis au pouvoir de la pétitionnaire.

» Commune-Affranchie, 22 frimaire an II.

» Collot-d'Herbois, Fouché, Laporte. »

Il ne faut pas, du reste, être surpris de ces réquisitions. Messieurs Buchez et Roux, dont le témoignage ne peut être suspect, donnent une réquisition de semblable nature, de Fouché et d'Albitte, datée du 13 nivôse (2 janvier 1794), qui prouve la manière dont ces grands citoyens vivaient quand Lyon était en proie à une véritable famine.

» Nous n'ajouterons rien aux détails connus de nos lecteurs sur la manière dont Fouché avait continué à Lyon les œuvres de Collot-d'Herbois.

Nous rapporterons seulement un arrêté qu'il prit le 2 janvier (13 nivôse), avec son collègue Albitte, ce qui prouve comment ces hommes-là se traitaient eux-mêmes, pendant qu'ils emprisonnaient et égorgeaient en masse la population qu'ils étaient chargés de discipliner.

« Les représentants du peuple envoyés à Commune-Affranchie pour y assurer le bonheur du peuple, requièrent la commission des séquestres de faire *apporter chez eux* deux cents bouteilles du meilleur vin qu'ils pourront trouver, et, en outre, cinq cents bouteilles de vin rouge de Bordeaux, première qualité, pour leur table. »

Mais ce n'est pas tout ; dans les notes remises au comité de salut public, par Collot-d'Herbois, pour justifier de l'emploi des 50,000 livres qu'il avait reçues pour sa mission à Lyon, on trouve 150 livres pour deux soupers donnés par Châteauneuf-Randon et Laporte ; un grand nombre de bouteilles d'eau-de-vie, à 4 livres la bouteille, destinées sans doute, en partie, pour Collot-d'Herbois qui, dit-on, s'enivrait presque tous les soirs ; des notes de blanchissage et du sucre payés par la République, pour la citoyenne Fouché; des perdreaux, des chapons, des dindons, des brochets, de l'eau de Cologne, des confitures, des poulardes, des écrevisses, du *pain blanc,* payés également par la République, pour tous ces grands citoyens qui prêchaient toutes les vertus et les pratiquaient peu. Pendant ce temps, il ne faut jamais oublier que les malheureux habitants de Lyon mangeaient un pain détestable, qu'on appelait le pain de l'égalité, dont ils n'avaient encore que quelques onces par jour.

On peut voir, par un rapport de Pocholle et Charlier, que ce fameux pain de l'égalité, inventé par Fouché, était de très-mauvaise qualité.

Fouché ne se contentait pas de se faire livrer des vins fins, de faire payer à la République le sucre et le blanchissage de la citoyenne Fouché; il se faisait donner des douzaines de cravates, des bas, des gants et du café par réquisition.

Voici une des réquisitions qu'il fit :

« *Les représentants, etc.,*

» Requièrent tous ceux à requérir de livrer aux citoyens Pointel et Dacheux, leurs secré-

taires, deux pièces de mousseline, trois douzaines
de mouchoirs de soie pour cravates, trois douzaines de paires de gants, quatre douzaines de
paires de bas et cinquante livres de café, le tout
pour leur usage.

> » A Commune-Affranchie, le 28 frimaire an II.

> » ALBITTE, FOUCHÉ. »

Au lieu de deux pièces de mousseline, comme
portait la réquisition, on voit par le procès-verbal de livraison que les secrétaires de Fouché et
d'Albitte en prirent *20 pièces* de 8 aunes chaque,
soit *160 aunes*. Pour les cravates, ces Messieurs
se firent livrer 36 mouchoirs de soie satinée beaucoup plus grands qu'il n'était nécessaire pour des
cravates. Les gardiens du séquestre firent des
observations sur la nature des objets enlevés et
mentionnèrent *formellement*, dans leur procès-
verbal de livraison, qu'une partie de ces pièces de
soie étaient beaucoup trop grandes pour servir de
cravates *et pouvaient servir pour vêtements
de femmes*. Malgré leurs observations, le secrétaire de Fouché exigea qu'on lui livrât ces soieries. *On leva*, puis *on remit* les scellés.

Fouché, par une réquisition supplémentaire du 5 nivôse, approuva la façon de procéder de son secrétaire.

Par d'autres réquisitions, les représentants firent livrer à des *patriotes prononcés*, aux prix du maximum en assignats, c'est-à-dire *à vil prix*, des quantités très-considérables de soieries avec autorisation de les vendre en détail, etc.

Partout, c'est le vol et le gaspillage des fortunes privées et des deniers publics.

La République a des moyens de conviction très-énergiques. Pour faire travailler les ouvriers d'Armes-Commune (Saint-Etienne) aux armes de guerre, les représentants déclarent, le 14 décembre, suspects tous LES OUVRIERS qui refuseraient de travailler uniquement aux armes de guerre.

« Considérant qu'il importe de donner à la fabrication des fusils et pistolets de munition toute l'activité que l'urgence de l'armée exige,

» Arrêtent ce qui suit :

» Art. 1er. — A dater de la publication du présent, les OUVRIERS de la manufacture d'Armes-Commune cesseront toute fabrication de piques, fusils de chasse et armes de fantaisie, pour ne s'occuper que de celle des fusils, carabines et pistolets de munition.

» Art. 2. — Les contrevenants seront regardés comme *suspects et mis en état d'arrestation.*

» COLLOT-D'HERBOIS, FOUCHÉ, ALBITTE, LAPORTE. »

Tout se mène révolutionnairement, même les plus chauds patriotes. Ne pas se rendre à une convocation d'un comité devient *un crime* qui rend *les plus purs* passibles de détention jusqu'à la paix et d'avoir leurs biens mis sous le séquestre. Au milieu des dénonciations que ces grands citoyens formulent à tout instant les uns contre les autres, de semblables avertissements n'étaient pas comminatoires, mais très-sérieux. Pour un rien, le démagogue le plus farouche devenait suspect, était arrêté et portait sa tête sur l'échafaud.

« 28 frimaire an II, Commune-Affranchie.

» *Commission temporaire de surveillance.*

» Tous les citoyens composant le comité sont

tenus de se rendre demain, 29 frimaire, à cinq heures du matin, au lieu ordinaire de leurs séances, pour y attendre les ordres de la commission.

» Tous ceux qui ne se trouveront pas seront déclarés *suspects* et punis comme tels ; il est enjoint audit comité, dans le cas d'absence de quelques-uns de ses membres, de nommer provisoirement et de suite à leur place.

» PERROTIN, MARINO, GRIMAUD. »

Il semble presque impossible de dépasser Collot-d'Herbois et Fouché, dont on vient de voir les actes. Un de leurs acolytes, Javogues, y parvint cependant. Tout ce qui émane de cet homme mérite une attention spéciale, car il n'est très-souvent qu'un instrument dans les mains de Fouché. Ce dernier s'en servit à plusieurs reprises pour accomplir ce qu'il regardait comme trop compromettant pour le faire lui-même. Plus tard, sous le Directoire, Javogues fut fusillé pour la part qu'il prit dans l'affaire du camp de Grenelle. Fouché passait pour avoir, dans cette échauffourée, mis en avant son ex-collègue de la Convention et s'être prudemment tenu derrière le rideau.

Javogues est un véritable énergumène. C'est le type du démagogue devenu autocrate. On pourra le juger par quelques-uns de ses actes.

Après avoir pris part aux mesures les plus violentes contre les Lyonnais, il fut à Montbrison, à Saint-Etienne, à Mâcon et à Bourg.

Le 5 frimaire, il nomma les membres de diverses administrations, et notifia en même temps à chacun de ces nouveaux fonctionnaires qu'ils aient à se rendre dans les vingt-quatre heures au poste qu'il leur assignait, faute de quoi ils seraient déclarés suspects et mis en arrestation comme tels.

Puis il forma des comités de surveillance composés d'hommes pris dans les plus basses classes de la société. Bon nombre étaient des ouvriers qui ne savaient ni lire ni écrire.

Le 13 frimaire, agissant au nom des représentants en mission près l'armée des Alpes, contrairement aux décrets de la Convention, il nomma *seul* une commission chargée de juger les détenus. L'art. 4 de cet arrêté porte : « Les juges sont tenus de se rendre à leur poste après la notification du présent *et de remplir leurs fonc-*

tions, à défaut de quoi ils seront regardés *comme suspects.* »

Le 16 frimaire, il ordonna la démolition de tous les châteaux-forts, *de toutes les maisons de luxe,* etc., et rendit les autorités locales *personnellement responsables* de l'exécution de cet arrêté.

Il traitait de cannibales, d'antropophages, les adversaires de la révolution, royalistes, fédéralistes, etc., et faisait guillotiner ou fusiller tous ceux qu'il pouvait faire arrêter.

Il convertit toutes les églises en temples de la Raison.

Contrairement aux décrets de la Convention, il fit vendre tous les meubles, vins, grains et autres objets mobiliers saisis, etc.

Ainsi que nous l'avons déjà dit, pour éluder un décret de la Convention supprimant, par suite d'excès de toute nature, l'armée révolutionnaire organisée dans les départements, il convertit les 1,200 hommes, dont il l'avait formée dans la Loire, en gardes nationales *soldées,* soi-disant requises pour assurer la détention des conspirateurs.

Javogues, en un mot, est un démagogue autoritaire accompli. Il est impossible de pousser plus loin qu'il ne le fait le cynisme et la violence, le mépris des lois et l'abus de la force.

Ce furent ses actes qui décidèrent en partie le comité de salut public à envoyer, dans Saône-et-Loire et dans l'Ain, un représentant, avec mission de suspendre les arrêtés qui étaient contraires aux décrets de la Convention. Ce fut du moins le motif donné à la mission confiée à Gouly. Je dis le motif, car, à la violence que montra Fouché, il n'est pas douteux qu'il ne considérât la mission de Gouly comme une menace suspendue sur sa tête. En cela, il paraît avoir deviné les intentions de Robespierre et de Couthon, qui avaient décidé le comité de salut public à envoyer ce représentant dans les départements de l'Ain et de Saône-et-Loire, par suite des réclamations qu'avaient soulevées les excès de toute nature de Fouché, de Collot-d'Herbois et de Javogues.

Le 6 nivôse, Javogues, de son autorité privée, avait encore pris un arrêté qui prouve que, dès

1793, les théories communistes étaient aussi complètes qu'elles le sont maintenant.

Voici cet arrêté :

« *Les représentants du peuple envoyés près*
» *l'armée des Alpes, etc., arrêtent :*

» Art. 1er. — Tous les hommes sont égaux et
» *ont droit à la protection de la société, qui*
» *leur doit du pain ou du travail.*

» Art. 4. — Les municipalités du départe-
» ment de la Loire dresseront un second tableau
» des RICHES et gros propriétaires dont les for-
» tunes *excèderont 100,000 livres* pour ceux
» qui sont mariés et *50,000 livres* pour les
» célibataires ; le surplus de leurs richesses sera
» affecté aux secours ci-dessus mentionnés.

» Art. 5. — Les municipalités veilleront à
» ce que les *riches* compris dans le précédent
» tableau *comptent de suite le quart de la*
» *somme* qui leur aura été assignée ; à défaut
» de quoi, elles prendront à leur égard TEL
» PARTI que leur patriotisme, leur énergie et
» leur amour pour la chose publique leur sug-
» géreront.

» ART. 6. — Elles feront afficher tous les
» jours la liste des *riches* qui auront souscrit
» volontiers pour cet acte d'humanité et le
» montant des sommes qu'ils auront donné,
» comme aussi *les noms de ceux qui s'y refu-*
» *seraient.*

» Fait en commission, à Commune-d'Armes, le
» 6 nivôse de la 2ᵉ année de la République dé-
» mocratique.

-» JAVOGUES, GIRARD, *représentants;*
» DORFEUIL, *commissaire national.* »

Cet arrêté est dirigé contre les castes royales,
nobiliaires, sacerdotales, financières et robino-
crates, surtout contre LES RICHES et contre les
PRÊTRES.

Les considérants sont d'une violence et d'un
cynisme extrêmes, c'est l'excitation à la haine
contre LES RICHES poussée à ses dernières limites.

Ce qu'il y a de très-remarquable dans cet
arrêté, c'est qu'il n'y a aucun décret de la Convention, ni même aucun arrêté du comité de
salut public qui autorise Javogues à prendre des
mesures aussi communistes. Peu importe; de son

AUTORITÉ PRIVÉE il prend toutes ces résolutions, à l'aide desquelles il espère rallier à la République les classes ouvrières.

Il ne faut pas s'y méprendre, c'est réellement une tentative de communisme dans la pratique.

Pendant combien de temps cet arrêté fut-il exécuté dans le département de la Loire? J'ai vainement cherché à quelle époque il a dû être suspendu ou annulé, mais divers détails qu'il serait trop long de donner, tels que les arrestations de Dorfeuil et de Lapallu, pour concussions, vols et autres crimes commis dans des expéditions faites à la tête de détachements de l'armée révolutionnaire, me font penser qu'il ne cessa d'être appliqué qu'après le départ de Javogues, rappelé par la Convention, sous peine d'être arrêté.

Le décret de la Convention qui enjoint à Javogues de se rendre à Paris dans un délai de huit jours, non pour ses violences contre les personnes et les propriétés, mais parce qu'il avait osé attaquer Couthon, c'est-à-dire Robespierre et son parti, est du 20 pluviôse. Le représentant qui remplaça Javogues dans la Loire ne dut être rendu à Saint-Étienne que dans le courant de ventôse. L'arrêté que l'on vient de lire ne fut très-probablement annulé ou plutôt suspendu qu'à cette époque.

Il y a encore un fait très-grave dans la pièce qu'on vient de lire ; quoique l'arrêté ne soit signé que de Javogues, de Girard et de Dorfeuil, il est rendu au nom de tous les représentants en mission près de l'armée des Alpes, dont Dorfeuil est le délégué. Fouché, Méaulle, Albitte et Laporte en acceptèrent implicitement la solidarité, sans toutefois se compromettre, car s'ils ne le signèrent pas, ce qui leur eût imposé une grave responsabilité, ils ne firent pas la moindre observation, tandis que quand Javogues décerna un mandat d'amener contre Dorfeuil, immédiatement Fouché et ses collègues réclamèrent par une lettre très-vive adressée à Albitte.

J'ai des motifs très-graves de croire que l'arrêté de Javogues, que l'on vient de lire, n'était qu'un ballon d'essai. Fouché avait mis son collègue en avant pour voir s'il pourrait mettre en pratique ce qu'il proposa formellement à la Convention par sa lettre du 21 ventôse, PARTAGER *les dépouilles des vaincus entre les patriotes.*

« *Les propriétés des riches* contre-révolu-
» tionnaires lyonnais acquises à la République
» *sont immenses, ordonnez-en promptement*
» LA RÉPARTITION *entre les patriotes.* »

Rien ne peut mieux peindre l'anarchie qui
pèse sur la France entière qu'un représentant
d'une aussi mince importance, dans son propre
parti, que Javogues se constituant le pouvoir suprême, légiférant et décrétant en quelques
lignes une révolution sociale.

Rien ne prouve plus clairement encore que le
comité de salut public et la Convention qui, au
dire de tant de gens, dirigeaient la France,
n'exerçaient en réalité, dans ce·cahos, qu'un
pouvoir bien précaire. Le comité de salut public
et la Convention, dominés par le parti hébertiste,
dont Javogues est un des représentants, n'osèrent
pas le rappeler, n'osèrent même pas annuler ses
arrêtés. Et cela ne doit pas étonner, car, à ce moment, ils subissaient le joug redoutable de la
Commune et du parti hébertiste, qui dominaient
à Paris.

Si le comité de salut public ou la Convention
elle-même avaient osé annuler les arrêtés de

Javogues et le rappeler, ils eussent donné à la Commune de Paris la possibilité de les accuser de *modérantisme*, ce qui, dans ce moment, pouvait leur être fatal ; aussi le comité de salut public recula-t-il devant cette mesure et se contenta-t-il d'envoyer Gouly dans l'Ain et dans Saône-et-Loire.

Le nouveau représentant envoyé par le comité de salut public avait des pouvoirs illimités qui le rendaient complétement indépendant de ses prédécesseurs. Il pouvait modifier les mesures prises par les despotes qui avaient régné en souverains absolus sur ces malheureux départements. Le comité de salut public n'osa pas toutefois révoquer les pouvoirs de Fouché et de ses collègues.

Pour remplir la mission dont il était chargé, Gouly se rendit dans l'Ain, d'où il écrivit au comité de salut public, le 23 frimaire :

> « *De Bourg-Régénéré*, 23 *frimaire an II de la* » *République française* démocratique.

> » Citoyens collègues,

> » Hier, à trois heures, j'arrivai à Bourg-
> » Régénéré ; j'y trouvai Javogues et environ

» quatre cents hommes de l'armée révolution-
» naire de la République qu'il avait amenés avec
» lui le 20 du courant; cette mesure avait pro-
» duit la plus grande agitation et, ce qui l'aug-
» mentait, est l'établissement d'une commission
» populaire que notre collègue allait former dans
» cette commune. Il me dit qu'il allait partir
» pour Ville-Affranchie dans deux heures, et
» qu'il serait déjà en route si la commission
» populaire était organisée; comme j'étais sur
» les lieux, que j'achèverais cette opération si
» je la jugeais nécessaire; que pour lui, il la
» croyait ici, ainsi qu'à Mâcon, indispensable,
» je lui répondis que les représentants du peuple
» dans les départements qui ne sont point et
» n'ont pas été *en rébellion* n'avaient point, à
» mon avis, *le droit* de constituer un pareil éta-
» blissement; qu'il me semblait que, préalable-
» ment, ils devaient faire arrêter les gens sus-
» pects et ceux désignés coupables par l'opinion
» publique; vérifier la conduite de tous et les
» faits; s'informer à quelle hauteur était l'esprit
» public dans toutes les communes pour, ensuite,
» pouvoir déterminer si une armée révolution-

» naire et une commission populaire étaient
» utiles ou inutiles au bien général; qu'en con-
» séquence, il fallait attendre le résultat de cet
» examen, tant pour laisser rasseoir les esprits
» que pour éviter une insurrection dans un dé-
» partement aussi voisin du Jura, et ne pas
» donner, par cette mesure précipitée, aux mal-
» veillants tous les moyens de faire naître une
» nouvelle Vendée sur une de nos frontières.

» D'après ces considérations, je renvoyai
» l'armée révolutionnaire et ai suspendu l'éta-
» blissement de la commission populaire.

» J'ai, de suite, fait promulguer le décret du
» 16 du courant relatif à l'organisation du gou-
» vernement provisoire révolutionnaire ; j'ai
» supprimé le procureur général, conseil général
» et président du département. Je prends des
» renseignements auprès *des vrais sans-culottes*
» et de la société populaire pour former un
» comité de surveillance, un directoire de dépar-
» tement et une assemblée et directoire de dis-
» trict dans cette commune, et, de suite, je pars
» pour Belley.

» Le fanatisme, dans ce département, a besoin

» de grandes mesures et de beaucoup de pru-
» dence pour être anéanti sans commotion dan-
» gereuse ; je crois entrevoir que le peuple est
» bon et confiant ; qu'il a besoin d'instruction ;
» qu'il verra avec plaisir punir les machiavé-
» listes qui l'ont égaré ; en un mot, qu'il aime
» la Convention, la montagne et les jacobins. Je
» me propose aussi de faire épurer toutes les
» sociétés populaires ; je commencerai ce soir par
» celle de Bourg.

» Veuillez, frères et collègues, me faire con-
» naître vos dispositions sur ces objets le plus
» tôt possible ; elles serviront de règle à ma con-
» duite, et la souveraineté du peuple *sans-*
» *culottes* se consolidera ici comme partout
» ailleurs ; je vous l'assure, il faudra bien que
» cela aille.

» Salut et fraternité.

» B. GOULY. »

En réponse à cette lettre, les membres du
comité de salut public chargés de la correspondance, au nombre desquels se trouvait Robespierre, lui répondirent le 28 frimaire an II :

« Le comité de salut public, citoyen collègue,

» ne peut qu'applaudir à ton zèle, à ton civisme.

» Il te charge de *revoir et d'examiner*, avec
» soin, *tous les arrêtés* pris par notre collègue
» Javogues, qui est actuellement à Mâcon.

» Tu donneras surtout une attention appro-
» fondie aux arrêtés contraires aux principes, et
» particulièrement à ceux du 16 frimaire, *sur*
» *la démolition des maisons de luxe* et sur la
» vente des récoltes des biens séquestrés.

» Tout arrêté que tu jugeras devoir être inutile
» ou devoir produire un mauvais effet, *doit être*
» *suspendu* dans son exécution.

» Le comité te laisse, à cet égard, toute l'é-
» tendue de pouvoir nécessaire. Il se repose en-
» tièrement sur ta prudence.

> » *Les membres du comité de salut public*
> » *chargés de la correspondance.* »

De son côté, le 16 nivôse an II, Fouché écrivait
à Collot-d'Herbois, qui avait dû retourner à Paris,
par suite de la lutte des hébertistes contre Robespierre et de la réprobation qui pesait sur les terribles exécutions qui venaient de couvrir Lyon de
sang et de ruines :

« Notre mission, déjà pénible par elle-même,

» mon ami, devient chaque jour plus difficile par
» la contrariété que nous éprouvons. Après avoir
» bien travaillé, bien médité nos mesures, nous
» nous voyons forcés de lutter contre nos col-
» lègues qui nous environnent ; nous perdons
» dans cette lutte stérile un temps précieux.
» Nous usons pour des individus des forces
» que nous ne devrions employer que pour la
» chose publique.

» Tu le sais, mon ami, nous ne composons avec
» personne, *nous sommes inflexibles.* Comment,
» avec nos principes, pouvoir nous entendre avec
» des hommes qui, par impéritie ou par faiblesse,
» n'agissent que par des impulsions individuelles.

» Nous *dénonçons* en particulier au comité de
» salut public Gouly, qui exécute dans le dépar-
» tement de l'Ain le plan *rétrorévolutionnaire*
» *et liberticide* qui lui a été tracé à Paris par
» M. Gouy d'Arcy. Nous avons délibéré *si nous*
» *ne le ferions point arrêter ;* nous nous
» sommes bornés à envoyer deux bons jacobins
» pour prendre des instructions sur sa conduite
» et le prier de se rendre à Commune-Affranchie.
» Nous serions coupables, mon ami, si nous lais-

» sions plus longtemps le patriotisme gémir sous
» nos yeux; quelle que soit la nature des pou-
» voirs de Gouly, nous avons le droit de la con-
» naître, lorsqu'il se présente pour les exercer
» sur un département qui est confié à notre sur-
» veillance, et surtout lorsqu'il tourmente le peuple
» et relève les espérances criminelles de ses op-
» presseurs.

» Notre devoir aussi est de vous déclarer que
» l'armée des Alpes a besoin d'un représentant;
» notre collègue Petit-Jean ne peut être chargé
» de cette mission; il a bien de la bonne volonté,
» mais il n'a ni le caractère ni les moyens pour
» réussir.

» Nous aurions des détails infinis, mon ami, à
» te donner sur toutes les entraves qu'on apporte
» continuellement à notre zèle et à l'accomplis-
» sement de notre mission. Les subsistances
» surtout nous donnent de justes inquiétudes.
» Dans certains départements, il y a beaucoup de
» superflu qu'on persiste à y retenir, et dans
» d'autres *la disette* se fait sentir. Il nous semble
» qu'il y aurait un moyen bien simple de dé-
» truire tous ces froissements de pouvoir, toutes

» les oppositions préjudiciables au bien public.

» Ce serait de faire composer une seule commis-

» sion pour tous les départements méridionaux ;

» alors il y aurait nécessairement un utile en-

» semble dans toutes les opérations des repré-

» sentants du peuple. Chaque membre de cette

» commission, obligé de correspondre avec elle

» et étendant ses vues au-delà du département

» qu'il parcourt, ne songerait plus à accumuler

» dans un seul la subsistance de plusieurs ; tout

» se mettrait naturellement en équilibre et en

» harmonie. Nos opérations politiques, toujours

» méditées et plus concordantes, auraient une

» marche plus rapide et plus sûre.

» Commune-Affranchie, ce 16e nivôse an II.

» de la République une et indivisible.

> **» ALBITTE, LAPORTE, FOUCHÉ. »**

Par la seconde partie de cette lettre, on voit qu'à Lyon la famine règne, pendant que, dans les départements voisins, Fouché prétend qu'il y a abondance.

Chacun des proconsuls envoyés par la Convention règne en véritable autocrate dans le royaume qui lui a été livré. Aussi refuse-t-il de venir en aide aux autres départements. C'est l'anarchie dans sa plus complète acception.

Il faut avoir sous les yeux les arrêtés de ces despotes pour comprendre jusqu'où leur tyrannie s'étend. C'est de l'autocratie pure, car, hommes et choses, ils disposent de tout.　　　.

La lutte entre Gouly et Fouché n'est qu'un épisode de la lutte engagée entre les divers partis qui se disputent le pouvoir à Paris. Robespierre avait paru vouloir adoucir le régime sanglant auquel est soumis la France. La crainte d'être traité de modéré, dans un moment où il avait besoin de l'appui de la partie la plus violente de la démagogie, car il venait alors de se rapprocher des hébertistes, suffit pour l'arrêter. Il sacrifia Gouly, qui fut rappelé par le comité de salut public.

Toulon fut occupé par l'armée républicaine le 29 frimaire (19 décembre 1793). La nouvelle en fut apportée à Lyon par un courrier qui y arriva le 1er nivôse (21 décembre).

Fouché écrivit ce jour-là même à Collot-d'Herbois, qui venait de partir pour Paris, une lettre atroce, dont voici quelques passages :

« Et nous aussi, mon ami, nous avons con-
» tribué à la prise de Toulon, en portant l'épou-
» vante parmi les lâches qui y sont entrés, en
» offrant à leurs regards des milliers de cadavres
» de leurs complices .. *Exerçons la justice à*
» *l'exemple de la nature; vengeons-nous en*
» *peuple, frappons comme la foudre, et que*
» *la cendre même de nos ennemis dispa-*
» *raisse du sol de la liberté.*

» *... Adieu, mon ami, les larmes de la*
» *joie coulent de mes yeux, elles inondent*
» *mon âme.* Le courrier part, je t'écrirai par
» le courrier ordinaire.

» Fouché. »

« P.-S. — *Nous n'avons qu'une manière*
» *de célébrer la victoire; nous envoyons ce*
» *soir deux cent treize rebelles sous le feu*
» *de la foudre.* Des courriers extraordinaires
» vont partir dans le moment pour donner la
» nouvelle aux armées. »

Fouché écrivit le même jour à Châteauneuf-

Randon, pour lui annoncer la prise de Toulon, la lettre suivante :

« Collègue et ami,

» Un courrier nous apporte la nouvelle de la » prise de Toulon. Le cri du cœur est : Vive la » République ! Que ce cri, redoutable aux tyrans, » à leurs esclaves et à tous les traitres, reten- » tisse sur-le-champ, depuis les bords de la Mé- » diterranée jusqu'aux rives du Rhin, depuis » l'Océan jusqu'au sommet des Pyrénées; et que » ce cri jette l'épouvante au milieu des monstres » qui doivent périr sous nos coups !

» Que les braves défenseurs de la liberté et de » l'égalité entendent avec transport la trompette » de la victoire, qui leur annonce la gloire de » nos frères chargés de punir les traîtres, et » qu'ils se préparent à réunir, de toutes parts, » leurs lauriers à ceux des vainqueurs de nos en- » nemis coalisés, et des scélérats qui les ont ap- » pelés pour déchirer le sein de la patrie. »

» Victoire, salut et fraternité.

» ALBITTE, LAPORTE, FOUCHÉ. »

L'arrêté suivant mérite la plus grande attention, car il fait connaître à quels moyens les meneurs de la Révolution française avaient recours pour s'assurer l'appui de la populace des villes. Le parti républicain accuse continuellement tous les gouvernements de corruption. Il n'en est pas un seul qui s'élève, dans la pratique, à la hauteur de ces grands citoyens ; ils font continuellement appel aux plus mauvaises passions.

« 18 nivôse an II de la République française

» *Les représentants du peuple, etc.*

» Considérant : 1° Que *l'indemnité promise aux patriotes indigents et opprimés de la ci-devant ville de Lyon* est affectée, par l'art. 4 du décret du 12 juillet dernier (vieux style), *sur les biens séquestrés* des conspirateurs, après que la confiscation desdits biens aura été prononcée par le tribunal révolutionnaire ;

» 2° Qu'un grand nombre de jugements de condamnations, et par conséquent de confiscations, ont été rendus par les différentes commissions militaires et révolutionnaires établies par les représentants du peuple ;

» 3º Qu'il importe de connaître promptement la valeur des biens confisqués, pour mettre la Convention nationale à portée de *prononcer sur l'emploi,*

» Arrêtent ce qui suit :

» Art. 1ᵉʳ. — La commission des séquestres se fera remettre, le plus tôt possible, expédition en forme de tous les jugements rendus par les commissions militaires et révolutionnaires établies par les représentants du peuple, portant condamnation à mort des conspirateurs.

» Art. 2. — A vue desdits jugements, il sera dressé une liste générale indicative des noms et prénoms des condamnés, du lieu de leur naissance, de celui de leur domicile et de la profession qu'ils ont exercée.

» Art. 3. — Si le condamné a laissé femme ou enfants, il en sera fait mention sur la liste, qui sera imprimée après avoir été soumise à l'examen des représentants du peuple.

» Art. 7. — *Provisoirement,* et jusqu'à ce que les femmes et enfants de ceux dont les biens se trouvent confisqués par l'effet de la condamnation à mort, aient fait prononcer sur les droits qu'ils pourront avoir à exercer, ils auront la libre disposition des linges, nippes, hardes et habits qui sont à l'usage de leur personne ; comme aussi du lit de la chambre qu'ils auront occupée dans la maison séquestrée de leur père et mari.

» Fouché (de Nantes), Albitte, Laporte. »

On voit encore, dans cet arrêté, la cupidité qui inspire Fouché et ses acolytes, ainsi que la dureté avec laquelle ils traitent des femmes et des enfants qui ne pouvaient pas être des ennemis bien dangereux pour la République, mais dont la fortune pouvait servir à satisfaire la cupidité des meneurs et être un appas pour tous les frères et amis.

Jamais, je le répète, aucun gouvernement n'a employé de tels moyens de corruption pour tâcher de se faire des partisans.

Ce n'est pas quelques milliers de francs, pris sur les revenus publics, que la République employait pour exercer de l'influence sur les populations, c'est la fortune entière de centaines, de milliers de citoyens *qu'elle promet* et *distribue, en partie,* à la populace des villes pour la pousser aux excès les plus coupables. Jamais, je le répète encore une fois, aucun gouvernement n'a employé des moyens de corruption aussi odieux et aussi terribles.

La présence à Lyon d'une portion de l'armée révolutionnaire de Paris devint une cause de rixes entre cette troupe, composée de vauriens recrutés dans les milieux les plus mauvais de Paris, et les autres troupes de la garnison.

Les autres corps avaient la plus vive antipathie et le plus profond mépris pour ces hommes sans discipline, qui n'étaient bons qu'à piller, qui ne se battaient pas et qui recevaient une solde beaucoup plus élevée que la leur.

A ces griefs étaient venus s'en joindre d'autres. Le 9ᵉ dragons avait été employé aux boucheries dont on a vu le récit plus haut. Le colonel Beaumont réclama, au nom de son régiment, contre le service odieux auquel on le condamnait. Les représentants firent arrêter le colonel. Son corps vint, en armes, demander sa mise en liberté. Les représentants refusèrent et firent venir les deux mille sept cents hommes de l'armée révolutionnaire pour en imposer aux dragons. Un bataillon de l'Aude se joignit à ces derniers, et les représentants, qui savaient le peu de fond qu'ils pouvaient faire sur le courage de l'armée révolutionnaire, bonne pour massacrer des malheureux sans armes, mais qui ne se battait pas, durent céder et mettre le colonel Beaumont en liberté.

On voit, par une lettre de Marino, que, pendant trois jours et trois nuits, les canons furent braqués dans les rues et les différents corps de troupes sur le point d'en venir aux mains.

Toutes ces causes réunies avaient amené une grande animosité entre les soldats de la garnison et les hommes de l'armée révolutionnaire. Pour tâcher d'arrêter ces désordres, les représentants Fouché, Albitte et Laporte prirent, le 19 nivôse, un arrêté dans lequel on peut voir leur partialité en faveur des démagogues, aussi lâches qu'indisciplinés, qui composaient l'armée révolutionnaire.

Les mesures prescrites par cet arrêté donnent également l'idée de l'indiscipline qui existe dans toutes les troupes.

Les officiers, comme les soldats, doivent être rentrés aussitôt la retraite battue. Le seul fait

d'être rencontré dans les rues après la retraite
est réputé un crime, et celui qui se le sera
permis sera jugé militairement et *révolutionnairement* comme *auteur et fauteur* des rixes
qui peuvent avoir lieu. En un mot, c'est la peine
de mort édictée pour le seul fait de n'être pas
rentré à son quartier aussitôt la retraite battue.

La peine de mort, prononcée pour le seul fait
de ne pas être rentré à l'heure de la retraite,
c'est-à-dire pour une faute de discipline qui est
ordinairement punie de quelques jours de salle
de police, donne une idée des moyens employés
à cette époque.

« Du 19 nivôse, l'an II de la République.

» *Les représentants du peuple, etc.,*

» Informés que les malveillants cherchent à
» semer la division entre les frères d'armes de la
» garnison de Commune-Affranchie et ceux de
» l'armée révolutionnaire ; que les rixes se sont
» renouvelées la nuit dernière, malgré la récon-
» ciliation qui avait eu lieu dans la journée
» même ; que le sang de plusieurs défenseurs de

» la patrie, ce sang précieux qui n'appartient
» qu'à la République, a coulé, par suite de l'ani-
» mosité que nos ennemis communs cherchent à
» exciter entre des frères faits pour se chérir
» réciproquement, pour travailler de concert au
» succès de la Révolution et pour se rallier à la
» voix de la patrie ;

» Considérant qu'il importe, jusqu'à ce que les
» moteurs et instigateurs de ces funestes divisions
» soient connus et punis selon la rigueur des lois,
» de maintenir dans la place une discipline qui
» puisse y assurer la tranquillité publique,

» Arrêtent ce qui suit :

» Art. 1er. — Après la retraite battue, tout
» officier, sous-officier et soldat sera tenu de se
» retirer soit dans sa caserne, soit dans la maison
» où il tient logement.

» Art. 2. — Il n'y a d'exceptés que les mili-
» taires en fonctions pour le service ordinaire ou
» extraordinaire de la place.

» Art. 3. — Tout militaire de la garnison qui n'é-
» tant pas dans les fonctions de son service, sera
» rencontré, soit dans les cabarets, soit dans les
» rues et places publiques, sera réputé auteur et

» fauteur des divisions qui pourraient encore sur-
» venir, et, comme tel, arrêté par les postes,
» patrouilles et corps-de-garde, *pour être jugé*
» *militairement et* RÉVOLUTIONNAIREMENT.

» FOUCHÉ (de Nantes), ALBITTE, LAPORTE. »

A ces mesures draconiennes, on reconnait
Fouché, profondément irrité d'avoir dû céder à
une émeute militaire.

Malgré tous les moyens employés pour républicaniser Lyon, les représentants ne parvinrent,
par leurs violences et par leurs dilapidations,
qu'à désorganiser cette malheureuse ville. Pour
tâcher d'y faire prédominer les passions qui les
animent, ils sont obligés de demander qu'on leur
envoie de Paris des frères et amis. On voit encore
dans cette pièce la preuve des excès que les haines
particulières et la cupidité font commettre à tout
instant à Lyon, et, ainsi que nous l'avons déjà
souvent dit, que le parti démocratique ne forme
qu'une infime minorité.

« Les représentants du peuple prenant en considération l'exposé de la commission temporaire
de surveillance républicaine établie à Commune-

Affranchie, sur le besoin manifeste d'adjoindre aux comités révolutionnaires des sections de cette commune quelques membres patriotes qui, n'y ayant aucune relation personnelle, apporteront dans l'exercice de l'autorité et de la surveillance l'impartialité, l'inflexibilité nécessaires, et, par là, seconderont efficacement le zèle de leurs collègues domiciliés dans cette cité;

» Convaincus que *c'est de Paris principalement,* où les lumières sont plus disséminées et *les vrais républicains plus nombreux,* que l'on peut tirer des colonies, sans préjudicier à l'esprit public,

» Arrêtent ce qui suit :

» ART. 1er. — La commission temporaire est autorisée à appeler à Commune-Affranchie, pour *y exercer, dans chaque comité de section, les fonctions d'adjoints, un ou deux membres qui seront pris dans la société de Paris.*

» ART. 2. — Jusqu'à l'arrivée desdits jacobins, les adjoints précédemment nommés par la commission temporaire continueront leurs fonctions dans les comités de section.

» A Commune-Affranchie, le 25 nivôse, l'an II
de la République française une et indivisible.

» LAPORTE, FOUCHÉ, ALBITTE. »

Le 27 nivôse, Collot-d'Herbois écrivit à
Fouché, Laporte et Albitte que le comité de
salut public approuvait tous leurs actes. On voit
par cette lettre que Fouché avait écrit un certain
nombre de dépêches *pour dénoncer de nouveaux complots.* J'ai vainement cherché ces
pièces dans les cartons du comité de salut public
contenant la correspondance des représentants en
mission. A partir de sa lettre, datée de Nevers,
au moment où il part pour Lyon, je n'ai pas
trouvé une seule lettre de Fouché. On croit
généralement qu'il les a fait disparaître en 1815.

Après des tirades patriotiques qui n'ont aucune
importance, Collot-d'Herbois fait une sortie très-
violente contre ceux qui veulent arrêter la Terreur, et approuve complétement tous les actes de
Fouché et compagnie. Collot-d'Herbois leur assure qu'ils ne font qu'exécuter la volonté de la
Convention et du comité de salut public.

Dans un post-scriptum, Collot-d'Herbois leur

annonce que le comité a rappelé Gouly par un arrêté positif, et leur envoie un duplicata de cet arrêté, pour qu'ils puissent le lui notifier, en cas de besoin.

> « *Le comité de salut public aux représen-*
> » *tants du peuple Fouché, Laporte,*
> » *Albitte, en mission à Commune-Af-*
> » *franchie.*

> » Citoyens collègues,

> » *Vos dernières dépêches* nous indiquent les
> » *nouveaux complots* qui se trament sans cesse
> » autour de vous. Elles nous instruisent des dan-
> » gers qui se manifestent dans les départements
> » voisins, où les ennemis de la liberté semblent
> » afficher une audace alarmante pour les vrais
> » républicains.
> » Il serait bien dangereux, en effet, que la cir-
> » conférence d'une ville qui a mûri si longtemps
> » une rébellion, dont l'âme existe encore et
> » semble déterminée à se réfugier dans ses der-
> » niers débris, que les environs de la ci-devant
> » Lyon puissent offrir aux amis des conspira-

» teurs, et peut-être aux conspirateurs eux-
» mêmes, tous les encouragements d'une sécurité
» funeste. De nouveaux projets, fatals à la liberté,
» ne tarderaient pas à tourmenter la République,
» et vous ne pouvez porter trop loin votre sur-
» veillance à cet égard. Seule elle peut calmer
» nos inquiétudes. Nous connaissons toute la
» force qu'ont les représentants du peuple, quand
» ils expriment sa volonté, quand ils font agir
» sa puissance. En mesurant les difficultés de
» votre milieu, nous avons toujours pensé que
» votre caractère les surmonterait; que votre
» énergie leur serait supérieure, et votre con-
» duite nous le prouve.

» Le comité applaudit particulièrement à vos
» sages démarches pour chasser les discordes qui
» agitaient les soldats de la liberté. Le projet des
» contre-révolutionnaires était de les faire égor-
» ger les uns par les autres. Les soldats républi-
» cains ne se sont pas rendus complices de ce
» crime prémédité. Ils vous ont entendus, c'est
» la patrie elle-même qui leur a parlé. C'est son
» sein qu'ils déchirent, quand ses enfants tournent
» contre eux-mêmes les armes qui doivent les

» défendre ; quand leur sang coule pour une autre
» cause que la sienne. Les chefs qui ne pré-
» viennent pas ces déplorables excès sont bien
» coupables. Choisis pour commander à des
» hommes libres, souvent ils laissent leur cou-
» rage s'égarer et devenir l'instrument des hor-
» ribles projets de leurs plus cruels ennemis.

» Ils sont bien coupables aussi ces fonction-
» naires publics qui, par de perfides et insidieuses
» interprétations, voudraient faire tourner l'âxe
» du gouvernement révolutionnaire en sens con-
» traire, c'est-à-dire à l'avantage de l'aristocratie
» et de la contre-révolution. C'est contre elles
» que le gouvernement doit diriger toute sa force.
» *Telle est l'intention bien sentie, bien évi-*
» *dente du comité* qui l'a proposé ; telle est
» celle de la Convention nationale, centre de la
» confiance et de la force de notre commune ci-
» vique. Persévérez dans la vòtre, citoyens col-
» lègues ; la patrie et le salut public vous le com-
» mandent.

» Salut et fraternité.

» COLLOT-D'HERBOIS.

» P.-S. Nous avons déjà invité le représen-

» tant du peuple Gouly à rentrer dans le sein de
» la Convention. Le comité de salut public vient
» de confirmer cette invitation *par un arrêté*
» *positif* qui lui est adressé à Bourg. Nous vous
» en faisons tenir un duplicata pour que vous le
» lui fassiez parvenir dans le cas où il ne serait
» pas à Bourg.   C.-D. »

(Autographe.)

J'ai donné un grand nombre de pièces *in ex-
tenso*, afin de faire bien comprendre ce qu'était
la tyrannie à laquelle était condamnée la France
entière, parce que, moi-même, si je n'avais pas
les pièces autographes sous les yeux, je serais
porté à croire qu'il y a une grande exagération
dans les récits de certains faits. Je n'ai pas voulu
qu'on pût même m'en soupçonner.

Maintenant que les personnes qui liront ce travail sont bien édifiées, pour ne pas m'exposer à
des répétitions continuelles, je me contenterai de
donner le résumé des pièces qui ne sont pas caractéristiques.

Le 1er nivôse on voit, par des arrêtés de Fouché, Albitte et Laporte, que, jusqu'à cette époque,

on n'avait même pas tenu registre des indemnités et secours accordés sur les biens confisqués
à Lyon; *que tout le monde puisait aux dépôts*
où se trouvaient les valeurs provenant des confiscations de toute nature opérées à Lyon, par
suite de jugements ou de perquisitions.

Fouché, le 1er nivôse, défendit à qui que ce soit
de disposer de ces valeurs sans un ordre émanant
des représentants du peuple.

Un autre arrêté de Fouché, du 3 nivôse, prouve
*qu'on ne savait même pas quelles avaient été
les réquisitions faites par les diverses autorités, qu'il existait le plus grand désordre et
qu'il y avait eu de nombreuses dilapidations.*

Le 4 nivôse, Fouché, par un autre arrêté, ordonna de *faire un inventaire* de toutes les matières d'or et d'argent. Jusqu'à ce moment on
n'avait même pas pris cette peine; il exigea que
tous les dépositaires certifiassent *qu'il n'avait
pas été commis de soustractions* ou en fissent
connaître les auteurs. On voit, par cet arrêté,
que Fouché n'avait pas une confiance illimitée
dans les bons patriotes; toutes les pièces que l'on

trouve prouvent qu'il y avait un gaspillage effrayant.

La régularité et l'ordre ne sont pas ce par quoi
brillent les autorités révolutionnaires de toute
espèce. Elles excellent quand il n'y a qu'à prendre,
mais elles se dispensent volontiers de tenir une
comptabilité quelconque. Cela a mille inconvé-
nients, ne fût-ce que de rendre plus difficile aux
bons patriotes de se substituer aux *infâmes
riches*. Aussi, malgré tous les arrêtés des représentants en mission, surtout quand il s'agit de
matières d'or et d'argent, les comités s'en em-
parent sans faire *ni procès-verbal, ni inventaire*. Le résultat de cette habitude des vrais
sans-culottes fut que les perquisitions, faites dans
les maisons les plus riches, ne produisaient rien
ou presque rien pour les caisses publiques. Si l'on
en juge par les doléances des aristocrates, elles
devaient être beaucoup plus lucratives pour les
patriotes qui les avaient faites.

. . . .

» Art. 13. — Tout fonctionnaire public, civil
» ou militaire, comité révolutionnaire ou de sur-
» veillance, municipalité, corps administratif ou

» autorité quelconque qui étant dépositaire des
» objets ci-dessus énoncés *n'en aura pas fait*
» *les inventaires* et déclarations dans le délai
» et dans la forme ci-dessus prescrits, *sera*
» *réputé suspect,* mis en état d'arrestation,
» poursuivi et puni comme concussionnaire, pré-
» varicateur dans ses fonctions, voleur d'effets
» nationaux...

» Fait à Commune-Affranchie, le 4 nivôse
» an II de la République.

» FOUCHÉ (de Nantes), LAPORTE,
» ALBITTE. »

On peut voir par la sévérité des mesures prises
contre les récalcitrants combien ces abus avaient
de gravité, et quelle résistance les fonctionnaires
de toutes les natures opposaient à la tentative de
Fouché d'introduire au moins une apparence
d'ordre dans ce chaos.

La Convention, par suite des plaintes sans
nombre que soulevaient les excès de toute nature
commis par les armées révolutionnaires composées dans chaque département de tout ce qu'il y
avait de gens de sac et de corde, ordonna la

dissolution de ces corps. Javogues, qui était un des démagogues les plus violents, essaya, ainsi qu'un certain nombre d'autres représentants en mission, d'éluder cette décision de la Convention. Il maintint l'armée révolutionnaire dans les départements qui étaient soumis à sa tyrannie sous le nom de *garde nationale soldée,* destinée à assurer la garde des prisonniers détenus, notamment dans le département de la Loire.

Voici encore un genre de pièces que l'on ne trouve que trop souvent dans ces temps de troubles. Je ne donne cet arrêté que comme un spécimen d'un des moyens qui ont le plus contribué à démoraliser les populations. C'est, du reste, en faisant appel à la cupidité, à la vengeance, à la peur, c'est-à-dire à toutes les mauvaises passions, que les représentants en mission tâchent d'assurer l'exécution des mesures prescrites par le comité de salut public :

« 8 nivôse an II de la République.

» Lecture faite du procès-verbal dressé par les citoyens Cinquin et Cochet, membres du comité révolutionnaire de la Montagne et Convention,

portant qu'ayant été informés par la citoyenne Joslin qu'il existait à Commune-Affranchie, dans les appartements de Bothre, dit de Balmondan, un dépôt d'argenterie, vaisselle et numéraire, ils se sont transportés avec le citoyen Mallé, leur adjoint au comité révolutionnaire, dans le lieu du dépôt indiqué et y ont effectivement trouvé de l'argenterie, de la vaisselle et du numéraire ; que lesdits effets ont été déposés à la commission du dépôt central établi à Commune-Affranchie, et que le poids a été de cent quatre-vingt-neuf marcs une once, sans y comprendre dix-huit couteaux à manche d'argent et quarante-et-un doubles louis,

» Autorisent la commission du dépôt central à verser dans les mains de la citoyenne Joslin, dénonciatrice dudit dépôt, le vingtième de la valeur des effets qu'il renferme, conformément à la loi.

» FOUCHÉ, ALBITTE. »

C'est par milliers que l'on pourrait citer les faits qui prouvent l'état de choses qui existait à Lyon. Je me suis contenté de signaler les plus importants, ceux qui permettent le mieux d'apprécier les mœurs de l'époque, et ce que deviennent, dans la pratique, des théories qui séduisent beaucoup de gens.

Fouché, on ne saurait trop le répéter, a été certainement un des plus cupides et un des plus sanguinaires de tous les misérables qui ont pris part à la sanglante orgie qui commença à Lyon dans l'hiver de 1793 et ne finit que dans l'été de 1794.

Voici encore une pièce qui prouve ce que valaient les grands citoyens qui sont à la tête du mouvement révolutionnaire à Lyon. L'homme dont il s'agit dans cette pièce, Dorfeuille, est le président du tribunal révolutionnaire de Lyon. C'est un ancien comédien qui prit une part très-active aux mesures terribles qui ensanglantèrent cette malheureuse ville.

Il existait entre Dorfeuille et Millet, ancien comédien comme lui et délégué près l'armée des Alpes, une correspondance très-curieuse. On y voit les divisions et les haines atroces qui existent entre les hommes appartenant aux diverses fractions du parti républicain. Ils s'accusent réciproquement des actions les plus odieuses. Quels sont les véritables coupables ? Cela est souvent bien difficile à découvrir. La seule chose certaine, ce sont les crimes qu'ils se reprochent les uns aux autres.

La lettre que l'on va lire prouve que Fouché, Laporte et Méaulle n'avaient qu'une confiance bien limitée dans le désintéressement de Dorfeuille qui, après avoir été partisan de Robespierre, paraît en être devenu l'ennemi, car, dans sa correspondance avec Millet, il traite le parti de Robespierre *de clique infâme*. Il accuse également Couthon d'avoir eu la scélératesse de flatter les Lyonnais *d'une administie* (sic).

Ce fut Dorfeuille qui présida aux boucheries dont on a vu le récit plus haut. Il montra, dès cette époque, la plus grande cruauté. Après le 9 thermidor, il fut arrêté pour vols, concussions et autres crimes. Il parvint à se faire mettre en liberté et obtint même un arrêté du comité de sûreté générale l'autorisant, malgré les représentants en mission, à retourner à Lyon où il fut de nouveau arrêté. Il fut du nombre des prisonniers qui, les 4 et 5 mai 1795, furent mas-.

sacrés dans cette ville. On voit, par la lettre qui suit, que dès le commencement de 1794, il était soupçonné de vol par son propre parti.

« 1er *pluviôse an II.*

» Nous devons t'instruire, cher collègue et
» ami, que nous avons reçu hier, de Javogues,
» un mandat d'arrêt contre Dorfeuille. Ce man-
» dat nous a doublement étonnés. Javogues, dans
» une précédente lettre datée d'Arme-Commune,
» faisait l'éloge de Dorfeuille, et celui-ci avait
» *une mission de nous.* Il avait un caractère
» dont nous seuls pouvions le dépouiller. Tu ver-
» ras ci-joint la lettre que nous lui avons
» écrite. »

» Il reproche à Dorfeuille un fait grave; il a,
» dit-il, lors de l'arrestation de Méaun-Melieu,
» retiré les sommes que ce contre-révolution-
» naire emportait avec lui; il n'a point rendu
» compte de l'emploi ou du dépôt de cette somme.

» Si Dorfeuille est utile à ta mission, sers-toi
» d'abord de son talent, surveille-le; et, lorsque
» ta mission sera remplie, il sera indispensable
» de faire rendre compte à Dorfeuille, d'une ma-

» nière d'autant plus sévère qu'il était revêtu
» d'une plus grande confiance.

» Adieu, salut et fraternité.

» FOUCHÉ, LAPORTE, MÉAULLE. »

La pièce qui suit est encore un spécimen du
style humanitaire de Fouché.

« Les représentants du peuple, etc.,

» Suspendent l'exécution de tous projets de
fête imaginée pour rendre un culte religieux à la
raison, jusqu'à ce que tous les rebelles, tous les
impies qui l'ont outragée, qui l'ont ensanglantée,
aient expié leurs crimes ; jusqu'à ce que les prisons en soient *entièrement purgées*. Les hom-
mages des enfants de la philosophie et de la
raison ne doivent point être souillés par les impré-
cations de leurs ennemis.

» Commune-Affranchie, 1er pluviôse an II.

» FOUCHÉ, LAPORTE, MÉAULLE. »

Voici encore un arrêté qui prouve la misère
qui règne à Lyon. Suivant l'habitude de tous les
partis, quand ils sont au pouvoir, de rendre leurs

prédécesseurs responsables des souffrances qui
sont le résultat des révolutions dont ils ont été les
auteurs, Fouché accuse la royauté, qui n'existait
plus depuis plus de deux ans, des malheurs que
subissent les habitants, par suite des mesures
terribles ordonnées par la Convention.

« *Les représentants du peuple,*

» Profondément touchés de l'*extrême misère*
où la barbare cupidité *de la richesse* et l'oppression du pouvoir usurpé ont réduit *le plus grand
nombre* des citoyens de cette commune pour
leur faire oublier leurs droits, leur dignité et
leur puissance ;

» Considérant que si l'indigence de l'honorable
vieillesse et le malheur de tous les âges fut le
résultat nécessaire du brigandage monarchique
et le crime de quelques petits tyrans privilégiés
qui dévoraient, avec leurs complices, la substance
et la vie d'une population immense, le régime
républicain, dont l'*essence est le bonheur de
tous,* doit réparer, avec une bienfaisante activité,
les longs et douloureux outrages faits à l'humanité gémissante et anéantir pour jamais, dans

le cours de la Révolution, comme il l'est dans celui de la nature, le tableau révoltant qui représente l'homme valide *se consumant sans travail* (sic) et l'indigent, infirme ou vieillard, manquant des premiers objets de nécessité, livrés à la longue agonie du mépris et de la souffrance,

» Arrêtent ce qui suit :

» Art. 1er. — Les autorités constituées de Commune-Affranchie sont chargées, *sous leur responsabilité*, de *fournir du travail à tous les citoyens valides* et de les distribuer, suivant leur force et leur capacité, dans les divers ateliers de la commune.

» Art. 2. — Le payeur général versera, dans la caisse de la municipalité, la somme de trois cent mille livres qui seront distribuées entre les sections, en proportion des citoyens indigents, infirmes ou vieillards, qu'elles contiennent.

» Art. 3. — La municipalité veillera, avec la plus sévère exactitude, à ce que les distributions se fassent avec la plus rigoureuse justice.

» Commune-Affranchie, le 1er pluviôse, l'an II de la République française une et indivisible.

» FOUCHÉ (de Nantes), LAPORTE, MÉAULLE. »

Un des agents subalternes du despotisme républicain dans le Lyonnais, le citoyen **Lapallu**, avait pris la part la plus active à tous les excès commis dans les environs de Lyon et dans la Loire. Il parcourait les communes rurales à la tête de détachements de l'armée révolutionnaire, pillant, volant, rançonnant, **arrêtant** et même faisant fusiller sans jugement *les riches* ou les malheureux qui étaient soupçonnés de ne pas être suffisamment patriotes. L'irritation des populations exaspérées devint telle qu'il fut menacé. Aussitôt le représentant Javogues prit, le 2 pluviôse an II, un arrêté pour rendre les communes des districts de Roanne et de Villefranche responsables de la vie de ce misérable, qui fut arrêté quelques jours plus tard, quand la Convention, dans la lutte entre Javogues et Couthon, que l'on va lire, donna raison à ce dernier et intima, sous peine d'arrestation, à Javogues l'ordre de se rendre à Paris. Fouché, qui a toujours tâché d'être du parti du plus fort, fit arrêter Lapallu. Ce triste personnage fut traduit devant le tribunal révolutionnaire, avec Chaumette, et condamné à mort le 24 germinal an II, pour exactions, persécutions et émission de faux-papier-monnaie.

Les excès commis par ce misérable étaient si odieux que la commission révolutionnaire de Lyon avait déjà ordonné son arrestation. La protection de Javogues, dont il ne faisait qu'exécuter les ordres et les sanguinaires caprices, avait seule pu empêcher la mise à exécution de cette mesure.

Ainsi qu'on l'a vu plus haut, le représentant Gouly, envoyé par le comité de salut public pour arrêter les excès de Javogues, avait été rappelé, par suite de l'influence de Collot-d'Herbois et du parti hébertiste. Ce succès acheva de tourner la tête au parti ultra-révolutionnaire à Lyon. Son représentant le plus violent, Javogues, qui, on ne saurait trop le répéter, n'était qu'un instrument entre les mains de Fouché, voulut en profiter pour porter le coup de grâce à Couthon.

Profitant des dilapidations, des désordres de toute nature commis par les administrations et les volontaires des bataillons que Couthon, Châteauneuf-Randon et Maignet avaient organisés en Auvergne et conduits à Lyon, Javogues fit

afficher, le 13 pluviôse, une proclamation qui
était un véritable acte d'accusation dirigé contre
Couthon et contre Maignet.

Cette proclamation, quoique signée par Javogues seul, porte le titre habituel des proclamations faites par tous les représentants en mission à
Lyon.

Voici des extraits de cette pièce :

« La colonne de l'armée du peuple venant du
Puy-de-Dôme s'est présentée à Montbrisé, après
l'évacuation de la troupe muscadine qui infestait
les trois districts de Commune-d'Armes, de Boën
et de Roanne.

» Les représentants du peuple Maignet et
Châteauneuf-Randon avaient donné le nom de
comité de salut public à un comité composé de
vingt-trois membres, *dont les frères du représentant Maignet faisaient partie*, et qui
n'étaient qu'une section d'un plus considérable,
appelé central, établi à Ambert, et d'un autre
également plus nombreux, établi à Sainte-Foix-
lès-Lyon. Ce comité a fait apposer les scellés dans
les domiciles d'un grand nombre de conspirateurs,
a fait des réquisitions considérables en grains,

foins, avoines, bestiaux, chevaux, matelas, draps, couvertures, et généralement tous les effets de campement et d'équipement ; il a établi un hôpital militaire à Montbrisé, où il n'a placé que des citoyens du Puy-de-Dôme qui lui étaient dévoués et à qui il avait fixé des traitements considérables, malgré l'incapacité des agents qui y étaient employés pour le service des malades. Cette nouvelle organisation enfantée par le comité (dit de salut public) du Puy-de-Dôme, coûtait à la République plus de 2,000 livres par mois, sans comprendre l'attirail et le luxe des dilapidateurs qui, outre des appointements énormes, entretenaient *aux dépens des indigents,* des chevaux, et recélaient pour leur service dans l'hôpital, des cuisinières et des domestiques mâles, etc.

» Il eût été plus conforme aux règles de la justice et d'une sévère impartialité, de charger de l'apurement du compte du comité du Puy-de-Dôme l'administration du département de la Loire, à qui auraient été adressées les réclamations diverses qu'auraient pu faire les municipalités ; il eût été plus facile à l'administration du

département de la Loire, qui est sur les lieux.
d'examiner scrupuleusement la conduite du comité ; de faire taire ce cri d'opinion publique qui
l'accuse d'avoir délivré des étapes *sans registre
et sans revue ; peut-être est-ce la multitude
des étapes payées qui a fait croire que la
colonne du Puy-de-Dôme était si formidable.*

» *1° Il a été fait des dilapidations si considérables* dans le district ci-devant de Montbrison, que les infortunés habitants de ce pays
n'ont plus de ressources et sont réduits au désespoir. *Les brigandages et les vols que l'on a
commis ont desséché ce sol à tel point qu'il
ne reste plus de nourriture et d'aliments
pour le peuple. Des hommes qui se décoraient
du manteau du patriotisme ont eu la férocité d'ôter au laboureur jusqu'aux moyens
de féconder la terre des productions de première nécessité ;*

» *2° Il a été fait des vols précieux en espèces d'or et d'argent ;*

» *3° Toutes les marchandises, dans une
commune aussi approvisionnée que Montbrisé
en sucre, huile, savon et épiceries, sont passées*

dans le département du Puy-de-Dôme; il
n'en est plus resté dans une commune qui fournissait les campagnes de toutes ces denrées, qui
étaient également d'une nécessité absolue pour
les infortunés et pour les malades;

» 4° La commune de Montbrisé était riche-
ment fournie *en mobilier, en linge et en tout*
ce qui peut annoncer un luxe superbe; actuellement, il n'existe dans les maisons que la plus
grande nudité et le plus grand dépouillement.
Que sont devenus ces signes de l'opulence? *Ils
ont enrichi le Puy-de-Dôme et ont grossi le
torrent des dépouilles somptueuses du département de Rhône-et-Loire;*

» 5° Comment s'est fait à Lyon le désarmement? Une ville qui était un des premiers arse-
naux de l'Europe, en fusils et en munitions de
guerre, s'est trouvée tout-à-coup dénuée; il est
facile d'en deviner la cause, si l'on considère que
*chaque soldat de la colonne du Puy-de-Dôme
emportait dans son pays un et quelquefois
deux fusils.* A Commune-d'Armes, il a été
remis dix-huit cents fusils à la colonne de Châteauneuf-Randon, dont on n'a eu aucune nouvelle;

» *6° Un gaspillage énorme* a failli désorganiser toutes les troupes de la République :
*chaque soldat du Puy-de-Dôme avait une
livre de viande, une bouteille de vin et deux
livres de pain par jour*, tandis que les braves
républicains qui ont coopéré plus efficacement à
la reddition de la scélérate Carthage n'avaient
qu'une demi-livre de viande et une livre et demie
de pain.

» D'exécrables folliculaires vendus à l'argent
n'ont débité que des fables sur le siége de Lyon ;
ils n'ont attribué la gloire de la destruction de
cet assemblage impur de scélérats qui voulaient
replonger le peuple dans la servitude *qu'au
rocher du Puy-de-Dôme, qui n'est venu, pour
ainsi dire, qu'après l'expédition presque
achevée.*

*Les braves habitants du département de la
Loire, qu'ont-ils trouvé? La mort, la désola-
tion, la violation de tout ce qu'il y a de plus
sacré, l'enlèvement de leurs bestiaux, de
leurs meubles, de leur argent, de leurs
grains, de leurs marchandises et de tout leur
mobilier ; le nécessaire le plus obscur de*

l'humble chaumière n'a pas été épargné.

» *Les membres du comité (dit de salut public) du Puy-de-Dôme ont fait passer dans leur pays tout le fruit des concussions et des extorsions qu'ils ont faites sur les riches et même sur l'artisan.* Ces spoliateurs féroces qui osent arborer le caractère auguste de républicains ont donné le spectacle déchirant de la contre-révolution et de l'inhumanité, *en dépouillant* indignement des martyrs de la liberté, *des cultivateurs paisibles,* qui joignaient à l'honorable emploi de la charrue les lauriers de mars, la victoire.

» *Ah! Couthon! jusqu'à présent tu n'as été qu'un habile empirique.* Avec un air apparent de philanthropie, tu n'as jamais cherché le bonheur du peuple ; *avec le mot de justice sur tes lèvres,* tu n'avais que l'injustice dans le cœur. Je lis dans le souterrain de tes plus secrètes pensées ; tu as voulu allier ce qui de sa nature était inaliénable, la richesse avec l'amour de la République. Tu as eu la perfidie de renvoyer l'apurement des comptes nombreux des comités (dits de salut public) de Montbrisé, de Sainte-

Foix et Ambert, par devant les *administrateurs du Puy-de-Dôme, qui avaient été ou membres du comité, ou commissaires, ou étapiers; en un mot, tes créatures;* comme si le désintéressement et l'intégrité n'eussent pas dû te prescrire de faire apurer des dépenses aussi énormes et aussi compliquées devant toute autre administration que celle qui était ton ouvrage.

» *Avec le sourire de la bienfaisance, tu es le monstre le plus cruel et l'ennemi le plus implacable des patriotes;* pendant *ton séjour d'un mois et demi à Lyon, trente rebelles seulement,* malgré les nombreuses réclamations du peuple, *ont tombé sous le glaive des lois,* quoique plus de trois mille sans-culottes soient péris au siége de Lyon, preuve incontestable que tu te réjouis plutôt de la destruction de tous les républicains que de la tête d'un seul contre-révolutionnaire. On connaît l'infernal projet que tu as conçu de livrer au supplice les patriotes les plus énergiques et les plus prononcés. Le vertueux Gaillard, qui tenait le fil de ta trame criminelle, qui connaissait ton intimité *avec les Gouly, les Gauthier et toute la séquelle des* MODÉRANTINS, craignant pour le salut de sa patrie, s'est suicidé, et c'est toi qui est la cause de sa mort; *sous le vernis des vertus, tu n'as que l'ascendant du crime.*

» On n'ignore pas aussi que tu voulais sacrifier à la vengeance des riches, à la haine des prétendus patriotes du jour, les zélés jacobins qui, dans Commune-Affranchie, avaient bravé les menaces et les poignards pour faire tomber sous la hache vengeresse les royalistes qui infestaient cette ville; « mais les destinées de la patrie et de la Répu-
» blique survivront à tes liberticides efforts. Avec
» le mot insignifiant d'ULTRA-RÉVOLUTIONNAIRE ,
» tu ne parviendras jamais à faire rétrograder la
» révolution. Le sort en est jeté; le sans-culotte
» a déjà trop longtemps prodigué son sang; il en
» a assez versé des torrents pour des ingrats, pour
» des serpents qu'il nourrissait, pour des acca-
» pareurs, pour des banquiers, pour des prêtres,
» pour des égoïstes et *pour la race abominable*
» *des praticiens et des procéduriers,* il est
» temps que les sans-culottes JOUISSENT EN RÉA-
» LITÉ DU BONHEUR dont les hommes pervers et
» assassins de la société ne lui laissent entrevoir
» que la peinture. »

» . . . . Sur l'anéantissement des scélérats qui avaient juré la perte de la République, des conspirateurs qui avaient à leur tête l'infâme Précy, dont on a favorisé l'évasion, s'établira l'édifice de la liberté, de l'égalité et *du bonheur des sans-culottes.*

» Il implique contradiction que des comptables se rendent compte à eux-mêmes. L'apurement des comptes des trois comités (dits de salut public) doit être porté devant toute autre administration que celle du Puy-de-Dôme, et c'est surtout le département de la Loire, qui a été *le théâtre de la dilapidation,* qui est plus à même d'en constater l'existence, de vérifier les objets de chaque localité, de recevoir les plaintes et de faire droit sur les pétitions des malheureux, qui doit connaître de la gestion des deniers, *de la fourniture des étapes, des extractions de grains, bestiaux, meubles, enlèvements d'or et d'argent, dilapidation des maisons séquestrées des conspirateurs ,* du compte des fonds qui ont été versés par le receveur du ci-devant district de Montbrison, et généralement de tous les objets dont les représentants du peuple Couthon, Maignet, Châteauneuf-

Randon, ont confié l'administration aux trois comités (dits de salut public). »

« Les représentants du peuple arrêtent ce qui suit :

» Art. 1er. — *Les comptes des trois comités (dits de salut public) d'Ambert, de Montbrisé et de Sainte-Foix-lès-Lyon seront apurés.* A cet effet, les membres composant ces trois comités seront tenus de rendre leurs comptes devant les administrateurs du département de la Loire.

» Art. 5. — Les comités de surveillance formés dans les deux départements feront parvenir, au bureau de la commission établie à Montbrisé, *la note de toutes les dilapidations, enlèvements, réquisitions et pertes* qui auront été faites dans l'étendue de chaque canton, pour être accordé une indemnité par qui de droit, à tous les citoyens *qui auront souffert et dans leurs propriétés et dans leurs mobiliers.*

» Art. 7. — L'arrêté sera adressé et notifié aux administrateurs du département du Puy-de-Dôme, pour en recommander l'exécution la plus prompte et même pour en faire une injonction aux

membres composant les comités (dits de salut public) de se conformer aux dispositions qu'il contient, de rendre leur compte dans le plus court
délai, *et à défaut d'exécution du présent, de
la part des administrateurs, ils seront traités
comme suspects et donneront les motifs de
leur refus.*

» Art. 8. — La présente proclamation sera imprimée et affichée partout où besoin sera.

» Fait en commission, à **Montbrisé**, le 13 pluviôse de l'an II *de la République démocratique.*

» *Le représentant du peuple,*

» Javogues. »

On voit, par cette pièce, que le nombre
d'hommes dont se composaient les bataillons amenés par Couthon était très-exagéré ; que de nombreuses dilapidations et le pillage avaient réduit
à la plus grande misère les malheureux habitants
de la Loire, à qui on avait enlevé leurs meubles,
leur linge, leurs bestiaux, jusqu'aux grains indispensables pour la nourriture de la population et
l'ensemencement des terres ; que des fusils, en
très-grand nombre, et tous les objets qu'ils avaient

pu prendre à Lyon ou en route, avaient été emportés par les bons patriotes de l'Auvergne.

Puis viennent, dans le style le plus déclamatoire, des accusations directes contre Couthon qui, avec Maignet et Châteauneuf-Randon, aurait voulu sacrifier les véritables patriotes à leurs ennemis, en leur donnant le nom d'ultra-révolutionnaires.

Ce long factum est terminé par une formule qui est significative, l'an II *de la République* DÉMOCRATIQUE, substituée à la formule légale « la République une et indivisible. »

Une semblable attaque ne pouvait rester sans réponse. Dès le 20 pluviôse, c'est-à-dire aussitôt qu'il en eut connaissance, Couthon dénonça à la Convention cette proclamation. Il accusa Javogues de continuer à exercer les pouvoirs de représentant en mission, quoique le comité de salut public les lui eût enlevés, en le rappelant ; de déployer « *la cruauté d'un Néron,* » et surtout de méconnaître les ordres du comité de salut public et de la Convention. Sur la proposition de Merlin, de Thionville, de Bréard et de Thuriot, la Convention annula la proclamation de Javogues et lui intima,

à lui, l'ordre de revenir à Paris dans les huit
jours, et aux représentants en mission à Lyon,
l'ordre de l'arrêter, s'il n'obéissait pas.

Javogues revint de suite à Paris et demanda à
être entendu par la Convention. Pour éviter une
lutte violente entre les hébertistes et les robes-
pierristes, sa demande fut rejetée, et il fut renvoyé
devant le comité de salut public, pour rendre
compte de sa mission.

Comme Javogues n'était au fond qu'un instrument entre les mains de Fouché et de Collot-
d'Herbois, on n'osa pas le traduire devant le tribunal révolutionnaire, et on étouffa cette affaire,
qui donne une idée bien complète de la violence
sans nom avec laquelle tous les partis qui divisaient
la Convention se disputaient le pouvoir, et de
l'anarchie sanglante qui régnait dans toute la
France.

Il y a vraiment quelque chose de terrifiant dans
le fait de Couthon, de Maignet, l'homme du tribunal d'Orange et de l'incendie de Bédouin, accusés d'être des *modérés*.

La lutte entre Couthon et Javogues n'est, du
reste, qu'un épisode de la lutte entre les robes-

pierristes et les hébertistes, lutte qui devait se terminer par la mort d'Hébert, de Chaumette, de Montmoro, dont les têtes roulaient sur l'échafaud quelques jours plus tard.

Cette lutte, qui durait déjà sourdement depuis longtemps, était arrivée à son paroxisme ; il fallait que l'un des deux partis succombât. A ce moment, les hébertistes étaient complétement les maîtres à Lyon. La mesure suivante, qui n'était, du reste, que l'application d'une des lois de sang édictées par la Convention, en donne la preuve.

« Les administrateurs de Commune-Affranchie enjoignent aux comités révolutionnaires de son arrondissement de faire mettre à exécution, dans les vingt-quatre heures, la loi du 17 septembre dernier (style esclave), concernant les gens suspects ; en conséquence, de faire mettre en état d'arrestation, aux termes de l'art. 2 de la loi :

» 1° Ceux qui, soit par leur conduite, soit *par leurs relations*, soit par leurs propos ou leurs écrits, se sont montrés partisans de la tyrannie ou du fédéralisme et ennemis de la liberté ;

» 2° Ceux qui ne pourront justifier, de la manière prescrite par la loi du 21 mars dernier, de leurs moyens d'exister et de l'acquit de leurs devoirs civiques ;

» 3° Ceux à qui il a été refusé des certificats de civisme ;

» 4° Les fonctionnaires publics, suspendus ou destitués de leurs fonctions par la Convention nationale ou par les commissaires, et non réin-, tégrés ; notamment ceux qui doivent être ou avoir été destitués en vertu de la loi du 14 août dernier ;

» 5° Ceux des ci-devant nobles, ensemble les maris, femmes, pères, mères, fils ou filles, frères ou sœurs et agents d'émigrés, qui n'ont pas *constamment manifesté leur attachement à la révolution* ;

» 3° Ceux qui ont émigré dans l'intervalle du 1er juillet 1789 à la publication de la loi du 8 avril 1792, quoiqu'ils soient rentrés dans la France dans le délai fixé par cette loi ou précédemment ;

» 7° Les accapareurs, agioteurs, *banquiers, hommes de loi, avoués,* qui ne justifieront pas de leur absence de la ci-devant ville de Lyon pendant sa rébellion.

» Tous ces individus seront conduits dans la maison d'arrêt de chaque canton pour, de là, être transportés dans celle du district.

» Les comités révolutionnaires seront tenus de se conformer ponctuellement à toutes les dispositions de la loi précitée.

» Les comités révolutionnaires pourront, *en outre,* faire mettre en état d'arrestation tous autres individus non compris dans la loi du 17 septembre, sauf auxdits comités à se conformer aux dispositions de la loi du 17 frimaire, ainsi conçue :

« La Convention nationale décrète que, par
» rapport aux individus *non compris littéra-*
» *lement* dans la loi du 17 septembre sur les
» gens suspects, contre lesquels les comités
» révolutionnaires ou de surveillance auraient
» pris ou croiraient devoir prendre, par la suite,
» des mesures de sûreté, les comités seront tenus
» d'insérer, sur un registre qu'ils tiendront à cet
» effet, les motifs de ces mesures ; les registres
» seront apportés dans les vingt-quatre heures aux
» représentants du peuple qui se trouvent sur les
» lieux, pour statuer définitivement sur la légi-

» timité des mesures, et, dans le cas où il ne se
» trouverait pas de représentants sur les lieux,
» les comités enverront extraits de leurs registres,
» dans le même délai de vingt-quatre heures, au
» comité de sûreté générale de la Convention, pour
» prononcer. Les comités révolutionnaires et de
» surveillance sont autorisés à faire exécuter
» provisoirement les mesures de sûreté qu'ils
» auront arrêtées. »

» Commune-Affranchie, en conseil général,
» 22 pluviôse.

» Rey. »

Malgré les arrêtés réitérés défendant d'arrêter
les personnes déjà acquittées, on voit que de semblables arrestations se renouvellent tous les jours.
La commission révolutionnaire s'en plaint amèrement, en déclarant qne ces mesures odieuses
menacent *les patriotes les meilleurs, font
déserter la République et sont le résultat de
haines et de vengeances particulières.*

Les représentants Fouché, Méaulle et Laporte
font, le 24 pluviôse, un nouvel arrêté pour
défendre à l'avenir toute arrestation, si ce n'est

pour de nouveaux délits. Ils décident également que, comme la municipalité est composée de sans-culottes pauvres, chacun de ses membres *touchera 3 livres par jour.*

Le 23 pluviôse, Fouché, Méaulle et Laporte prennent un arrêté qui, par sa forme, prouve qu'il existe une lutte violente entr'eux et les autorités qui dirigeaient le tribunal révolutionnaire de Feurs. Le paragraphe qui déclare *rebelles à la volonté nationale* tous ceux qui ne se soumettraient pas à leur arrêté ne permet aucun doute à cet égard :

« Considérant que la multiplicité des tribunaux révolutionnaires ne peut qu'affaiblir leur puissance, et que l'établissement de deux commissions de ce genre dans le département de Rhône-et-Loire ne peut être appuyé d'aucun motif d'intérêt public,

» Arrêtent :

» Que la commission révolutionnaire établie à Commune-Affranchie est seule chargée de juger les conspirateurs dans les départements de Rhône et de Loire, et que toute autre commission, créée

pour cet objet, sera dissoute à l'instant, quelle
que soit l'autorité qui l'a établie ;

» *Déclarent rebelles à la volonté nationale*
tous les employés auprès de ce tribunal, tous
ceux qui exécuteraient ses jugements, après la
notification qui leur aura été faite du présent
arrêté.

» Commune–Affranchie, 23 pluviôse an II.

» FOUCHÉ, LAPORTE, MÉAULLE.

» Les représentants chargent les citoyens
Marino et Delau, membres de la commission
temporaire, de l'exécution du présent arrêté. »

Cet arrêté, par lequel Fouché met hors la loi
tous ceux qui ne se soumettent pas à son pouvoir
autocratique, qu'il appelle simplement *la volonté
nationale*, donne la mesure de l'anarchie sanglante qui pèse sur la France.

L'arrêté concernant la commission révolutionnaire de Feurs, qui avait pourtant prononcé un
grand nombre de condamnations à mort, ainsi
que diverses pièces que l'on va lire, sont le résultat de la lutte violente engagée à Lyon, comme
à Paris, entre les diverses fractions du parti ré-

publicain qui se disputent le pouvoir et les dépouilles des vaincus.

Les divisions qui existent (entre les patriotes de
toutes les couleurs, à Lyon), ont quelque chose de
si hideux et de si écœurant qu'on ne peut se
défendre d'un sentiment de dégoût.

On trouve, dans cette malheureuse ville, de
soi-disant républicains de toutes les nuances, des
partisans de la Gironde, des partisans de Robespierre, des partisans de Danton, des partisans de
Châlier, des Hébertistes, des Jacobins, etc., etc.
Tous s'exècrent et se dénoncent. Tous sont *una-
nimes* à reconnaître que les arrestations arbitraires sont continues ; que nombre de condamnations à mort sont le résultat de dénonciations
calomnieuses dictées par la vengeance ou par la
cupidité ; que les vols et les dilapidations sont
innombrables ; que l'armée des gardiateurs des
séquestres (gardiens des scellés, il y en a entre
deux et trois mille) et les visites domiciliaires
opérées par toutes les autorités, sont le pillage
organisé. Puis chaque parti dénonce les autres
comme étant coupables de toutes ces infamies.
Couthon dénonce Dubois de Crancé. Collot-d'Her-

bois, Fouché, Dubois de Crancé dénoncent Couthon. Puis on voit Javogues, qui est le prête-nom
de Fouché, dénoncer Couthon, Maignet et leurs
Auvergnats, pour tous leurs pillages et leurs
concussions. Puis Gouly dénoncer Javogues. Javogues, Fouché, etc., dénoncent Gouly. Les
Jacobins envoyés de Paris accusent les Lyonnais.
Les Lyonnais accusent les Jacobins de Paris, les
Lapallu et l'armée révolutionnaire, ce qui ne
doit guère surprendre. Reverchon, qui paraît un
des moins malhonnêtes, avec une expression de
dégoût qui doit faire croire à sa véracité, dénonce
tous ces soi-disant patriotes appartenant à toutes
les nuances du parti républicain qui, pauvres au
commencement de la révolution, étalent un luxe
insolent et vivent au milieu des orgies.

Quand on examine de sang-froid cette anarchie
sanglante, dans laquelle des gens comme Fouché
ont fait des fortunes considérables, on est pris,
je le répète, d'un sentiment de dégoût que
rien ne saurait rendre; car il est évident que,
s'il y a eu quelques hommes honnêtes parmi ces
soi-disant patriotes, l'immense majorité est composée de misérables qui n'ont profité de la révo-

lution que pour satisfaire leurs passions les plus inavouables.

Rien n'est étrange et effrayant comme le chaos qui existe, en 93 et en 94, dans presque toute la France. De tous les côtés du sang, des ruines et la terreur.

A Lyon, ainsi qu'on vient de le voir, il y avait trois ou quatre partis différents qui se disputaient le pouvoir. Chacun d'eux prétend que lui seul est le véritable représentant de la République. Ils ont tous la haine la plus violente les uns pour les autres. Chaque parti accuse les autres de trahir la République. Tous se reprochent à l'envi des concussions, des dilapidations, d'avoir sacrifié des innocents à leurs vengeances personnelles ou à leur cupidité.

Il y a un tel enchevêtrement d'intrigues, de violences, qu'à tout instant il est impossible de savoir à qui il faut imputer tel acte ou tel crime. Qu'importe du reste à l'histoire que le véritable coupable soit Marino ou Bertrand, le partisan de Châlier, ou Lapallu, ou Vauquoi, ou Daumale, ou Parein, le président de la commission militaire, ou Dorfeuille, l'histrion sanglant, ou quelques-uns de leurs misérables complices.

Tous, hélas! sont bien dignes d'être accolés les uns aux autres. Ce qui malheureusement ne peut pas être mis en doute, ce sont les excès et les crimes de toute nature de ces misérables, qui profitent des calamités publiques pour satisfaire leurs passions les plus honteuses.

A tout instant, dans leurs correspondances privées, qui certes n'étaient pas destinées à être publiées, on voit jusqu'où allait leur cupidité, leurs haines, leur astuce, leur perfidie, leurs mauvaises passions de toute nature.

Au-dessus de tout ce monde de pourvoyeurs de la guillotine et de bourreaux plane Fouché, qui fait tomber les têtes et continue à augmenter la fortune qu'il a si bien commencée à Nantes et surtout dans la Nièvre. Il est vraiment digne de présider à cette orgie infernale.

A la fin, Robespierre et le comité de salut public ne purent pas résister aux plaintes qui, de tous côtés, arrivèrent à la Convention, et rappelèrent Fouché non seulement pour les excès dont il était coupable, mais ce qui est bien plus grave encore aux yeux de Robespierre, parce qu'il était le représentant du parti hébertiste, dont Maximilien venait d'envoyer les chefs à l'échafaud.

Ce fut alors que dut avoir lieu cette entrevue entre Robespierre et Fouché, dont parle dans ses mémoires Charlotte Robespierre, et que commença la lutte qui ne devait se terminer qu'à la mort de Robespierre, le 10 thermidor.

Nous renoncerons à expliquer le chaos qui existe à Lyon et à Paris. C'est un dédale inextricable d'intrigues et de violences.

Le 30 pluviôse, Fouché faisait insérer dans le journal de Lyon, *le Républicain*, la lettre suivante, qui n'a pas besoin de commentaires :

« Citoyens collègues,

» Il nous est difficile de vous exprimer combien » nos cœurs sont attristés de l'excessive indul- » gence avec laquelle vous souffrez qu'on vienne » impunément à votre barre enlever la confiance » et le respect public *aux hommes vertueux* » qui servent avec le plus d'ardeur et de confiance » les principes et la marche de la révolution.

» C'est pour la seconde fois qu'on ose se pré- » senter devant vous pour couvrir d'accusation

» impures la Commission révolutionnaire de
» Commune–Affranchie, dans l'espérance, sans
» doute, de relever encore une fois l'affreux cou-
» rage des conspirateurs, qui n'attendent qu'une
» intermittence dans la vengeance nationale
» pour renouer le fil de leurs trames parricides
» contre la patrie.

» Ce tribunal, citoyens collègues, mérite toute
» votre estime. Considérez les personnes qui le
» calomnient ; interrogez, à son égard, celles
» en qui vous avez mis votre confiance ; elles
» vous diront avec quel dévouement pur il remplit
» ses rigoureux devoirs ; avec quelle religieuse
» méditation les accusés sont examinés ; avec
» quelle courageuse impartialité le juge descend
» dans leur pensée la plus intime, dans leur
» conscience, pour en suivre tous les mouvements.
» Les jugements de ce tribunal peuvent effrayer
» le crime, mais ils rassurent et consolent le
» peuple qui les entend et qui les applaudit.

» Il est possible que les hommes irréfléchis,
» qui ont accueilli, avec tant de complaisance, la
» calomnie, qu'il était de leur devoir et de leur
» dignité de repousser, ne soient eux-mêmes que

» trompés ; ils manquent d'instructions depuis
» que leurs amis, leurs correspondants sont
» anéantis sous la foudre populaire.

» C'est à tort qu'on pense nous faire *l'honneur*
» *d'un sursis*. Nous n'en avons point accordé.
» Notre confiance est sans bornes et sans réserve
» dans l'austère probité du tribunal, et nous
» n'oublierons jamais les principes à ce point de
» croire que nous ayons le droit de suspendre le
» cours de la justice.

» On cherche en vain, de toutes les manières,
» à intéresser notre sensibilité, à affaiblir l'é-
» nergie de notre caractère ; nous avons fait le
» sacrifice de nos affections personnelles ; nous
» nous enveloppons avec la patrie ; nous resterons
» forts et impassibles avec elle.

» FOUCHÉ, LAPORTE, MÉAULLE. »

Pour s'assurer l'appui du peuple, tous ces
hommes lui promettent un âge d'or. Les uns lui
promettent un milliard sur les riches. Les autres,
comme Fouché, qui est plus généreux du bien
des autres, lui promettent *tout ce que possèdent*
les riches ; sa lettre du 21 ventôse, qu'on lira

plus loin, est formelle. Tous, **au lieu de ce**
bonheur qu'ils promettent, n'apportent au peuple
que la *misère, la famine, la guerre étrangère*
et la guerre civile.

Voilà le spectacle qu'offrent les beaux principes de 1789 dans la pratique. Les pièces suivantes, qui toutes émanent de républicains,
presque tous montagnards, le prouvent jusqu'à
l'évidence.

« Citoyens collègues,

» La justice a bientôt achevé son cours terrible
» dans cette cité rebelle. Il existe encore quelques
» complices de la révolte lyonnaise; nous allons
» les lancer sous la foudre. Il faut que tout ce
» qui fit la guerre à la liberté, tout ce qui *fut*
» *opposé* à la République ne présente, aux yeux
» des républicains, *que des cendres et des*
» *décombres.*

» C'est sur les tombeaux de l'orgueil révolté
» et des priviléges oppresseurs que nous venons
» de célébrer la fête de l'égalité et de proclamer,
» sous les voûtes du ciel, votre décret qui brise
» les chaînes de l'esclavage et appelle les hommes

» de toutes les couleurs à la jouissance de la liberté.

» ..... C'est calomnier la nature et la ré-
» volution que de croire que la masse du peuple
» puisse être corrompue ; elle fut souvent égarée,
» mais elle aime la liberté ; elle saisit avidement
» la vérité.

» ..... Vous pouvez, citoyens collègues, les
» satisfaire aisément. L'opulence, qui fut si long-
» temps et si exclusivement le patrimoine du
» vice et du crime, est restituée au peuple. Vous
» en êtes les dispensateurs. *Les propriétés du*
» RICHE *conspirateur* lyonnais acquises à la
» République *sont immenses*, et elles peuvent
» porter le bien-être et l'aisance parmi des mil-
» liers de républicains.

» *Ordonnez promptement* CETTE RÉPARTI-
» TION. Ne souffrez pas que des fripons enrichis
» enlèvent, dans des ventes scandaleuses, LES
» PROPRIÉTÉS·DES SANS-CULOTTES, le patrimoine
» des amis de la liberté.

» Le bonheur public est dans votre pensée, dans
» vos résolutions, dans vos décrets ; *ne faites*
» *rien à demi.* OSEZ LE RÉALISER EN ENTIER.

» Commune-Affranchie, 21 ventôse, an II de

» la République une, indivisible **et** *démocra-*
» *tique.*

> » FOUCHÉ, LAPORTE, MÉAULLE. »

Fouché fit publier cette lettre dans le journal
de Lyon, *le Républicain.* Elle était destinée à
lui assurer l'appui de toute la partie remuante
des classes ouvrières qui, sous le nom DE SANS-
CULOTTES, était organisée pour assurer le despotisme violent qu'il exerçait sur les malheureux
départements que la Convention avait mis sous
son autorité.

La fin de la lettre du 21 ventôse est expliquée
par la pièce suivante, qui mérite une attention
spéciale. Le parti hébertiste vient d'être **frappé**
par Robespierre. Fouché s'empresse de renier
ses bons amis, et, comme le dit **Robespierre,**
« *de les couvrir de boue.* »

Il frappe leurs partisans à Lyon, afin de ne
pas être entraîné dans leur chute.

En même temps, pour s'assurer l'appui des
sans-culottes, il annonce que la Convention a
décrété, le 13 ventôse, LE PARTAGE *du bien des*
rebelles entre les patriotes.

On y voit également trace de la lutte, dont nous avons parlé plus haut, entre les Lyonnais et les Parisiens, que Robespierre et Collot-d'Herbois avaient envoyés à Lyon.

» Considérant que l'exécution rigoureuse et soutenue du décret qui établit le gouvernement révolutionnaire ne peut être négligée un instant, dans cette circonstance, sans compromettre le salut du peuple ; que ce gouvernement seul peut, par son action nerveuse et rapide, foudroyer, d'un seul coup, *cette horrible conspiration* qui enveloppait la liberté, et dont la commotion se fait sentir simultanément sur tous les points de la République ;

» Considérant que le premier but de la conspiration était de briser tous les ressorts de la confiance publique, tous les biens de l'harmonie sociale ; *de soulever toutes les passions atroces, tous les forfaits sanglants*, contre la volonté générale ; de renverser l'autorité souveraine en l'avilissant ; *d'amener le trouble, le brigandage et ce chaos épouvantable*, où les bons citoyens, désespérant du bonheur et de la liberté, n'auraient plus qu'à s'ensevelir sous les ruines de la patrie ;

» Considérant que les conjurés, pour masquer leurs desseins pervers des couleurs républicaines. avaient établi le foyer de leurs liberticides complots dans le sein même des sociétés populaires, corrompu les membres qui pouvaient y avoir le plus d'influence et qui, fidèles au système de la conjuration, cherchaient, par des discours insidieux, à tromper le peuple sur la volonté du gouvernement; à lui ôter sa force et sa puissance, en accusant successivement ses membres les plus ardemment dévoués à la cause populaire, et, se flattant déjà de l'affreux espoir de les couvrir tous du voile funèbre du soupçon, jusqu'à ce qu'il ne fût plus permis de croire à la vertu, et *que le vice et le crime* puissent exercer impunément *leur exécrable empire*;

» Considérant que la société de Commune-Affranchie, qui ne devait être formée que d'un petit nombre de patriotes reconnus et épurés, s'est accrue tout-à-coup d'une foule d'hommes qui, par leurs discours, leurs motions, leur acharnement et leur fureur contre les vrais ré-volutionnaires, démontrent chaque jour que des inclinations basses et monarchiques agitent leurs âmes; que la révolte est au fond de leur pensée; que, les uns par ineptie, les autres par malveillance, sont les instruments de la conjuration; qu'à l'exemple des conjurés, ils voudraient substituer des autorités anarchiques, fédéralistes, au gouvernement; l'*audace, l'intrigue, la dépravation*, aux vertus républicaines, à la bonne foi et à la morale publique;

» Considérant que plusieurs membres ont porté l'excès de leurs emportements, de leur imprudence, jusqu'à provoquer, dans le délire de leur divagation, de leurs calomnies, l'insurrection contre la représentation nationale, contre le gouvernement; qu'on a essayé de persuader que *la Convention dévorerait tous les biens des condamnés*, et que *la misère serait toujours le partage du peuple;* que les arrêtés des représentants, notamment ceux qui suppriment le plus grand nombre de comités révolutionnaires qui, par leurs masses oppressives, pesaient douloureusement sur tous les citoyens, et qui ordonnent la translation de plusieurs autorités dans les communes environnantes, y ont été présentés comme des ordonnances de Pitt et

Cobourg, et que les tribunes, qui applaudissaient à la sagesse et à la vérité des principes qu'ils renfermaient, et qui se réjouissaient de voir diminuer le nombre de leurs maîtres, ont été grossièrement rappelées à l'ordre ;

» Considérant que ces criminelles accusations, faites au moment même où LA CONVENTION VIENT DE DÉCRÉTER LE PARTAGE DES BIENS DES RE-BELLES ENTRE LES PATRIOTES, où la société avait sous les yeux une lettre qui appelait l'indulgence et la générosité nationale sur cette ville rebelle, qui intéressait la Convention en faveur de la masse touchante du peuple, démontrent assez que l'intention de ces hommes qui flattaient le peuple, se disaient son ami, comme ils furent celui de Chalier qu'ils laissèrent lâchement égorger, comme ils furent celui de Gaillard dont ils ont voué la mémoire à l'exécration, n'avait pour but que de le révolter une seconde fois, de l'avilir pour perpétuer ses malheurs et leurs féroces jouissances ;

» Considérant enfin que cette société a nommé dans son sein, au mépris de l'art. 17, section 3, du décret qui établit le gouvernement révolu-

tionnaire, un comité central de surveillance,
dont la majorité, composée des membres des autorités constituées, semble avoir réservé, à l'ins-
tar du congrès départemental, toute son activité
contre tout ce qui porte un caractère républicain,
contre tous les patriotes envoyés par la société
des Jacobins de Paris et divers départements,
pour arracher le peuple de Lyon à l'oppression
de ses tyrans, anéantir le reste de la rébellion
qui semble s'être réfugiée dans le cœur de tous
les faux patriotes,

» Arrêtent ce qui suit :

» Art. 1ᵉʳ. — La société dite populaire, établie
à Commune-Affranchie, est dissoute; il est défendu aux membres qui la composaient de se
rassembler, sous peine d'être considérés comme
des rebelles et d'être traités comme tels.

» Art. 2. — Il sera informé contre les membres
de la société qui, par leurs actions, par leurs
discours, ont cherché à égarer le peuple sur les
intentions du Gouvernement; contre les membres
du comité secret, qui étaient chargés de suivre
le système de diffamation dirigé sur les jacobins
de Paris qui sont à Commune-Affranchie, de re-

cueillir toutes les notes de la calomnie et de les envoyer clandestinement à Paris par des membres affidés.

» *Les jacobins envoyés de Paris et des départements* formeront une nouvelle société, y appelleront tous ceux de leurs frères de Commune-Affranchie qui pourront concourir avec eux à l'instruction du peuple, à sa liberté, à son bonheur; à l'éclairer sur les fausses insinuations de ses ennemis; à le prémunir contre toutes les attaques de l'intrigue, du modérantisme et de la domination.

» Fait à Commune-Affranchie, le 6 germinal de l'an II.

» FOUCHÉ (de Nantes), LAPORTE, MÉAULLE. »

Nous n'analyserons pas, cela nous conduirait trop loin, cette longue pièce dans laquelle Fouché couvre de boue ses bons amis de la veille, les hébertistes. En homme habitué à tirer parti de tout, il profite ensuite de cette occasion pour dissoudre les sociétés populaires lyonnaises qui essayaient de se soustraire à sa tyrannie. Nous nous contenterons d'appeler toute l'attention de ceux qui liront ce volume sur le passage dans lequel Fouché annonce *que la Convention vient de décréter* LE PARTAGE *des biens des rebelles entre les patriotes.*

Ce fait, que nient un grand nombre de républicains, est parfaitement exact. Les décrets de la Convention sont des 8 et 13 ventôse an II.

Le 8 ventôse, Saint-Just fit un rapport des plus violents, dans lequel, après les divagations les plus étranges, il dit, entre autres choses :

« En 1788, Louis XVI fit immoler 8,000 personnes, de tout âge, de tout sexe, à Paris, dans la rue Meslay, etc., etc.....

» Ceux qui font des révolutions à moitié n'ont fait que se creuser un tombeau. La révolution nous conduit à reconnaître ce principe que *celui qui s'est montré l'ennemi de son pays n'y peut être propriétaire.....*

» *Les propriétés des patriotes sont sacrées,* mais les biens des conspirateurs *sont là pour tous les malheureux. ....* »

Saint-Just proposa ensuite un décret qui fut adopté à l'unanimité et sans discussion ; en voici deux paragraphes :

« Art. 2. — Les propriétées des patriotes sont inviolables et sacrées. Les biens des personnes reconnues ennemies de la révolution seront séquestrés au profit de la République ; ces personnes seront détenues jusqu'à la paix et bannies ensuite à perpétuité.

» Art. 3. — Le rapport, ainsi que le présent décret, seront imprimés et envoyés sur-le-champ par des courriers extraordinaires aux départements, aux armées et aux sociétés populaires. »

Puis, le 13 ventôse, Saint-Just proposa, pour l'exécution de la décision prise le 8 ventôse, le décret suivant, que la CONVENTION adopta également :

« Art. 1er. —Toutes les communes de la République dresseront un état *des patriotes indigents* qu'elles renferment, avec leurs noms, leur âge, leur profession, le nombre et l'âge de leurs enfants.

» Les directoires de district feront parvenir, dans le plus bref délai, ces états au comité de salut public.

» Art. 2. — Lorsque le comité de salut public aura reçu ces états, il fera un rapport sur les moyens d'indemniser tous les malheureux, *avec* LES BIENS *des ennemis de la révolution*, selon le tableau que le comité de sûreté générale lui en aura présenté, et qui sera rendu public. »

Voici encore une pièce qui peint Fouché tout entier. C'est vraiment ravissant de voir cet homme, qui est le mensonge incarné, parler DE SA SINCÉRITÉ, DE SA FRANCHISE, *de la* CHALEUR *de son caractère* qui ne sait point obéir aux mouvements de l'opinion.

Puis, dans le pathos humanitaire le plus cynique, il fait l'apologie de tous les crimes commis à Lyon. Lui aussi il parle *des intrigues* qui existent à Lyon. Il se donne comme l'*idéal du patriotisme, l'incarnation de la vertu et de la justice*. Il reconnaît que le nombre des comités révolutionnaires organisés par lui était effrayant ; que la Société populaire qu'il avait créée était devenue *la honte des mœurs*, le scandale de la liberté.

Il y a quelque chose de vraiment effrayant dans le tableau que Fouché fait de la désorganisation produite à Lyon par les 32 comités révolutionnaires que *lui, Fouché,* avait organisés.

Le résultat en avait été décisif. Au moment du siége, Lyon avait de 150 à 160,000 âmes. Après le siége, Collot-d'Herbois dit qu'il en restait encore 140,000. Cinq mois après, par suite de la tyrannie démagogique, il ne restait plus que 80,000 âmes, de l'aveu même de Fouché. Il n'y a rien à ajouter à ces chiffres. On peut juger, par ce que Fouché dit lui-même, du peu de sécurité dont jouissaient les républicains eux-mêmes. Quand après avoir parlé des tombeaux creusés aux ennemis de la République, Fouché vient parler, avec une hypocrisie vraiment sans nom, *du bonheur des Lyonnais*, de la *paternelle* puissance que la Convention a exercée sur cette malheureuse ville, ce serait vraiment bien drôlatique, si ce n'était odieux.

La conclusion est digne des prémisses : « continuez, *aggravez même* le gouvernement révolutionnaire, qui vient de produire à Lyon *des effets si brillants*, et *déclarez sauveurs* de la patrie les hommes qui l'ont si bien appliqué. »

« *Rapport de Fouché (de Nantes) sur la situation de Commune-Affranchie, imprimé par ordre de la Convention.*

» Représentants du peuple,

» Le comité de salut public m'a appelé dans votre sein pour vous donner des renseignements sur la situation de Commune-Affranchie. Je vous dois un tableau rapide et *sincère*, je vais le tracer avec *la franchise* et *la chaleur* qui conviennent *à mon caractère*, qui ne sait *point obéir aux mouvements mobiles de l'opinion.*

» Vous vous rappelez tout ce qui fut dit, il y a quelques mois, à votre barre, contre ceux de vos collègues que vous avez envoyés dans cette commune.

» On vous les présenta comme des barbares, comme des juges cannibales altérés du sang des hommes. *Vos âmes vertueuses* frémirent; elles se soulevèrent d'effroi à l'aspect de cette horrible image de notre caractère; nous semblions appartenir à la classe *des rois* ou *des tigres*.

» Le rapport du comité de salut public jeta une forte lumière sur tous les points de notre mission ; il déchira ce voile odieux, épouvantable; il vous

présenta le miroir fidèle de la vérité : vous y vîtes
de vastes tombeaux, sans doute, mais qui ne renfermaient que la cendre des assassins de la liberté.
C'était *le peuple* qui tenait *la foudre* qui la lançait : elle semblait *descendre du ciel.*

» *Vos âmes* se sentirent soulagées, *elles pénétrèrent les nôtres ;* vous approuvâtes nos sen-
'timents ; vous applaudîtes à notre sévère énergie ;
*vous partageâtes notre satisfaction, et certes,
c'en est une que de faire couler à grands flots
le sang des conspirateurs.* Son effusion ne peut
porter l'attendrissement que dans l'âme de leurs
complices ou de ceux prêts à le devenir. *Le sang
du crime* contient, comprime *les germes de
l'innocence et de la vertu ;* il faut qu'il déborde
sur la nature pour leur laisser un libre et rapide
développement.

» Vous voulûtes faire éclater la vengeance
publique contre ces hommes qui vous avaient si
atrocement trompés ; vous voulûtes punir leur
sacrilége audace ; mais ils avaient lancé, comme
le Parthe, en fuyant, leurs traits empoisonnés ;
ils étaient rentrés dans le repaire tortueux, impé-
nétrable, où toutes les conjurations ourdissent

leurs trames parricides, et d'où elles remuent, à
une grande profondeur, toute la lie infecte que
nous voyons s'élever dans ces temps d'orage, et
qui tend à se filtrer dans les organes de la République, pour la déchirer.

» Après cet échec, les malveillants ne se tinrent
pas pour vaincus : leur activité ne s'est point ra-
lentie. Ils sont sans cesse autour de cette enceinte,
qu'ils cherchent à envelopper de leurs perfides
machinations, pour tromper la liberté et pour
sauver les conspirateurs qui sont sous le glaive
de la mort ; ils avaient manqué leur but, en s'as-
sociant à des hommes qui étaient encore fumants
du sang des républicains. Ils se sont dit : ·lions
notre intérêt à celui de la vertu ; descendons dans
l'âme des patriotes ; agitons-les de toutes les
transes de l'inquiétude, de toutes les angoisses de
la terreur ; que leurs gémissements se mêlent à
nos cris, et que, sous le simulacre religieux de la
nature, de la morale, de l'humanité gémissante
et indignée, le poignard de la vengeance immole
à notre fureur ces inflexibles amis de la patrie :
qu'il atteigne sûrement le cœur de la liberté.

» Oui, citoyens collègues, l'intrigue a saisi ce

moment où d'obscurs conjurés ont paru sur la
scène politique, dérobant leur hideuse nativité
sous le masque d'un républicanisme fantastique,
pour commencer l'exécution de ses desseins. La
scélératesse, les attentats inouis des conjurés ont
été présentés à Commune-Affranchie, comme de
simples emportements, des violences, des excès
naturels ; leur arrestation, comme une oppression tyrannique contre la ferveur du patriotisme.
C'est dans cette confusion des choses et d'idées
qu'on a jeté l'alarme · et fait peser le poids
de l'amertume sur le cœur des vrais patriotes de
cette commune. C'est par cet infâme moyen
qu'on est venu à bout de leur persuader qu'ils
avaient à craindre des persécutions, à redouter
même les représentants du peuple qui respectaient
jusqu'à leur faiblesse, jusqu'à leurs erreurs. Que
ne venaient-ils déposer dans *notre propre sein*
les tourments de leur imagination, ils auraient
trouvé dans *nos embrassements* fraternels les
consolations touchantes de l'amitié ; les mêmes
bras qui traçaient avec intrépidité des milliers
d'arrêts de mort contre leurs ennemis se seraient
ouverts pour les rassurer.

» Mais il fallait, pour que le méchant réussît dans son affreux système, que les patriotes timides et modestes ne pussent approcher les représentants du peuple ; il fallait qu'ils fissent retentir cette immense cité de leurs douleurs et de leurs plaintes lugubres, pour donner une sorte de confiance aux calomnies de l'intrigue et une réalité aux prédictions sinistres des conspirateurs.

» Hommes pervers ! l'impiété de vos efforts, de vos crimes est inutile ; vous ne pouvez rien obtenir de ce que vous désirez que par l'anéantissement de la vertu, et *la vertu est éternelle comme la justice,* dont le glaive terrible est prêt à vous frapper. Vous pouvez arracher aux âmes fortes tout ce qui les entoure ; mais vous ne leur enlèverez pas cette pensée douce, ce sentiment indestructible ; le sort de la République ne restera pas entre vos mains. C'est tout ce qu'il nous importe de sentir, c'est le prix de notre dévouement ; il nous suivra dans notre éternel sommeil.

» Une nouvelle circonstance a paru favorable aux ennemis du peuple. Toujours prêts à tourner

au profit des conspirations les moindres mouvements, ils ont habilement saisi celui qui s'est
manifesté, au moment où nous avons réduit la
masse effrayante des comités révolutionnaires,
arrêté une distribution plus juste, plus égale, des
autorités constituées, dans l'étendue du département, et ordonné la dissolution *d'une société
qui était devenue la honte des mœurs, le
scandale de la liberté.*

» Ces mesures étaient inspirées par *la justice,*
dictées par les principes ; elles étaient commandées
impérieusement par les circonstances, par vos
décrets et par l'intérêt du peuple ; mais elles
attaquaient des hommes en qui *le désir effréné
de la domination, de la vengeance,* est plus
cher que le devoir, l'indépendance des passions
plus sacrée que l'amour de la patrie, l'opiniâ-
treté plus forte que la raison ; elles ouvraient
donc un vaste champ à la calomnie.

» *32 comités,* dans une ville dont la population est *à peine aujourd'hui* DE 80,000 AMES,
étaient évidemment *un poids oppressif, un
cancer politique* qui dévorait le peuple ; je rends,
avec joie, un hommage sincère *au petit nombre*

d'hommes vertueux qui les composaient; mais plusieurs des membres *n'avaient ni mesure ni moralité; ils tourmentaient sans cesse* leurs concitoyens de *leur turbulente oisiveté*, glaçaient leurs cœurs *et violaient avec audace leurs droits les plus saints.* On a vu avec frémissement des *innocents*, absous par le jugement du tribunal terrible de la commission révolutionnaire, *replongés, par leurs ordres arbitraires, dans le cachot du crime, parce qu'ils avaient le malheur de se plaindre de ne plus retrouver dans leurs humbles demeures le strict nécessaire qu'ils y avaient laissé.*

» Les trop nombreuses autorités concentrées dans Commune-Affranchie, et qu'il nous a été impossible de composer entièrement d'hommes purs, étaient, par leur masse, plus fortes que le peuple; elles se dérobaient à sa surveillance, à sa censure; elles étaient dangereuses à la liberté publique. Nous avions un exemple récent devant les yeux. Il était urgent, il était nécessaire de les épurer, de les diviser, de les placer sous une surveillance plus active et plus forte.

» La société populaire, qui d'abord avait été

formée de patriotes connus et épurés, a succombé elle-même sous leur poids. Chaque membre de ces autorités, craignant la censure de cette société, intrigua pour y entrer, et bientôt tous siégèrent dans son enceinte. Le temple consacré à la liberté fut ainsi changé, en très-peu de temps, *en une arène famélique de l'anarchie et de la sédition : les injustices, les calomnies, les fureurs de la haine* furent constamment à l'ordre du jour; la voix du patriote y était étouffée. La mémoire d'un ami de Châlier, de celui qui devait partager la gloire de son martyre, le vertueux Gaillard qui, dans un accès profond d'une sombre mélancolie, eut la faiblesse de désespérer du salut de son pays, fut voué à l'exécration par un arrêté exprès de cette société.

» Les jacobins de Paris et de divers départements, que le comité de salut public nous adjoignit pour nous seconder dans la mission pénible et laborieuse dont vous nous aviez chargés, furent surtout exposés à *toutes les fureurs des passions basses et cruelles.* Des motifs particuliers acéraient les haines. Les jacobins de Paris étaient étrangers aux yeux des faux patriotes.

» Nous devons cette justice éclatante à ces patriotes courageux : *quelques-uns d'entre eux ont pu commettre des erreurs, des fautes; mais, en général, on peut assurer qu'ils ont surveillé avec constance, qu'ils ont* DÉNONCÉ *sans ménagement les vices et la corruption;* qu'ils ont dévoilé avec fermeté les divers systèmes de diffamation imaginés pour perdre les meilleurs citoyens. Dans toutes les circonstances, ils ont partagé nos craintes, nos efforts et nos dangers. Certes! c'en est un que d'avoir accepté la mission de Commune-Affranchie ; c'était s'élancer dans un camp ennemi, où nous sommes assurés de trouver, tôt ou tard, mille traits pour nous percer le sein.

» Les patriotes hypocrites, toujours intéressés à attacher à leur cause les hommes vertueux, persuadèrent artificieusement, aux faibles et aux crédules, que les mesures de justice dirigées contre des individus coupables enveloppaient les vrais patriotes.

» La sévérité employée à l'égard des premiers parut à ceux-ci une persécution; *ils quittèrent*

*précipitamment leurs foyers et vinrent cher-
cher à Paris une sécurité qu'ils croyaient
leur être refusée à Commune-Affranchie.*

» Si l'ombre de Châlier avait pu leur faire
une révélation, elle leur aurait dit : « Patriotes
trop crédules, trop faciles à égarer, quoi! ceux
qui ont envoyé au supplice mes juges barbares,
mes bourreaux, peuvent-ils manquer de prendre
un intérêt tendre et consolateur à votre touchante
destinée, à vos souffrances, à vos malheurs?
Non... non... cela n'est pas dans l'ordre im-
muable de la nature. Le principe qui donne au
cœur le mouvement est toujours le même. L'amour
pour les patriotes ne se calcule pas sur des
paroles *souvent hypocrites*, sur des caresses
froides ou trompeuses, *il se lit sur les tombeaux*
qu'on a creusés aux ennemis de la patrie.

» J'ai besoin, citoyens collègues, de reposer
leur âme et la mienne sur une pensée plus con-
solante, sur un sentiment *plus doux*. Le peuple
de Lyon, longtemps égaré par la puissance de la
richesse, par toutes les passions dominatrices, ne
voyait la Convention nationale que comme les
hommes crédules et ignorants voyaient *la divi-*

nité : ils la croyaient susceptible *de haine et de vengeance.* Désabusé aujourd'hui de sa longue et cruelle erreur, il se réfugie avec confiance, avec joie *sous votre puissance paternelle ;* il trouve LE BONHEUR dans le sentiment de sa dignité que vous lui avez fait recouvrer, dans *la reconnaissance touchante* que vous lui avez profondément inspirée.

» Il ne redoute plus que les hommes immoraux qui, pour remplacer ses anciens oppresseurs dans le privilége du brigandage, cherchent à vous tromper sur ses sentiments, sur sa bonne foi, sur sa franche probité ; s'agitent pour le calomnier, afin de se perpétuer le prétexte de le maîtriser et *de se partager le fruit de ses sueurs.* Semblables à des enfants dénaturés, ces hommes odieux voudraient faire interdire leur père, afin d'usurper tout ce qui lui appartient.

» Ajoutez, citoyens collègues, à tout ce que vous avez fait pour le peuple de Commune-Affranchie, une nouvelle marque de la générosité nationale : donnez-lui des moyens prompts d'accélérer le développement de son active industrie ; couvrez le cadre affreux de la *misère des dépouilles des conspirateurs* qui l'avaient trompé ; rappelez-le au nombre des enfants de la République, il en est digne ; les sentiments qu'il vous voue sont garants de l'avenir.

» Je ne terminerai point ce rapport sans vous présenter une réflexion importante et utile aux circonstances.

« Nous sommes tous fortement convaincus que *la République ne peut se soutenir, dans les convulsions des orages excités par la* FOULE DES FACTIONS, *que par l'énergie du gouvernement révolutionnaire.* Eh bien! citoyens collègues, les obstacles les plus difficiles à vaincre se trouvent dans les autorités constituées. Le peuple marche toujours avec vous ; ses inclinations sont naturellement les plus forts leviers de vos lois ; mais les corps constitués, quelques efforts que vous ayez faits pour les épurer, sont populaires en général, mais, avec des intentions dignes d'éloges, ils sont fédéralistes par instinct, comme leurs prédécesseurs l'étaient par système. Ils sont anarchiques, ils tendent sans cesse à mettre leurs volontés à la place du gouvernement ; à substituer la superstition départementale au culte de la patrie.

» Nous avons dû tolérer, à Commune-Affranchie, tout ce qui semblait appartenir à la nature des circonstances, ce qui venait de la nécessité ; mais nous ne pouvions, sans nous rendre indignes de votre confiance, sans affaiblir, dégrader notre caractère, ne pas contenir avec force, ne pas réprimer avec sévérité, ce qui résultait des passions viles et criminelles et des entreprises audacieuses *du brigandage* contre le gouvernement, contre l'autorité souveraine ; c'était le dernier dévouement qui nous restait à faire à la patrie, et c'est le plus courageux ; *tel a brisé le sceptre du roi Brissot, qui reculait devant les tréteaux de l'infâme Hébert.*

» Plus fortes que le peuple qu'elles dirigent, les autorités constituées dominent, elles règnent si nous faiblissons ; la République n'est plus une, indivisible, elle est fédérative. Le gouvernement révolutionnaire seul peut être le lien commun, le principe régulateur qui met en harmonie, qui fortifie toutes les parties fédéralisées ; il est la clef de voûte du temple de la liberté qu'on cherche à ébranler.

» Il renferme toutes les matrices vigoureuses

qui doivent régénérer, fortifier la République; il fait l'espoir de l'avenir et le destin du monde; *il doit être une seconde religion, c'est le dogme qu'il faut fortement établir.*

» Quand le peuple est rentré dans tous ses droits, si l'on veut qu'il en jouïsse, la justice de la loi doit rentrer aussi dans tout son exercice. Une seule infraction impunie est un malheur public; elle trouve de nombreux imitateurs.

» Vous bornerez-vous sans cesse à ordonner l'exécution de vos décrets? Que ferez-vous de plus que vous ne faites chaque jour? Ceux qui les négligent ne sont-ils pas aussi des conspirateurs? Ne veulent-ils pas aussi avilir la représentation nationale?

» Citoyens collègues, soyez en garde contre les fausses attaques des factions; elles en veulent à votre gouvernement; elles s'attacheront à vous présenter *comme des tyrans et des oppresseurs féroces* ceux de vos collègues qui, dans les départements, montreront une volonté ferme, une résolution forte de l'établir et qui puniront sévèrement tous les prévaricateurs.

» Eloignez-vous de leurs insinuations perfides,

de quelques couleurs qu'elles soient enluminées ;
les préventions sont de mauvais conseillers, le
recueillement et la méditation sont les premières
puissances de celui qui gouverne.

» Que nos collègues, courageux et énergiques,
trouvent dans notre justice sévère, mais éclairée,
une garantie, une sauvegarde contre les passions,
contre les faiblesses individuelles et contre les
atteintes de l'hypocrite et féroce calomnie.

» Donnez au peuple et à ses représentants une
grande force, qu'ils soient inséparables ; c'est un
moyen puissant, une mesure efficace, un ressort
qui est en proportion avec les obstacles que nous
avons à surmonter, un ressort qui a la trempe
indestructible de la liberté.

» Que votre comité de salut public, profondément pénétré de cette vérité, saisisse ce ressort
énergique; qu'il lui donne *un développement
rapide et vigoureux* ; qu'il ne redoute point les
couleurs *de la dictature* dont on voudrait le
couvrir; les effets de son dévouement *vertueux*
seront bientôt imprimés sur les ruines des trônes
ensanglantés; vous les voyez déjà marqués sur les
fronts des méchants consternés; vous y lisez : *Le*

crime finit, la vertu commence, la République est immortelle.

» Je propose à la Convention le projet de décret suivant : »

Fouché rédigeait ce fameux factum quand le comité de salut public qui, de tous côtés, recevait des plaintes contre ses exactions et sa sanglante tyrannie, le rappela par l'arrêté suivant :

« Le comité de salut public, alarmé sur le sort des patriotes de Commune-Affranchie, considérant que l'oppression d'un seul d'entr'eux serait un triomphe pour les ennemis de la révolution et un coup mortel porté à la liberté,

» Arrête que toutes poursuites contre la société populaire de Commune-Affranchie, et particulièrement contre les patriotes qui ont été persécutés sous le règne des fédéralistes et de Précy, seront suspendues;

» Arrête, en outre, que le représentant du peuple Fouché se rendra sur-le-champ à Paris pour donner au comité de salut public les éclaircissements nécessaires sur les affaires de Commune-Affranchie.

» Paris, le 7 germinal an II de la République.

» BARÈRE, C.-A. PRIEUR, COUTHON, COLLOT-D'HERBOIS, CARNOT, ROBESPIERRE, BILLAUD-VARENNE. »

(Autog.)

» Le comité de salut public arrête :

» 1º Que le citoyen Reverchon se rendra sur-le-champ à Commune-Affranchie pour organiser le gouvernement révolutionnaire et prendre, conjointement avec Méaulle et Laporte, toutes les mesures qu'exigent les intérêts de la République;

» 2º Que le représentant Fouché se rendra sur-le-champ à Paris, pour donner au comité de salut public les éclaircissements nécessaires sur les affaires de Commune-Affranchie;

» 3º Que toutes poursuites contre la société populaire de Commune-Affranchie, et surtout contre les patriotes qui ont été persécutés sous le règne de Précy et des fédéralistes, seront suspendues.

» Le représentant Reverchon et ses collègues

poursuivront sévèrement les ennemis de la révolution, protégeront les vrais amis de la République, pourvoiront au soulagement des patriotes indigents et assureront le triomphe de la liberté par une énergie constante et inflexible.

» Paris, le 7 germinal an II de la République.

» ROBESPIERRE (autog.), COLLOT-D'HERBOIS, CARNOT, BILLAUD-VARENNE, PRIEUR, BARÈRE. »

Le 7 germinal, Fouché, par un arrêté, cassait un réquisitoire d'un accusateur public appelé Revol, qui non seulement tentait de se soustraire à sa domination, déjà bien ébranlée par la chute du parti hébertiste, dont il était le représentant, mais menaçait ses partisans..

Le 10 germinal, Fouché, qui a toujours été un ennemi impitoyable pour les vaincus, publiait dans le journal *le Républicain*, de Lyon, un acte d'accusation en règle contre les hébertistes, dont il avait jusque-là partagé toutes les passions.

Fouché protesta également, au nom du détachement de l'armée révolutionnaire qui était à Lyon, contre Ronsin, Hébert et autres, c'est-

à-dire contre ses amis et complices quelques
jours auparavant ; il est impossible de pousser
plus loin la lâcheté et l'hypocrisie :

« Citoyens collègues,

» La conspiration qui vient d'éclater au sein
» de Paris, et qui devait envelopper d'un deuil
» éternel la République française, a frappé tous
» les esprits d'étonnement et de douleur. Les
» conjurés, plus habiles et plus audacieux que
» tous ceux qui ont voulu jusqu'ici faire la
» guerre à la liberté, se sont jetés dans le
» tourbillon révolutionnaire et ont paru s'élancer
» avec toutes *les âmes pures et ardentes vers*
» *le bonheur du peuple.* Les fédéralistes atta-
» quaient la Convention nationale, lui repro-
» chaient avec fureur de tout renverser, lors-
» qu'elle voulait conserver le peuple sur les
» cendres de ses ennemis; de bouleverser toutes
» les fortunes particulières, lorsqu'elle voulait
» fermement établir la fortune publique; d'exer-
» cer des barbaries individuelles, lorsqu'elle
» lançait la terreur et la mort sur les assassins
» de la liberté. Les nouveaux conjurés ont ima-

» giné, en suivant un système opposé, qu'en ac-
» cusant le gouvernement de rétrograder dans
» sa pensée, dans ses mesures, l'affranchisse-
» ment des hommes, le peuple, dupe de ce piége,
» marcherait avec leurs passions parricides à la
» tyrannie, se soulèverait contre l'autorité na-
» tionale et leur prêterait, dans son délire in-
» sensé, sa massue terrible pour écraser les
» seuls amis qui lui seraient restés courageux et
» fidèles.

» Grâce à votre vigilance, citoyens collègues,
» l'humanité n'aura pas à gémir sur des erreurs
» aussi déplorables, sur des calamités que des
» siècles n'auraient pu réparer ; la liberté ne
» sera même pas couverte d'une seule goutte de
» sang ; les tombeaux que le vice, la corruption
» et le crime creusaient à toutes les vertus ne
» renfermeront que le reste impur des conjurés.

» Le détachement de l'armée révolutionnaire,
» qui est en garnison à Commune-Affranchie,
» n'a point à se reprocher un coupable silence ;
» l'expression franche et énergique de son indi-
» gnation, de sa colère républicaine, s'est mani-
» festée au moment même où l'attentat a été

» connu, où son chef a été désigné au nombre
» des complices; il nous charge de vous faire
» passer l'adresse qui a été arrêtée sur-le-champ
» et revêtue de toutes les signatures des braves
» soldats qui composent le détachement.

> » FOUCHÉ, LAPORTE, MÉAULLE. »

Cette dépêche du 10 germinal est la dernière
que Fouché ait expédiée de Lyon. Deux jours
après, il recevait l'arrêté du comité de salut public qui lui enjoignait de se rendre à Paris, et
était remplacé à Lyon par Reverchon.

Le 18 germinal an II, Reverchon, Méaulle et
Laporte prenaient un arrêté par lequel, « considérant que le glaive de la loi n'a plus de rebelles
à frapper dans cette commune, ils supprimaient
la commission militaire, présidée par Parein,
qui *en moins de cinq mois* avait prononcé
1,684 condamnations à mort. »

Quelques jours plus tard, ces représentants
licencièrent également le détachement de l'armée
révolutionnaire qui se trouvait à Lyon.

Avant de suivre à Paris Fouché et de raconter
sa lutte avec Robespierre, je vais donner quel-

ques pièces qui compléteront l'historique de l'action produite par l'application des **principes communistes** à Lyon.

On verra combien leur influence avait été délétère et à *quel état de misère* elle avait réduit les habitants de cette malheureuse ville.

Le 3 floréal, le comité de salut public réformait les dernières mesures prises par Fouché, rappelait Méaulle et envoyait Laporte à l'armée des Alpes.

« *3e jour de floréal an II.*

» Le comité de salut public arrête :

» 1° Que les autorités constituées qui, par un arrêté des représentants du peuple, ont été transportées hors de Commune-Affranchie, où elles étaient placées précédemment, y seront provisoirement rétablies.

» 2° Les patriotes qui ont été destitués des fonctions qu'ils remplissaient dans les différentes autorités et administrations, y seront réintégrés. Les patriotes qui auraient été mis en arrestation seront mis en liberté sans délai.

» 3° Les anciens amis de Châlier, ceux qui ont

été persécutés par les rebelles, ceux qui ont été incarcérés pendant le siége; ceux qui, avant l'affaire du 29 mai, s'étaient réunis publiquement aux principes manifestés par Châlier, Gaillard et autres victimes de l'aristocratie lyonnaise, formeront le premier noyau de la société populaire, qui sera de suite réformée et épurée, d'après l'avis et sur les témoignages des patriotes ci-dessus cités, etc.

» 4° Le citoyen Laporte, représentant du peuple, se rendra à l'armée des Alpes, poste qui lui était déjà désigné par le comité.

» 5° Le citoyen Méaulle rentrera dans le sein de la Convention nationale, ainsi qu'il en a fait la demande, etc.

» 6° Le citoyen Dupui se rendra à Commune-Affranchie, pour y exercer les pouvoirs de représentant du peuple; il y restera avec le citoyen Reverchon. Ces deux représentants sont particulièrement chargés de l'exécution des trois premiers articles du présent arrêté.

» COLLOT-D'HERBOIS, BARÈRE, ROBESPIERRE, SAINT-JUST, C.-A. PRIEUR, CARNOT, BILLAUD-VARENNE. »

On voit encore dans cette pièce la preuve des luttes qui déchirent le parti républicain à Lyon.

Voici encore une pièce qui est curieuse à deux titres, par les détails qu'elle contient sur les actes de quelques-uns des séides de Fouché, et par la lettre d'envoi, qui est écrite de la main de Couthon et signée par les deux hommes les plus violents du comité de salut public, Collot-d'Herbois et Billaud-Varennes.

« *La société des jacobins de la Tour-du-Pin* » *à la société des jacobins de Paris.*

» Frères et amis,

» *Vauquoi,* Contamin, Pieroy et Maru, dignes » sectaires des Hébert et des Danton, apôtres » zélés de l'espèce de ceux avec lesquels ces trop » fameux conspirateurs s'entendaient, de plu- » sieurs points de la République, ont été traduits, » par un ordre de l'un des comités de la Conven- » tion nationale, au tribunal révolutionnaire.

» Vous vous rappellerez peut-être que ce » Vauquoi était membre de la commission tempo- » raire établie à Commune-Affranchie. Quelques-

» uns des cris de douleur arrachés par *les*
» *cruautés et les vexations de tout genre*
» *qu'il a exercées dans le district de la*
» *Tour-du-Pin*, sont parvenus ainsi jusqu'à
» vous et ont dû vous apprendre aussi sous quel
» prétexte il s'en était rendu le terrible domina-
» teur.

» Nous n'entreprendrons pas de vous tracer
» même une légère esquisse des horreurs que
» cet homme et ses complices ont *préchées et*
» *pratiquées* ensemble ou · individuellement, et
» de tous les faits qui prouvent qu'ils étaient
» vendus à la faction d'Hébert et de Danton :
» VIOLER, VOLER, PRÊCHER LA LOI AGRAIRE, affi-
» cher l'athéisme, tourner en ridicule les jaco-
» bins de Paris, engager à s'affilier de préférence
» aux cordeliers; menacer, de la part de Vau-
» quoi, de marcher contre la Convention natio-
» nale pour la dissoudre, quand, accompagnés de
» l'intrigant Marc Dolle, ils furent arrêtés au
» milieu *de leurs brigandages*, par un ordre qui
» les rappelait, etc.

» Tel est le résultat que présentent à chaque
» page les informations faites par les juges de

» paix, les procès-verbaux des municipalités, des
» comités de surveillance et des sociétés popu-
» laires de beaucoup de communes.

» Enfin, vous l'avez dénoncé vous-même au
» tribunal révolutionnaire. Mais, ce n'est pas
» assez que les monstres soient destinés à ne plus
» souiller la terre de leur existence ; *ils ont créé*
» *dans leurs courses désastreuses, en plusieurs*
» *endroits de ce district, des conseils généraux*
» *de communes, des comités de surveillance,*
» *auxquels ils ont alloué des traitements con-*
» *sidérables.*

» Salut et fraternité.

» *Les membres :*

» Picot, Cret, Boudran, Riboulet. »

On trouve jointe à cette plainte la lettre suivante,
écrite en entier de la main de Couthon :

« Le comité de salut public renvoie aux repré-
» sentants du peuple, à Commune-Affranchie, la
» pétition de la société populaire de la Tour-du-
» Pin, tendante à l'épurement des autorités
» constituées de ce district, qui ont été formées

» par les nommés *Vauquoi, Maru* et autres,
» complices d'Hébert et de Danton, et qui viennent
» d'expier, comme eux, leurs crimes sur l'écha-
» faud. Les représentants du peuple vérifieront
» les faits, se transporteront sur les lieux s'ils le
» jugent nécessaire, et prendront toutes les
» mesures de salut public que les circonstances
» exigeront.

> » COUTHON, BILLAUD-VARENNE, COLLOT-
> » D'HERBOIS. »

Dans une proclamation du 23 août 1794, Reverchon et Laporte accusèrent les agents de Fouché « d'avoir juré de *faire tomber encore*
» *dix mille têtes* dans Commune-Affranchie,
» sous prétexte de venger Châlier, mais bien
» plutôt *pour satisfaire la soif inextinguible*
» *des tigres qui formaient le cortége du tyran,*
» *et pour, en donnant ouverture à des sé-*
» *questres sans fin, ouvrir une carrière iné-*
» *puisable* DE RAPINES *à ces hommes atroces,*
» *qui n'avaient rien avant le siége de Lyon*
» *et qui, maintenant,* GORGÉS DE BIENS ET DE
» DÉBAUCHES, *insultent à* LA MISÈRE DU PEUPLE

» *et étalent un luxe insolent, qui décèle asse:*
» *tous les crimes dont ils se sont rendus cou-*
» *pables* ».

Dans une autre proclamation du 25 août, ils les accusèrent encore « d'avoir été des hommes » atroces et rapaces qui, ne voyant qu'eux dans » la République, semblaient avoir juré d'*établir* » *leur fortune sur* LA RUINE TOTALE *de la* » *Commune* ».

Le 5 septembre, Pocholle et Charlier, dans une proclamation, disaientégalement : « Le peuple » de Commune-Affranchie, délivré des monstres » qui avaient nourri dans son sein le feu de la » rébellion, *et des brigands qui, après* S'ÊTRE » PARTAGÉS SES DÉPOUILLES, *aspiraient encore* » *à dévorer celles de l'innocent opprimé*, res- » pire aujourd'hui à l'ombre des autorités qui » viennent remplacer un joug avilissant et » odieux ».

On voit également, par un arrêté de Pocholle et Charlier, que le fameux pain de l'égalité, inventé par Fouché, est *de la plus mauvaise qualité*.

Nous donnerons encore deux pièces concernant

Lyon : l'une est le supplément du rapport de
Fouché ; l'autre est une lettre de ce représentant
à Boisset, alors en mission à Lyon.

Ces deux pièces sont très-curieuses, au point
de vue du caractère de Fouché. C'est toujours
l'hypocrisie et le cynisme dans l'altération de la
vérité : Fouché est le plus probe, le plus humain,
le plus sage, le plus véridique, le plus austère et
le plus vertueux de tous les hommes.

Il ne parle que de sa fidélité aux principes, de
sa bonne foi, de sa conscience pure, de son amour
de l'humanité et de la justice, de sa générosité,
de sa vie frugale et solitaire, de son désintéressement. C'est véritablement à se demander si
on rêve quand on voit des misérables, de l'espèce
de Fouché, pousser aussi loin le cynisme et l'audace dans le mensonge.

« L'impunité du pouvoir fut toujours le plus
grand fléau des peuples.

» Je ne me plaindrai donc point des injustes
préventions que *la calomnie* arme contre moi. Si
elle peut entraîner un instant les esprits faibles
ou crédules, si elle satisfait les cœurs avides de
trouver des crimes dans ceux qui ne veulent pas

s'abaisser à recevoir leurs idées, *elle fortifie le sentiment du bien qu'on a fait.*

» J'ai été chargé des missions les plus pénibles.

. . . . , .

» Que celui qui, au milieu des orages, s'est mieux contenu *dans les routes de la sagesse, de la raison et de la vérité, qui a montré plus de courage et plus de dévouement,* qui a mené *une vie plus probe, plus austère, plus laborieuse que la mienne, se lève et m'accuse.*

» *La probité* est aussi une puissance. On peut défier tous les ressentiments, tous les complots, tous les forfaits, quand dans toutes les circonstances et sous les poignards de l'iniquité *on a eu la force d'exercer la justice,* non dans le sens des *factions* qui ne la proclament à l'ordre du jour que pour l'éluder dans la pratique, que pour voiler ou déguiser leurs attentats, mais conséquemment à l'intérêt du peuple, qui veut que tout plie sous son influence suprême.

» On n'a pas besoin de CHANGER ni de couleurs ni de langage, *quand on a été constamment fidèle aux principes;* on ne renie pas ses opérations, ses idées, quand on n'a pas à rougir, quand on les a crues utiles à son pays.

» Je voudrais pouvoir mettre sous les yeux de la Convention tous mes arrêtés, mes proclamations, mes discours, *mon âme toute entière :* il n'est pas un seul acte de mes missions qui ne porte l'empreinte *de la bonne foi, d'une conscience pure,* toute occupée *de la perfection sociale et du bonheur public.*

» Au moment même où les circonstances et les décrets me faisaient un devoir rigoureux d'une sévérité inflexible, *l'amour de l'humanité et de la justice pénétraient profondément toutes mes actions.* La Convention peut en juger par trois des actes qui m'ont attiré le plus de calomnies : ils seront imprimés à la suite de ce rapport.

» Le premier (n° 1) fut dénoncé *comme modéré* par tous ceux qui sans respect pour la dignité de leur caractère et pour la liberté de l'homme, traînaient en masse dans les cachots *les riches, les nobles et les prêtres.* On me délivra de toutes parts *des lettres de noblesse et des lettres de prêtrise,* quoique je n'aie jamais été *ni noble ni prêtre.*

» Le second (n° 2) excite contre moi les cris de tous les égoïstes, de tous les hypocrites amis de la révolution, et cependant il ne renferme que des mesures conformes *à la générosité des cœurs républicains* et commandées par la volonté de la Convention nationale (1).

» Lorsque je publiai le troisième (3), le fanatisme menaçait de dévorer la liberté. Je pensai qu'il était de la justice et de la sagesse de faire rentrer les ministres de tous les cultes dans leurs temples respectifs, d'ordonner sans exception l'anéantissement de tous les signes d'une religion dominante, de prescrire quelques cérémonies civiles pour remplacer les cérémonies religieuses.

(1) Que ceux qui me donnent la dénomination de *terroriste* que *j'avoue avoir bien méritée* de tous les oppresseurs du peuple, apprennent que je n'ai jamais signé douze mandats d'arrêt. J'interpelle le département de la Nièvre sur mon opposition forte et constante au système tyrannique autant qu'extravagant *des embastilleurs*. A Nevers, j'ai ordonné la mise en jugement de trois individus. Il y avait du courage. C'étaient trois assassins qu'un parti puissant alors voulait faire échapper à la justice par la terreur ou par la corruption. Ils ont été frappés et je n'ai point de pleurs à verser sur leurs tombeaux.

Je ne m'attendais pas, lorsque je ne faisais que détruire un privilége dangereux, une inconséquence de nos lois, que *je serais dénoncé comme préchant l'athéisme et opprimant les consciences.*

» J'avoue que *j'ai payé mon tribut à la fatalité des circonstances, en enjoignant à tous les citoyens de remettre leur argenterie au Trésor public;* cette mesure eût été utile si elle fût générale. Certes, il eût mieux valu se procurer du pain avec des métaux qu'avec les savons, les huiles et les sucres que nous avons été obligés d'envoyer à l'étranger.

» Je n'ai point à me reprocher d'avoir prodigué les deniers du peuple. L'amour du travail et de la méditation m'ont acquis *l'habitude d'une vie frugale et solitaire.* Je n'ai jamais touché, pendant près d'un an de mission, que 13,000 livres, qui ont été employées aux frais indispensables, par les citoyens qui m'ont servi de secrétaires. Je ne suis comptable d'aucun effet. Les voitures dont je me suis servi ont été remises au dépôt.

» *Je puis dire avec orgueil*, à mes concitoyens : *je suis entré riche dans la révolution,*

16

et je suis presque réduit, aujourd'hui, aux indemnités que le peuple accorde à chacun de ses représentants.

» Je ne retracerai point ici le tableau de mes opérations à Lyon ; elles sont communes à plusieurs de mes collègues. Tous les citoyens de cette cité rendront témoignage du dévouement avec lequel j'attaquais, de concert avec les représentants Laporte et Méaulle, *le despotisme affreux du brigandage ; j'enchaînais l'horrible indépendance du crime*; je rétablissais *le calme de la sécurité* dans les cœurs, lorsque je fus rappelé, accusé par le farouche Robespierre, à la société des Jacobins, qu'il maîtrisait, d'avoir *opprimé les patriotes et transigé avec l'aristocratie* (1).

« (1) Je ne voulais pas sanctionner *l'impunité au pillage*, et faire de la ville de Lyon *un immense cercueil* pour la livrer comme une proie *aux brigands* et aux dupes de Robespierre.

» L'homme qui avait eu la courageuse énergie et *la générosité* ferme de se dévouer pour exercer, avec une résolution inflexible, *les actes terribles de la justice nationale*, ne pouvait avoir *ni une âme vile ni un cœur féroce*; il était DE TROP BONNE FOI l'organe du peuple, il

J'arrive au sein de la Convention nationale ; *mon âme* ose se relever devant la tyrannie, et ma tête est destinée à tomber sur l'échafaud des conspirateurs (2). Sans doute, citoyens collègues, ce

était TROP GRAND pour devenir *l'instrument honteux d'une faction.*

» Notre collègue Réal a entendu, à son passage à Lyon, la réponse que je fis à une députation qui nous reprochait d'arrêter l'effusion du sang. »

« (2) Tout le monde se souvient que *Robespierre me dénonça comme le chef d'une grande conspiration*, non à la Convention nationale dont il redoutait la justice, mais aux jacobins, où il régnait par la terreur.

« Je n'accuse point, disait-il, l'individu Fouché pour » *ses crimes passés*, mais pour ceux qu'il est dans l'in- » tention de commettre. »

» Il faut que toute la France sache ce qui allumait chaque jour contre moi les fureurs de ce dictateur sanguinaire : *Il interceptait ma correspondance avec ma famille, avec la société populaire de Nantes ; il y lisait,* en caractères de feu, *mon indignation profonde contre son exécrable tyrannie ; il y trouvait la prédiction de sa chute prochaine.*

» On venait de lui apporter, dans une séance des jacobins que je présidais, une lettre de moi, adressée à Nantes, dans laquelle il était écrit « *que le tyran Maximilien I*er *serait bientôt détrôné* », lorsqu'une députation d'une société populaire se présenta à la tribune,

moment est loin de nous, où l'hypocrisie sanguinaire de quelques dominateurs stupides et insolents
pouvait impunément diffamer et proscrire, jusques
dans votre enceinte, les représentants du peuple
qui ne voulaient ni fléchir sous leur horrible
puissance, ni servir leurs desseins criminels.

» Nous voulons sincèrement et fortement *la
justice;* nous repoussons les passions amères ou
féroces et les vengeances dans le cœur des *factions;* nous avons la résolution de poursuivre *les
assassins et les fripons,* et non de flétrir et de
punir les patriotes de leur **exaltation** vertueuse
pour la liberté; nous voulons préparer tous les
citoyens à la jouissance de leurs droits et au
bonheur d'une paix glorieuse et durable, et non

pour féliciter la puissance du jour sur sa fête à l'Être-
Suprême.

» On se rappelle ma réponse, la rage et le délire de
Robespierre. Après avoir repoussé les félicitations
éternelles, les basses flatteries qu'on lui adressait, et
les cérémonies ridicules et hypocrites qu'on s'honorait
de rendre à l'auteur de la nature, je terminai par ces
mots qui le frappèrent au cœur : « *Brutus rendit un
» hommage digne de l'Être-Suprême, en enfonçant le
» fer dans le cœur d'un tyran. Sachez l'imiter.* »

faire hommage à quelques privilégiés des droits
de tous ; nous voulons appeler toutes les lumières,
toutes *les vérités* par torrent sur l'erreur et le
mensonge, et non enchaîner les pensées, les conceptions, sous quelque prétexte que ce soit (3).
Les vérités qui sont rejetées retentissent plus
fortement dans les cœurs comprimés ; nous voulons faire disparaître toutes les livrées des partis
qui se disputent le crédit et la fortune ; *briser
tous les masques, renverser tous les tréteaux,*
et non détruire toute espèce de garantie et d'opposition contre les abus et les usurpations du
pouvoir ; enfin, nous voulons conserver *l'impartialité de la justice* envers tous les citoyens
français, parce que *la justice* est la volonté du
peuple, parce qu'elle est inséparable de la République : le même sort les attend ; elles auront
le même char de triomphe ou le même tombeau.

» Ah ! mieux vaudrait fuir dans LE SEIN DE LA
NATURE, *s'il était de notre destinée d'être successivement le jouet et les victimes* DE TOUTES

.

« (3) *Le prétexte du bien public* a conduit le peuple à
la privation de tous ses droits. »

LES FACTIONS QUI NOUS DÉVORENT, et de ne travailler que pour le néant, la tyrannie et le crime. »

Voici maintenant la lettre de Fouché à Boisset. On voit que Fouché connaît les accusations portées contre lui. C'est toujours l'homme *le plus vertueux* que la terre ait porté :

« Paris, 21 frimaire, l'an III de la République.

» *Fouché de Nantes, à son collègue Boisset,*
» *en mission à Lyon.*

» J'ai le cœur navré, mon cher collègue, des
» événements qui viennent d'ensanglanter de
» nouveau la ville de Lyon. Une justice plus
» forte et plus prompte eût épargné ces malheurs
» à la sensibilité publique et à l'humanité déjà
» si affligée. Je les voyais dans l'avenir, lorsque,
» le 9 thermidor, je demandais avec instance à
» la Convention nationale l'établissement d'une
» commission pour juger les faits horribles que
» je connaissais et que j'avais eu le courage de
» dévoiler. Je les voyais inévitables ces scènes
» sanglantes, lorsque, depuis cette époque, je ne

» cessais de réclamer contre l'inertie opiniâtre
» de la justice; j'aurais voulu qu'elle se fût
» répandue comme un torrent partout où il y
» avait des coupables. Le sol de la liberté ne
» serait plus souillé de l'aspect de ces monstres
» féroces, qui n'ont révolutionné que dans le sein
» du crime; qui semblent avoir été à la solde de
» tous les tyrans pour déshonorer la plus belle
» cause et envelopper de deuil la République
» entière sur les restes flétris et mutilés de tout
» ce qui portait l'empreinte auguste et sacrée de
» la vertu et de l'indépendance.

» On me répondit *qu'il ne fallait plus de*
» *terreur*. Eh! sans doute, il serait à désirer
» qu'elle fût bannie de toutes les âmes; mais,
» donnez donc *un sentiment de justice aux*
» *brigands et une conscience aux assassins.*

» J'ai lu avec étonnement, mon cher collègue,
» un article du *Journal de Lyon* qui me con-
» cerne. On semble me faire un reproche d'avoir
» signé des réquisitions pour la consommation
» de la maison des représentants du peuple.
» Tous ceux qui me connaissent et qui m'ont vu
» à Lyon savent bien *que j'y mangeai le plus*

» *mauvais pain et que je n'y buvais jamais*
» *que de l'eau.*

» J'avoue que je suis très-sensible à tout ce qui
» peut me donner *quelques traits de ressem-*
» *blance avec les hommes que j'ai combattus,*
» lorsqu'il y avait du dévouement à le faire;
» lorsqu'ils étaient soutenus par la toute-puis-
» sance de Robespierre. On le sait, je ne suis
» point resté glacé devant l'audacieuse domi-
» nation du crime; je l'ai poursuivi sans ména-
» gement, et *j'allais à l'échafaud pour avoir*
» *osé sauver la commune de Lyon, agonisante*
» *au milieu des ravages de la destruction.*
» J'ai souffert avec orgueil : il eût été honteux
» d'être épargné à cette époque.

» Je prie le rédacteur du journal de Lyon de
» se défier *de l'hypocrite méchanceté des*
» *fripons qui revêtent tous les masques.* L'un
» d'eux, Daumale, juge de la commission révo-
» lutionnaire, rédigeait, depuis six mois, contre
» moi, les plates calomnies qu'on a lues dans
» le journal de Galetti. Le comité de sûreté gé-
» nérale vient de faire arrêter ce scélérat.

» Salut et fraternité.

» FOUCHÉ (de Nantes). »

Rien ne permet de mieux apprécier *l'état d'a-
narchie et de misère* auquel la domination de
Fouché et des communistes avait réduit la malheureuse ville de Lyon, que les extraits suivants,
que l'on va lire, des lettres de Reverchon, c'est-
à-dire d'un montagnard.

La lettre suivante est adressée à Couthon :

« Je m'empresse, mon bon ami, de t'assurer
» qu'il y avait un parti bien prononcé pour être
» les maîtres ici, et qu'ils ne voulaient que cul-
» buter tous les représentants qui y viendraient,
» ne voulant aucune surveillance *sur tous les*
» *désordres* qui existent dans cette malheureuse
» commune, et qu'ils comptaient sur Dubois-
» Crancé, qui sûrement aurait appris à les con-
» naître. Nous avons tous été, à Paris, peu
» instruits de tous les derniers événements, parce
» que nous n'avons entendu qu'une partie.

» Mais à présent que j'ai entré dans les détails,
» que j'ai tout examiné, j'ai vu partout la masse
» du peuple excellente, ne voulant que le bien
» et le travail : *douze à quinze individus*, soi-
» DISANT PATRIOTES, voulant tout gouverner,
» tiennent sous leur dépendance, *par crainte et*

» PAR TERREUR, cette foule de vrais citoyens, qui
» ne demande qu'à être éclairée et qui malheu-
» reusement ne l'est pas.

. . . . , ... , .

» *P.-S.* — Surtout que le comité de salut
» public ne nous laisse pas flotter dans cette in-
» certitude accablante sur nos travaux; *qu'il*
» *approuve nos arrêtés, ou qu'il les annule,*
» s'il pense que nous ne pouvons remplir le but
» qu'il se propose.

» Il n'y a que la promptitude de ce moyen qui
» puisse donner à nos arrêtés et à nous-mêmes
» cette force morale dont nous ne sommes plus
» environnés depuis que nous avons l'air d'être
» en procès lié avec une poignée d'individus
» devant le comité de salut public. Cette cruelle
» incertitude existera tant que le comité ne se
» sera pas prononcé fortement d'une manière ou
» d'autre; elle nourrit les espérances de ceux
» qui écrivent ici à leurs affidés de prendre cou-
» rage et que bientôt ils auront la victoire.

» REVERCHON. »

Commune-Affranchie, le 21 germinal (10 avril),

On voit, par cette lettre, ce que nous avons nombre de fois répété, c'est que les représentants en mission ne pouvaient pas obtenir une seule décision de ce fameux comité de salut public qui, si l'on croyait les dires de presque tous les historiens, gouvernait la France.

(Lettres du même au même.)

« *Du 27 germinal (16 avril).*

» . . . . De suite nous proclamions
» de nouveau le gouvernement révolutionnaire,
» pour le faire exécuter à la lettre. Par consé-
» quent, nous coupions racine à tous les abus, à
» toutes les dilapidations. Nous prenions en
» même temps un arrêté pour faire vendre
» toutes les marchandises appartenant à la Répu-
» blique, surtout les soieries, pour occuper les
» ouvriers; nous les aurions fait vendre en petit
» détail, ainsi que toutes les autres marchandises
» de comestibles, de manière que tout le peuple
» fût approvisionné. . . . .
» . . . . Je sais bien que le moindre
» changement que nous étions sur le point de

» faire allait *mettre à découvert bien des*
» *sottises et des dilapidations* par les preuves
» qui nous arrivaient chaque jour; mais sois
» bien assuré que nous n'avions d'autres inten-
» tions que d'arrêter le mal, sans chercher à
» inquiéter des malheureux dont le plus grand
» nombre n'avait manqué à son devoir que *parce*
» *qu'on l'a bercé en tout temps de l'opinion*
» *que* TOUT LUI APPARTENAIT; mais nous vou-
» lions désigner *les plus grands fripons*, qui
» faisaient passer nos trésors à l'étranger, en
» vendant la vie des coupables ou des gens qui
» avaient eu peur et avaient pris des précautions
» à ne pouvoir être découverts et qu'il était
» intéressant pour la République de connaître.
» C'est après toutes ces mesures et la liste des
» gens suspects, que nous avons demandée depuis
» que je suis ici, et que depuis six mois ils ont
» bien eu le temps de donner. Il faut te dire la
» vérité, il y avait et il y a encore *un système*
» *affreux* qui règne ici pour y tenir tout dans le
» désordre.

» Je ne doute pas du patriotisme des citoyens
» de Commune-Affranchie; mais la vérité est

» que *ceux qui veulent se maintenir dans les*
» *places et conserver cet esprit de domina-*
» *tion qui les perdra,* si on les abandonne
» entièrement à eux-mêmes, n'ont point assez
» de connaissance des intérêts publics et d'ad-
» ministration générale pour gouverner une
» grande cité ; ils mettent trop *leurs intérêts*
» *et leurs querelles particulières,* leurs pas-
» sions et leur commérage de la partie, pour
» qu'ils puissent bien administrer.

» Oui, tous les amis de Châlier et tous les
» patriotes incarcérés méritent des égards et des
» dédommagements, mais cela doit-il leur don-
» ner *le droit de vexer et de ne pas rendre*
» *justice* à cette masse du peuple réduite à l'ex-
» trémité, que l'on entretient *dans la misère et*
» *dans la paresse?*

» *Le 23 germinal (12 avril).*

» Au nom du salut de la patrie, il faut que *le*
» *comité de salut public,* que la Convention
» nationale prennent dans la minute *une mesure*
» *assurée* pour que les représentants du peuple,
» à Commune-Affranchie, obtiennent cette force

» imposante et morale dont ils ont besoin pour
» arrêter *les abominables projets des préten-*
» *dus patriotes* qui nous trompent chaque jour.
» Les chefs sont à Paris; nous avons déjà saisi
» les correspondants, d'après les avis que nous
» avons reçus du comité de sûreté générale de la
» Convention.

» *Nous sommes entourés de* VOLEURS, *de* SCÉ-
» LÉRATS qui, sous le nom d'amis de Châlier,
» veulent tout écraser et envahir. Nous faisons
» passer au comité de sûreté générale et au
» comité de salut public toutes les pièces à l'ap-
» pui. Mettez-vous plus que jamais en garde
» contre LES PRÉTENDUS PATRIOTES lyonnais, qui
» veulent égarer l'opinion publique jusqu'au sein
» des jacobins, pour couvrir leur scélératesse,
» qu'ils veulent rejeter sur les patriotes des autres
» départements.

» Nous travaillons avec la plus grande activité
» à préparer tout pour réorganiser et faire mar-
» cher le gouvernement révolutionnaire... Prends
» communication de tout, soit de Fouché, soit du
» comité de salut public et du comité de sûreté
» générale, et tu verras quelle trame ourdie se

» suivait *sous le nom des amis de Châlier.*

» Nous veillerons jour et nuit, et nous viendrons

» à bout de tout.

» Tous les meneurs ici, dont les chefs sont à

» Paris, disent continuellement : « Nous sommes

» souverains et nous ne nous laisserons pas me-

» ner, et si nous avions des armes, nous aurions

» bientôt chassé tous ces brigands armés. »

» Voilà les propos qu'ils tiennent. Mais leur rage

» est impuissante et nous sauverons le peuple,

» malgré *ces brigands qui ne se disent*

» *patriotes* que pour égorger leurs frères et

» *acquérir des richesses.* Je ne finirais jamais

» de te faire le tableau affligeant *de tous ces*

» *gueux-là.* Plus nous allons en avant, *plus on*

» *découvre leur scélératesse.*

29 *germinal* (18 *avril*).

. . . .

» Je te recommande surtout de veiller à ces

» prétendus amis de Châlier qui sont à Paris,

» à qui l'argent ne manque pas pour calomnier

» et pour tout empoisonner. J'ai vérifié une par-

» tie des dénonciations dont on a fait un si grand

» étalage au comité de salut public, concernant
» quelques membres de la commission temporaire;
» quelques-unes avaient quelque fondement, et
» sur celles qui m'avaient paru graves et après
» examen de leurs procès-verbaux, j'ai vu que
» les effets qu'on disait spoliés étaient versés dans
» la caisse du receveur de la monnaie et que,
» dans la commission temporaire ambulante, les
» membres de cette commission n'ont pu opérer
» que d'après les renseignements que leur don-
» naient les patriotes lyonnais qui les accompa-
» gnaient dans leur mission, et que ces mêmes
» lyonnais savaient, dans quelques circonstances,
» mettre à profit pour eux. Ah! mon ami, le
» système que tu as vu commencer sous tes
» yeux, *de vendre la justice, de faire un*
» *commerce infâme de dénonciations*, pour
» tenir sous les séquestres *au moins quatre*
» *mille ménages*, dont les gardiens *dilapident*
» *tout*, d'accord avec les *administrateurs* qui
» soutiennent cette *anarchie*, les conduirait *à se*
» *dévorer* comme des monstres.

. . . .

» Je travaille sans relâche à former les tableaux

» pour organiser toutes les autorités constituées
» et faire marcher le gouvernement révolution-
» naire, et sous peu de jours tout sera fait. Nous
» déjouerons toutes les conspirations et nous
» assurerons à cette malheureuse partie du
» peuple indigente et abandonnée *du pain et*
» *du travail.*

» Oui, mon ami, tous *ces énergumènes* ne
» voulaient la République que *pour eux*. Envi-
» ron *trois mille* devaient partager toute la *for-*
» *tune lyonnaise*; ils voulaient se soustraire à
» la surveillance et à l'unité de la République;
» ils se sont mis à découvert et se découvrent à
» chaque pas.

. . . .

» Je suis bien mécontent de Daumale; il n'est
» pas franc. Tout en convenant des torts de ces
» Lyonnais, il les suit et les conseille. Je ne le
» comprends pas; mais nous le veillons et le pré-
» venons tous les jours; je crains que son ambi-
» tion ne le perde. Il nous avait dit que tous les
» meubles qui étaient dans son appartement lui
» appartenaient. *Point du tout,* chacun est
» venu faire sa déclaration *des réquisitions*

17

...particulières, en dépensant les ... de la République pour maintenir ce même peuple dans l'oisiveté, par l'entretien de dix-huit mille, au lieu de quatre mille, qui doivent être employés aux travaux publics ; ils

» maintiennent plus de *deux mille séquestres*
» pour conserver deux mille gardiens *à cinq*
» *livres par jour*, sans *les dilapidations* qu'ils
» commettent chaque jour : des administrateurs
» et des municipes qui ne font rien, dont la ma-
» jeure partie n'a pas la moindre connaissance
» d'administration, ne s'occupant absolument que
» de *leurs vils intérêts*, qu'ils couvrent toujours
» du nom *de patriotes* persécutés et d'amis de
» Châlier . . . .

. . . .

» *P.-S.* — Oui, mon ami, il y a ici un grand
» nombre de patriotes vertueux et probes, mais
» qui sont modestes et qui sont obligés de se
» taire devant la cabale infernale *des intrigants*;
» il faut qu'ils aient bien de l'argent pour aller,
» à grands frais, au nombre de vingt ou trente,
» *pour vous accabler ou vous tromper* ».

Voici également une lettre, du 15 avril 1794,
de Laporte, autre représentant de la montagne,
qui, lui, était resté à Lyon depuis la fin du siége.
On y voit encore ce que l'on trouve du reste
à tout instant dans les lettres des représentants
en mission, *c'est qu'ils ne pouvaient obtenir*

aucune réponse du comité de salut public; et cependant Dieu sait ce qu'étaient les trois-quarts des réponses que faisait ce fameux comité, des accusés de réception et des tirades patriotiques, et puis ni instructions ni décisions.

« J'ignore, cher et digne Couthon, *si tu as*
» *reçu* mes précédentes lettres, puisque tu ne
» m'en as même pas accusé la réception. Notre
» collègue Méaulle, qui se rend à Paris en vertu
» d'un arrêté de la commission, te remettra celle-
» ci. Je ne comprends pas ce qu'on veut faire de
» nous ; j'entends de tous côtés qu'on nous dé-
» nonce sans savoir pourquoi. Des courriers
» partent chaque jour, des émissaires sont là-bas
» depuis longtemps, et nous sommes à cent
» lieues, et *le comité de salut public ne*
» *répond point à nos lettres,* et il *n'approuve*
» *ni n'improuve nos arrêtés* . . . .

. . . .

» . . . . Ce qui est encore pour moi de toute
» évidence, c'est *qu'il s'est commis ici d'hor-*
» *ribles dilapidations;* autant que je puis
» l'entrevoir, on en accuse les Parisiens; mais
» prends garde que ce soient les comités révolu-

» tionnaires qui ont apposé les scellés, qui ont
» les clefs des magasins et maisons séquestrés ;
» qui ont mis dans ces maisons et magasins des
» gardiateurs à leur dévotion ; *qui n'ont point*
» *fait d'inventaires ;* qui n'ont point fait appeler
» les intéressés à leurs opérations ; *qui ont*
» *chassé de leurs domiciles les femmes, en-*
» *fants et domestiques, pour n'avoir pas de*
» *témoins ;* qui, par conséquent, ont pu faire
» tout ce qu'ils ont voulu ; que la commission
» temporaire, au contraire, n'a pu agir que par
» réquisition ; que le montant des réquisitions
» qu'elle a faites peut être établi dans un compte,
» et ce compte elle vient de vous le soumettre,
» *tandis qu'aucun comité n'a présenté les*
» *siens.* Où sont donc les dilapidateurs ! est-ce
» parmi ceux qui ont tout mis à leur discrétion
» ou parmi ceux qui n'ont pu toucher à rien sans
» des réquisitions, des procès-verbaux et des
» quittances ! Lorsque la voix publique est venue
» nous informer que les magasins se dilapidaient,
» nous avons pris un arrêté qui a défendu à toute
» autorité de faire lever des scellés sans notre
» autorisation. Eh bien ! croirais-tu que, même

» après cette défense, *on est venu enfoncer un*
» *magasin séquestré,* JUSQUE DANS NOTRE
» MAISON ! Nous avons pris les dilapidateurs sur
» le fait ; et qui étaient ces dilapidateurs ? C'étaient
» précisément deux commissaires du comité qui
» vidaient le magasin, sans autorisation de nous,
» ni même sans être munis de pouvoirs par le
» comité. Je les ai fait arrêter et conduire à la
» commission pour y être interrogés ; mais
» *c'étaient malheureusement des* PATRIOTES.
» La femme de l'un d'eux est venue se jeter
» à nos genoux pour demander pardon. La section
» les a réclamés comme patriotes, et ils ont été
» relâchés de notre consentement, par la com-
» mission temporaire. Je te demande si c'est là
» persécuter les patriotes ! Mais je te demande
» en même temps si les séquestres étaient bien
» gardés dans toute la ville, quand on avait l'au-
» dace *de venir forcer les serrures et piller*
» *jusque sous nos yeux et dans notre propre*
» *maison?* Les deux seuls patriotes contre les-
» quels nous ayons décerné un mandat d'arrêt
» sont : le nommé Castaing, que tu connais ;
» c'est celui que l'adjudant général Achon est

» venu nous dénoncer comme ayant abusé de sa
» qualité de commissaire aux séquestres, pour
» s'installer dans la maison d'un millionnaire
» séquestré, pour s'être mis en possession de la
» maison *sans inventaire,* pour y avoir *fait*
» *des orgies avec des filles et d'autres com-*
» *missaires comme lui.* . . . Ce fait te doit
» rappeler l'homme ; eh bien ! il est encore un de
» ceux qui ont prêché l'insurrection au peuple
» dans la société populaire, au moment où l'on
» est venu nous demander des armes ; il est
» maintenant à Paris à nous calomnier. . . . . .
» . . . . Il est une foule de *faits*
» *graves et même atroces,* qui nous sont dé-
» noncés journellement, et sur lesquels nous
» hésitons de prendre un parti, dans la crainte de
» frapper *des patriotes ou de soi-disant tels :*
» jugez donc combien notre position est cruelle,
» quand d'un côté nous voyons la probité et la
» justice mises à l'ordre du jour par la Convention
» nationale, tandis que de l'autre nous voyons
» impunément violer devant nous la justice et la
» probité. Il y a ici *plusieurs milliers* de gar-
» diateurs, un grand nombre de membres des

» ci-devant trente-deux comités qui se tiennent
» comme teignes. Prenez-en un sur le fait, il
» faut fermer les yeux, ou vous les faites crier
» tous *à l'oppression des patriotes*. C'est un
» système pour qu'on ne puisse rechercher per-
» sonne. Au nom de Dieu, fais *que le comité*
» *nous dise comment nous conduire avec ces*
» *patriotes-là : je ne demande pas mieux*
» *que de laisser faire tout ce qu'ils voudront,*
» *si on nous y autorise; mais je te préviens*
» *qu'ils voudront beaucoup. . . . .*
» . . . . . . Si le comité de salut public veut tout
» cela, je le veux bien aussi, parce que je n'ai,
» moi, aucune volonté que celle du bien ; mais,
» s'il souffre qu'on dise, nous voulons, aux re-
» présentants du peuple envoyés dans les dépar-
» tements, leur mission deviendra plus dange-
» reuse qu'utile à la patrie. La première faction
» qui dira je veux, il faudra y passer : le carac-
» tère est avili, et, de proche en proche, cet
» avilissement détruira tout. Ce que va prononcer
» le comité aura une grande influence sur la
» mission de nos successeurs ; aujourd'hui on
» veut une chose, demain on en voudra bien da-

» vantage, et on finira peut-être par ne vouloir
» plus rien. Prends-y bien garde, mon ami,
» pendant le séjour de Collot-d'Herbois ici, il a
» été menacé par des lettres anonymes ; on se
» cachait alors. Depuis son départ, pareilles me-
» naces ont été faites à Fouché aussi par lettres
» anonymes ; on se cachait encore dans ce temps-
» là. Maintenant on ne se cache plus, on vient
» dans notre propre maison, devant mes collègues
» et d'autres témoins, me proposer une partie de
» poignards........

» LAPORTE. »

Rien ne peint mieux, que cette lettre de
Laporte, l'anarchie que les tentatives d'appliquer
les fameuses théories sociales avaient amené partout.

J'ai donné de très-grands développements aux
deux missions de Fouché dans la Nièvre et à
Lyon, parce que rien ne permet mieux d'apprécier
le véritable caractère de Fouché et de tous les misérables qui, comme lui, cherchent dans nos révolutions le pouvoir et la fortune.

Les événements qui s'accomplirent dans la

Nièvre et à Lyon pendant ces missions, donnent également un tableau fidèle de ce que produisent, dans la pratique, les théories sociales, les principes, ou plutôt les instincts communistes.

Ils peuvent se résumer en quelques mots :

Dans la Nièvre, suivant la cynique expression de Fouché : « Il n'y a plus ici ni riches ni pauvres ; » pour être dans le vrai, il aurait dû dire : « *il n'y a plus ici que des pauvres.* »

A Lyon, la famine, la terreur, la misère étaient arrivées à un tel point qu'une ville qui comptait encore 130,000 âmes après le siége (lettre de Collot-d'Herbois du 7 novembre 1793), n'en avait plus, cinq mois plus tard, que 80,000, (rapport de Fouché du 26 mars 1794), sur lesquels il fallait en nourrir 18,000 à ne rien faire, en les employant à de soi-disant travaux publics. (Lettre de Reverchon, du 26 avril 1794.)

Du sang, des ruines, la famine et la misère, voilà le résultat de ces fameuses théories sociales qui devaient assurer le bonheur du peuple.

Beaucoup de personnes s'imaginent que le communisme est une plaie récente de notre société. Les faits que l'on vient de lire prouvent que les doctrines sociales que l'on prêche actuellement ont déjà été non seulement prêchées, mais pratiquées en 1793. On voit les effets désastreux qu'elles ont produit à cette époque.

Dès 1789 la lutte sociale commença, mais ce n'est qu'en 1792 que ses partisans arrivèrent au pouvoir. Les Girondins, pour renverser la royauté, lancèrent contre elle la démagogie qui, plus tard, devait faire tomber leurs têtes.

Le 10 août fut créée cette fameuse Commune, modèle de celle de 1871. Dès les premiers jours de septembre, la Commune prouva, par des massacres, les instincts qui l'animaient. Comme la Commune de 1871, ce fut surtout contre les prêtres que se manifesta sa fureur.

Pendant l'hiver de 1793, elle lutta contre la Convention.

Le 31 mai, la montagne se servit de ce terrible instrument pour dominer la Convention, où elle ne formait qu'une minorité violente.

C'est alors que commença le véritable règne de la terreur et les tentatives d'application des instincts communistes d'une partie de la population ouvrière des villes, les gens qui veulent jouir

sans travailler. Cette tentative a couvert la France entière de sang et de ruines. On en a vu les effets terribles à Lyon, à Nantes, etc. Elle dura jusqu'au moment où Robespierre, menacé d'être dévoré par la Commune, envoya les Hébert, les Vincent, les Ronsin à l'échafaud.

En 1793, la Commune a eu un résultat fatal pour presque tous ses partisans. Quelques mois de sanglante domination se sont terminés, comme en 1871, pour presque tous ses chefs et pour un grand nombre de ses adeptes, par la mort. Beaucoup furent frappés par la réaction, en 1794 et 1795 ; presque tous les autres expièrent leurs crimes par l'exil, la misère et le mépris des honnêtes gens de tous les partis.

Plus tard, sous le Directoire, nous verrons une nouvelle tentative des partisans du communisme dirigée par Babœuf et Javogues, dans laquelle Fouché se trouvera encore mêlé.

Rappelé par arrêté du 7 germinal an II (27 mars 1794), Fouché revint de suite à Paris.

Ici finit la première partie de la vie politique de Fouché.

Entraîné dans la chute du parti hébertiste,

l'ex-proconsul, si perfidement impitoyable à
Nevers et à Lyon, fut réduit, pendant plus d'une
année, à défendre, d'abord sa vie contre Robespierre, puis sa liberté contre les attaques des
nombreux ennemis que ses excès et ses menées
démagogiques avaient soulevés contre lui. Il fut
décrété d'accusation et incarcéré à la fin de
l'an III. Mis en liberté par l'amnistie de l'an IV,
il végéta jusqu'en 1797, repoussé avec dégoût
par les hommes placés à la tête des affaires.

Pendant tout ce temps, Fouché fit une opposition ouverte ou secrète, mais toujours très-active,
aux divers gouvernements qui se succédèrent
et ne voulurent pas lui donner la position qu'il
rêvait. Il prit une part plus ou moins directe
à toutes les menées et à toutes les conspirations
destinées à les renverser, ce qui ne l'empêcha pas
de livrer, dit-on, à Barras les frères et amis
dont il était le complice.

En 1797, à force d'intrigues, il parvint à ressaisir, sous le Directoire, le pouvoir qu'il conserva
sous le Consulat.

Ces phases si diverses de son existence politique

feront l'objet de la deuxième partie de l'étude sur Fouché.

A cette époque surtout, il montrera complètement son véritable caractère, le génie de l'intrigue joint à cette absence absolue de sens moral et de passions politiques qu'on retrouve chez tous les hommes de son espèce, les Albéroni, les Dubois, etc., à quelque époque ou dans quelque condition que la fortune les place.

Oberthur et fils, à Rennes. — M. à Paris, rue des Blancs-Manteaux, 35.